JN125006

修道院から モダニズムへ

ドイツ手工業職人の精神と系譜

浅野忠利

教文館

プロローグ　荒れ野の四〇年

　第一次、第二次と二度の世界大戦で世界の主要国と戦い、敗れ去ったドイツは、確かに蘇った。多くの問題を抱えながらも、今や欧州連合（ＥＵ）の盟主として君臨している。第二次世界大戦後のドイツは東西分裂の憂き目にあい、占領四国の監視に耐えながら、戦争の罪を償いつつ、必要な役割を果たしてきた。欧州にとっても世界にとっても、一九九〇年の東西ドイツの統合は必要であり、必然であった。西ドイツでも政治家やキリスト教指導者が国民としての戦争責任を明らかにし、二度とヒトラーを許した罪を犯さない決意をいろいろな形で世界に表明してきたのである。

　一九四五年の敗戦半年後にはシュトゥットガルト罪責宣言においてヒトラーの登場を許した罪を懺悔した。「世界教会協議会*」の励ましによって「ドイツ福音主義教会*」の常議員一〇名の署名によりこの罪責宣言は発信された。罪責宣言に関わったキリスト者はもちろんのこと、全ドイツのプロテスタント教会とその信徒は、ヒトラー・ナチスとの闘いを戦い切れなかった苦渋を味わいつつ、筆舌に尽くしがたい苦悩の中で、各人さまざまに祈り続けたのである。

世界教会協議会
世界のプロテスタント教会と東方正教会が構成メンバー。

ドイツ福音主義教会
当時の西ドイツのすべての州のプロテスタント教会を統括する組織。

カナン　旧約聖書で神がイスラエル民族に与えると約束した土地。

統一後のボンの連邦議会議事堂　象徴的な議場の透明性。一九九二年建設、ギュンター・ベーニッシュ設計（二〇一七年筆者撮影）。

四〇年後の一九八五年の敗戦記念日には、当時の西ドイツのヴァイツゼッカー大統領（一九二〇―二〇一五）は「荒れ野の40年」と題する連邦議会の演説で、

ヒトラーを許した罪を四〇年間背負って、ただ唯世界平和に尽くしてきたドイツ国民は、これからもこの罪を二度と犯さないために、戦争を知らない若い世代にこの罪を伝え続けなければならない。（要旨）

と述べ、若い人々が正しい認識と強い意志を持って、世界に対して責任ある行動をとるように促したのである。ドイツの戦後四〇年の苦難の道を、旧約聖書に記されたイスラエルの民の荒れ野の四〇年に擬（なぞら）えたものである。イスラエルの民は八〇歳のモーセに率いられ、出エジプトを果たしてからカナン*に入るまでに四〇年を要した。カナンの地に到達したとき、モーセは神のもとに召されていた。ヴァイツゼッカー大統領はこの四〇年間を、世代交代の四〇年とも記憶の限界の四〇年とも語っている。改めてヒトラーを許したドイツ国民（西も東も）の罪を明確に認め、次の世代に伝えようと意図した。包み隠さず、すべてを世界に向けて曝（さら）け出し、ドイツ国民の誠意を示したのである。

このヴァイツゼッカー大統領の示したドイツ国民の懺悔の意志は、ボンの連邦議会議事堂の設計の理念に引き継がれる。ボンの連邦議会議事堂は統一ドイツの象徴として、建築家ギュンター・ベーニッシュ（一九二二―二〇一〇）の設計により、ライン河畔に一九九二年に完成した。丸いガラスの議場を四角いガラスのフォワイエ（ロビー）が囲んでいる。この建物ライン川に沿った対岸の散歩道から、ドイツ議会の議場の様子が透けて見える。この建物

ベルリンの現ドイツ連邦国会議事堂
旧連邦議会議事堂を改修。天蓋が統一ドイツを象徴。一九九九年、ノーマン・フォスター設計（二〇一七年筆者撮影）。

ベネディクト派
ベネディクト戒律に従う修道院の総称。第三章で詳述。

の最大の課題はガラスの透明度を高めることであったといわれている。ヒトラーを二度と許さない決意が込められており、この思想はノーマン・フォスター（一九三五―）設計によるベルリンの現在の国会議事堂（上写真）の設計にも引き継がれている。

【参照・引用文献】
リヒャルト・フォン・ヴァイツゼッカー『荒れ野の40年――ヴァイツゼッカー大統領演説全文』永井清彦訳、岩波書店、一九八六年
村上伸「ヴァイツゼッカー演説のいくつかの背景」前掲『荒れ野の40年』所収

本書のあらまし

ゲルマン民族は、ローマ帝国の体制と制度を巧みに取り込み、ごく自然にキリスト教の合理性を取り入れ、西欧の文化文明の核を確立した。現在の世界を見渡せば、中心に座っているのはゲルマン民族によって構成されている諸国であるといっても過言ではない。

本書は、六世紀共住修道院の成立から始まる。奴隷制から封建制への転換点である。ローマの近郊モンテ・カッシーノに誕生したベネディクト派*の共住修道院は清貧、勤勉、禁欲に徹し、人類が生き続けるのに必要な知と技を創出、蓄積した。

この知と技はキリスト教信仰とともに、イングランドを経て、西欧のゲルマン民族に引き継がれた。ゲルマン民族は各種職業共同体を組織し、修道院の果実を引き継ぎ、中世都市の繁栄を創出した。特に、手工業者たちは、中世以来、自ら親方（マイスター）、職人（ゲゼレ）、徒弟（レーリング）の身分

制度を保ちつつ、多くの試練を乗り越えて、修道院の尊い遺産に豊かな稔（みの）りを上乗せして、二一世紀につないできた。一四世紀のペストの大流行、一四世紀頃から頻発する職人蜂起（親方に対する職人の反乱）による内部抗争、一六世紀頃から試みられる領邦*諸侯による手工業同業組合（ツンフト）の独占体制の切り崩し、一七世紀のプロテスタントが市民権を得るための三十年戦争*、産業革命による工場制機械工業の定着、第二次世界大戦後の米国の占領政策など、手工業職人たちは枚挙に遑（いとま）のない戦いを闘い抜いてきた。その都度、親方・職人・徒弟という身分制度、いわゆるマイスター制度という階層秩序が手工業職人を護った。マイスター制度そのものも幾度となく危機に晒された。しかしこの身分秩序に込められた職業教育の機能は、ゲルマン民族にとって決して捨て去ることのできない命綱（いのちづな）であることが国民的合意として示された。そして今、職業教育制度（デュアル・システム）、ドイツ連邦独特の労使対等の共同決定法による企業経営、ワイマール共和国で誕生し二〇世紀を覆い尽くしたモダニズムなど、彼らは多くのものを二一世紀にまでつないできた。

　このような手工業者の軌跡を追いながら西欧ゲルマンの信頼社会の形成の内実を辿ろうというのが本書のあらましである。本書ではあくまでも手工業職人が主役であるが、ゲルマン民族の資質を引き出し、昇華させていった過程（プロセス）にはいくつかの重要な歴史的事実がある。これら重要な歴史的事実と思われる以下の五点には比較的多くのページを割いた。

- 欧州を覆い尽くしたキリスト教勢力
- 知識と技術の体系を築いた修道院
- 教会と領邦君主支配から脱した中世都市

領邦
中世ヨーロッパに成立した君主を中心とする半自立の支配圏を保有。徐々に自立を進めて国家の体裁を整えていき、一七世紀半ばに一応の国家主権が認められた。

三十年戦争
一六一八年に始まった宗教戦争。キリスト教のプロテスタント勢力が認知を得るための神聖ローマ帝国の内戦であったが、関連国家の権力抗争の色合いも加わり、欧州全土を覆う広域戦争へと拡大した。

●工場制機械工業を成立させた産業革命
●二〇世紀を先導したワイマール共和国

本書では西欧ドイツ語圏に焦点を当てたが、その結果、従来のラテン社会中心の西洋史とは異なる新鮮なヨーロッパの姿が出現した。そのうち特記に値するのは次の五点である。

●ゲルマン民族の倫理性と合理性
●西欧ドイツ語圏で展開された木（森）の文化
●一二世紀のゲルマン・ルネサンス
●根強い欧州統一思想
●経済の活性化と気候温暖化の連動

これらの知見の一つ一つは地中海文化と異根の西欧ゲルマン・キリスト教社会が、中世に生まれ、世界を席巻したことの証左であるともいえる。

目次

第二章　キリスト教の浸透　49

第三章　修道院での創造　73

II　中世手工業職人

第四章　中世の職人たち　107

III モダニズム

装丁　熊谷博人

ドイツ語圏を中心とした西欧

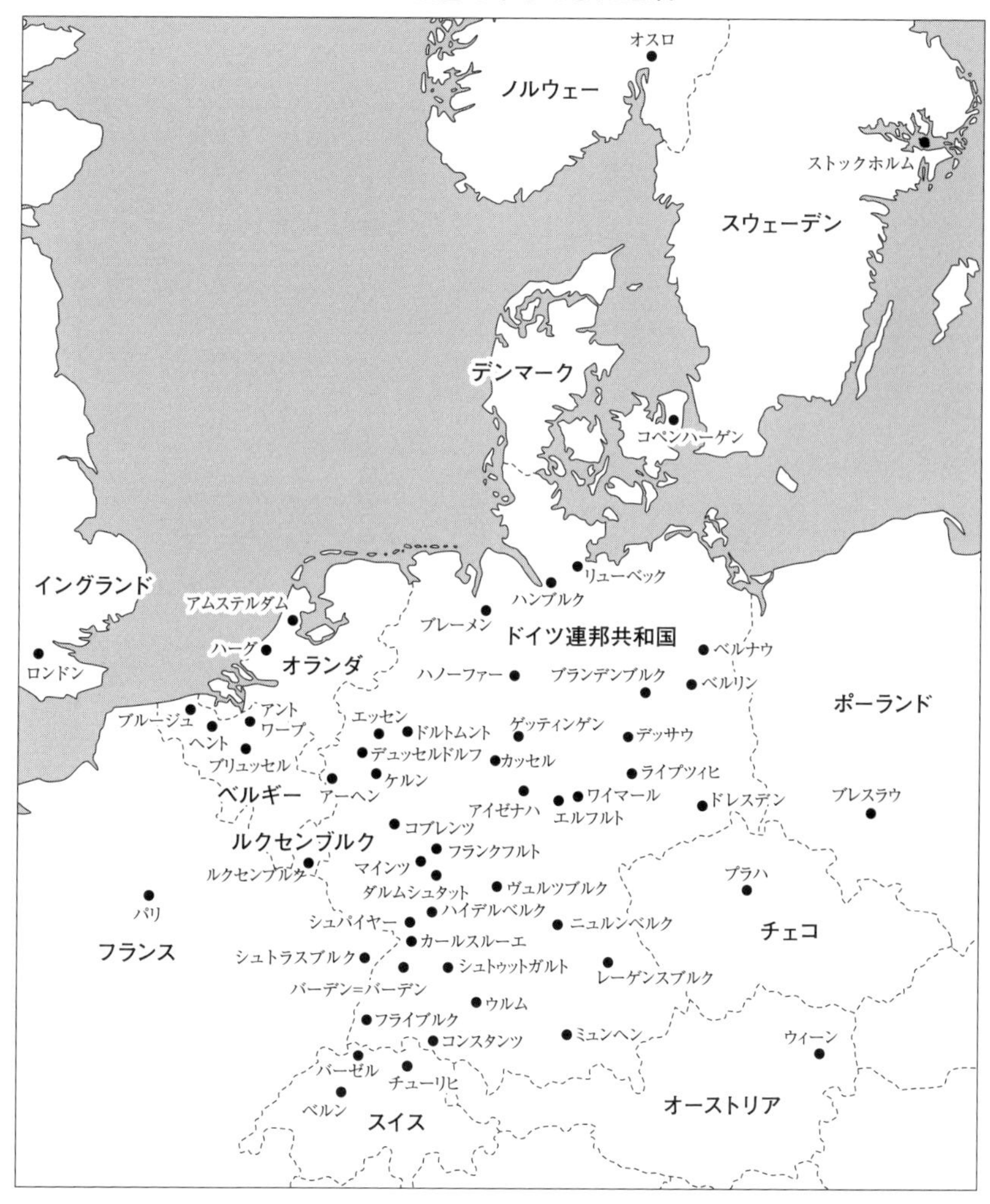

12C	13C	14C	15C	16C	17C	18C	19C	20C	21C
一二世紀ルネサンス		文芸復興		宗教改革		産業革命		二つの世界大戦	
			大航海時代						
中世都市		神聖ローマ帝国					ドイツ帝国 ドイツ同盟	ナチス・ドイツ ワイマール共和国 東西ドイツ統合 東西ドイツ分裂	ドイツ連邦共和国
ベルナルドゥス	オッカム アクィナス		人文主義		経験主義	啓蒙時代 理想主義	実存の哲学 社会の哲学	モダニズム バウハウス ウルム造形大学	
ゴシック大聖堂		ルネサンス		バロック・ロココ			新古典		
十字軍				カルヴァン ルター	三十年戦争				
シトー会	托鉢修道会 騎士修道会						修道院の解放	テゼ共同体	
兄弟団の誕生	兄弟団・同業組合の成立 相次ぐ		職人蜂起 ツンフト闘争		営業自由	工業制機械工業との確執	三月革命	手工業秩序修正法 手工業秩序法成立	アジェンダ二〇一〇 手工業秩序法改正
	親方主導			職人主導			全工業の規範		
12C	13C	14C	15C	16C	17C	18C	19C	20C	21C

本書に関連する西欧の主な出来事の流れ

西暦	1C	2C	3C	4C	5C	6C	7C	8C	9C	10C	11C
主な変革					西ローマ帝国滅亡						
ドイツ語圏の国家				ゲルマン民族大移動	フランク王国				ノルマン人大移動 東フランク王国		
思想・美術				アウグスティヌス		ベネディクトゥス					
						ビザンティン				ロマネスク	
キリスト教	イエス・キリスト誕生		キリスト教信仰の公認	キリスト教国教に昇格							
修道院					共住修道院	ベネディクト派					クリュニー
手工業											
西暦	1C	2C	3C	4C	5C	6C	7C	8C	9C	10C	11C

序章　舞台の設定

1　地域の広がり

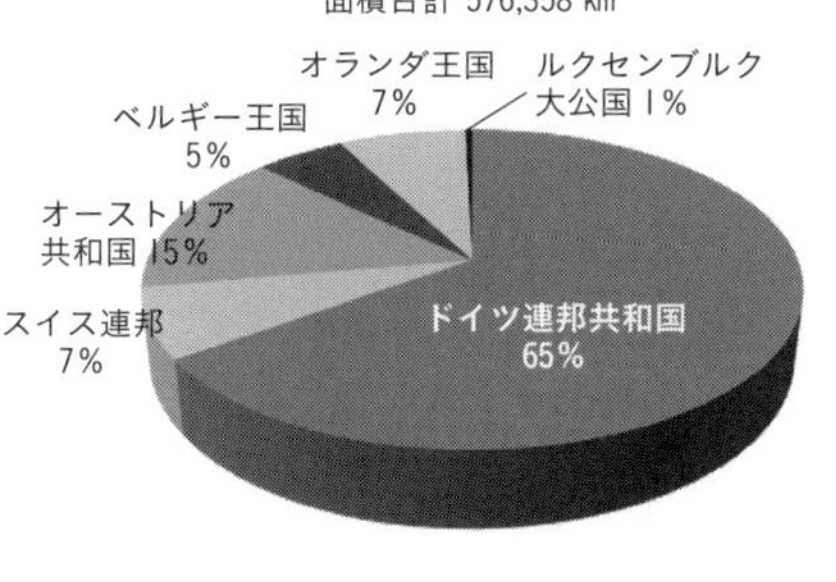

ドイツ語圏欧州の国土面積の割合
（『理科年表二〇二〇』より筆者作成）

本書の舞台となるのは、六世紀に始まり、中世を経て現在に至るドイツ語圏の西欧である。この舞台は世界の人口の二%、陸地面積の〇・〇五%を占めるに過ぎない。

欧州は、端的に表現すると、大きなユーラシア大陸の西に突き出た半島である。アジアとの境界はウラル山脈とするのが一般的であり、その総面積は約一〇〇〇万平方キロである。

この欧州は大きく三つの地域に分かれる。地中海地域と西欧州地域と東欧州地域である。このうちゲルマン文化形成発展の場となるのは北西部の西欧州である。西欧州は南の地中海地域とはピレネー、アルプスとアルプスから東に伸びるディナル・アルプスによって明確に区分されている。東欧州との区分は必ずしも明確ではないが、ベルリンの東を流

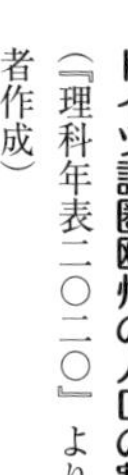
ドイツ語圏欧州の人口の割合（『理科年表二〇二〇』より筆者作成）

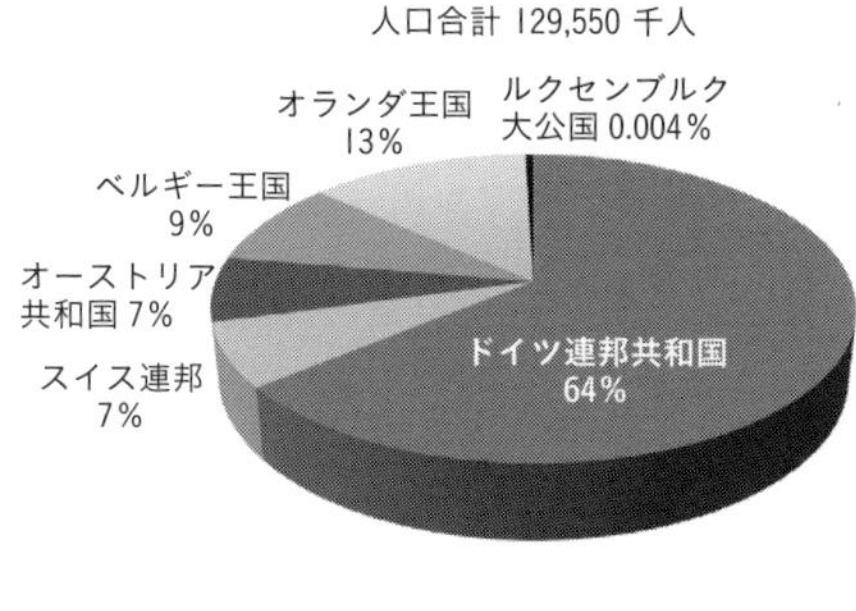

れるオーデル川とその支流のナイセ川あたりを境としている。このうち広義のドイツ語圏が西欧州の地理的中心地域である。主な国名を挙げれば、ドイツ連邦共和国、スイス連邦、オーストリア共和国、オランダ王国、ベルギー王国、ルクセンブルク大公国である。通常、ベネルクス三国はドイツ語圏とは見做されていないが、オランダ語やベルギーの一部で使われているフラマン語は極めてドイツ語に近く、アントワープ、ブルージュはハンザ同盟*都市の一員でもある。これらベルギーの諸都市は中世の手工業者の活動拠点のいくつかを現在に引き継ぎ、中世都市における手工業職人繁栄の遺産を残し、中世以後も欧州の文化芸術の中心的役割を果たしている。なお、フランスの北部はドイツ連邦と国境を接しており、ときとしてフランス領、ときとしてドイツ領という歴史を背負っている。加えて、八世紀から一〇世紀にかけては北方ゲルマン族であるヴァイキングの襲撃を繰り返し受け、移住を受け入れた事実も考慮して、ゲルマン民族活動の中心的地域として位置づける。

ハンザ同盟
中世以来、バルト海の沿岸地域を中心とする商人の活動の場となった都市連合。ドイツのリューベックを中心とし、ロシアのノヴゴロド、イングランドのロンドン、ベルギーのブルージュを含む。

【参照・引用文献】
増田四郎『ヨーロッパとは何か』岩波書店、一九六七年
『理科年表二〇二〇』丸善出版、二〇一九年

2　時間の流れ

ローマ帝国が没落してゆく五世紀から、西洋の諸都市が形を整えて発展の緒につこうとしていた一一世紀までの時代は、西欧ゲルマン・キリスト教文化の形成上最も重要なとき

マジャール人
国家としてのハンガリーと歴史的に結びついた民族。ウラル系民族で、騎馬遊牧民を起源としていた。一〇世紀には欧州に攻め込んで修道院などを襲撃した。

であった。この時代の過酷さと恐怖の中で、西欧ゲルマン・キリスト教文化の発展に欠かすことのできないエネルギーと知恵が蓄積されていったのである。ギリシャ・ローマから受け継がれた古典古代の伝統、祈りと労働に励むキリスト教信仰、自由と合理性を尊重するゲルマン民族の精神。西欧という新しい世界が出現するためには、この三つの要素のぶつかり合いが必要であった。

この時代、西ローマ帝国の滅亡やイスラム教徒（サラセン）の略奪やマジャール人*の侵攻などにより、西欧の地は社会の破壊と疲弊が極まることになる。この混迷が欧州キリスト教文化の出発点となった。混迷のときを欧州キリスト教文化の起点ならしめたのはベネディクト派の共住修道院であるといわれている。六世紀のことである。一方、六世紀の東洋の様相を概観すると、中国では隋による天下の統一が果たされ、万里の長城や運河などの大規模な土木工事が盛んに行われたときである。わが国では百済を経て仏教が伝来し、聖徳太子が摂政となったときである。東洋社会より遥かに遅れた出発であったと言える。

この出発点において、欧州キリスト教社会は、ギリシャ・ローマ社会の奴隷制を捨て、キリスト者自らの労働を基盤とする合理性に富んだ平等社会を目指した。明るい発展のきっかけが見えてきたのはようやく一一世紀に入ってからで、欧州史で大きな転換期が訪れた。このとき、経済ルネサンスにより、暗黒時代の終焉と新しい文化の創生が誰の目にも明らかになった。西欧（広義のドイツ語圏）のゲルマン・キリスト教文化の原点が明確に形づけられたのである。そのとき、北にはスカンディナヴィア文化、南にはイスラム文化、東にはビザンツ文化と、周りを先進文化圏に包囲されていたのに対して、西欧のゲルマン・キリスト教文化はその基礎を固め始めていた。

中世都市の興隆を経て、一四世紀のペストの大規模な流行や一七世紀の宗教改革に起因する三十年戦争において、西欧ドイツ語圏は極端な人口の減少を経験して、壊滅的な危機に遭遇した。この危機を乗り越え、一九世紀には大幅な人口増と産業革命の技術革新に支えられ、繁栄を謳歌して本格的資本主義社会を迎えることとなった。その後、第一次世界大戦の敗戦、ワイマール共和国、ナチス独裁政権、第二次世界大戦の敗戦、四五年にわたる東西ドイツの分裂といった数多の試練を乗り越え、西欧ドイツ語圏は現在の繁栄を享受している。ちなみに、紀元五〇〇年の人口は全世界二億六〇〇万人、欧州四〇〇〇万人（ジーン・ノエル・ビラーベンの推計による）、二〇二〇年の全世界人口の推計値（中位推計）は約七八億四〇〇万人、欧州七億五〇〇〇万人（国連世界人口推計二〇一二―二〇二二改訂版）である。

【参照・引用文献】
増田四郎『ヨーロッパとは何か』岩波書店、一九六七年
ルイス・マンフォード『都市の文化』生田勉・森田茂助訳、丸善、一九五五年
ルイス・マンフォード『機械の神話――技術と人間の発達』樋口清訳、河出書房新社、一九七一年
朝倉文市『修道院に見るヨーロッパの心』山川出版社、一九九六年

3　地理と気候

西欧の地形は、わが国に比べ平坦でなだらかである。南はアルプス、ピレネー両山脈に隔てられ、北に北海を臨む。北海に流れ込む海流は暖流であることから内陸の南が寒く、

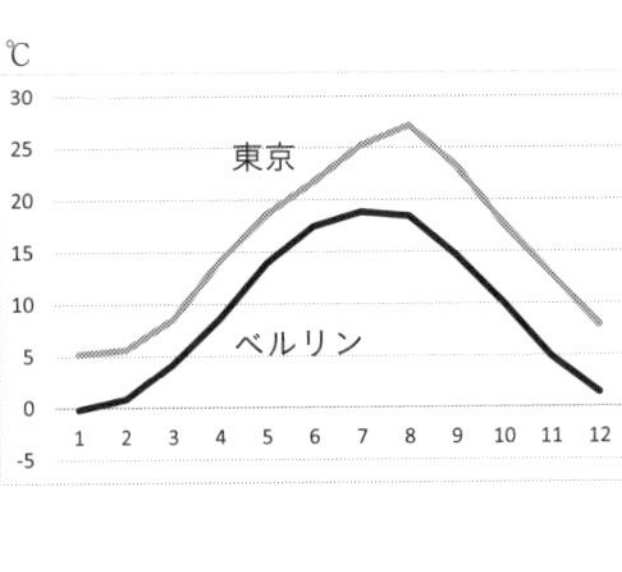

東京・ベルリンの気温比較（『理科年表二〇二〇』より筆者作成）

東京・ベルリンの湿度比較（『理科年表二〇二〇』より筆者作成）

海に面した北が暖かい気候である。緯度が高いため比較的気温が低く、厳冬のときには、南ドイツで摂氏マイナス三〇度の記録がある（一九六七年の冬）。しかし、夏の乾燥と冬の湿潤は気候の厳しさを和らげる。真冬でも雪の下は常に青々としている。

川が多く、ゆるやかに流れ、都市間交流の役割を果たす。多くの川はヨーロッパの各地から北海へと注ぎ込む。その代表的なものはライン、エルベ川などである。ドナウ川はドイツ・シュヴァルツヴァルトを源とし、唯一東に流れる。一〇カ国を流れ抜く国際河川で、その流域面積は利根川の四八倍にもなる。イタリアの都市は丘陵に発達するが、西欧の主要都市は河川沿いに立地する。河川を重要な交通インフラとしている所以である。

緯度が高いことから、季節による日の出から日の入りまでの長さの違いは大きい。冬至は六時間、夏至は一八時間という極端さである。冬時間、夏時間という言葉の重みが理解されよう。なお、古くは日の出から日の入りまでを均等に分けて時間を定めていたため、冬季・夏季では昼・夜間の一時間の長さは大幅に異なっていた。

欧州の歴史の中で気候変動についても留意しておくことが重要な意味を持つ。欧州では小氷期と呼ばれる気温の低い時期を挟んで一〇世紀と一九世紀に温暖期を迎え、大きな経済発展を遂げている。欧州経済圏は、この温暖期の一〇世紀に基礎固めを行い、一九世紀の温暖期に産業革命によって世界に冠たる繁栄を遂げたといえる。

西欧の地は深い森であったといわれており、六〇日歩いても端に辿り着かない森とカエサルの『ガリア戦記』に記されており、深い森はゲルマン民族の原点ともなっている。ゴシックの大聖堂は森をイメージして作られたといわれ、西欧では多くの用途の建築物は木造で作られてきた。イスラムの幾何学なしに完成できなかったといわれる地中海地域の石

Column

⦿スイスの首都ベルン

スイスの首都ベルンはこじんまりとした人口一四万人程度の、燻銀（いぶしぎん）のような中規模都市である。人口では、チューリッヒ、ジュネーヴ、バーゼルに次ぐスイス四番目の都市である。中心市街地は、アレー川に突き出た半島のような形状をしている。クマに因んだ名を持つベルンは一二世紀に創設され、一三世紀には自由都市となり、周辺を糾合して都市国家を形成していった。その中心には、シュピタール通り、マルクト通り、クラム通り、ゲレヒティヒカイト通りと次々と名前の変わる街路が半島の背骨のように走っている。五五年前、「この通りは昔は水路であった」と語ってくれたのは、ベルンに住む老夫婦である。ここに流れる水路の水は生活用水であった。朝も早く、まず飲料水を汲み、食物を洗い、食器を洗い、洗濯し、家畜を洗い、夕方には汚物を流し、次の朝には新しい飲料水を汲む。一つの流れが、生活に必要なさまざまな役割を果たした。極めて高い知恵の結集であり、それを実現させる共同体の実践力であることを知らされた。通りにある「パイプ吹きの噴水」「アンナ・ライザーの噴水」「射手の噴水」などは、元は水汲み場であり、ここに川が流れていたことの名残であるといわれる。

中心街にある噴水の一つ

パウル・クレー・センター

二〇〇五年六月、ベルンにパウル・クレー・センターが創設された。このセンターは世界に現存するクレーの作品約九〇〇〇点のうち約六〇〇〇点（通常四〇〇〇点といわれている）を収蔵しており、作品収蔵率が極めて高いのが魅力である。もちろん一度に目にすることができるのは数百点が限度であるが、この数百点が六〇〇〇点から選ばれていると思うだけで心が豊かになる。

若い頃、私が立軌会（りゅうきかい）の画家飯島一次（一九〇九－一九九八）の絵を通して興味を抱いたのが、ボナールとクレーである。飯島はボナールの色彩、クレーの発想と表現力に魅かれていたように感じている。私はクレーの絵の中に真の自由を見た。クレーの表現には制約がない。

色も形も表現形式も際限なく多様に広がっている。私の頭に浮かぶ着想の域を超えて、新しい刺激に満ちた世界へ導いてくれる。詩人の谷川俊太郎が「二〇代の初めの頃からすでに私はクレーの絵の中に、日々の生活の現実からかけ離れていながら、人をそこに立ち返らせる深い感情を見ていた」と表していたが、大変に優れた表現である。クレーの画題は身近なものから、遥かな世界のものまでさまざまであるが、どの絵にもこんな風に書きたいとそそられるものが必ずある。しかし真似て描くことは不可能であることにすぐ気づく。そこには深い思慮のもとに研ぎ澄まされた高度な技が潜んでいるのである。

二〇一七年ベルンを訪れたとき、パウル・クレー・センターには思いがけない素晴らしい贈り物がもう一つ用意されていた。クレーがバウハウスで行っていた授業の講義メモを見ることができるようになっていた。講義メモは手書きで六〇〇〇枚あるといわれるが、六〇〇〇枚すべてが自宅のパソコンで読み取れるようになっていたのだ。バウハウスにおけるクレーの講義は一九二〇年には形態論として、一九二一年からは造形論として始まり、約一〇年間続けられた。私にとって夢のような贈り物となった。パウル・クレー・センターはレンゾ・ピアノ（一九三七—）の設計であるが、その地下に赤い講堂がある。そこでクレーの講義を聞きたいと思いながらベルンを離れた。

上：パウル・クレー・センター
左：地下にある講堂
（いずれも2017年筆者撮影）

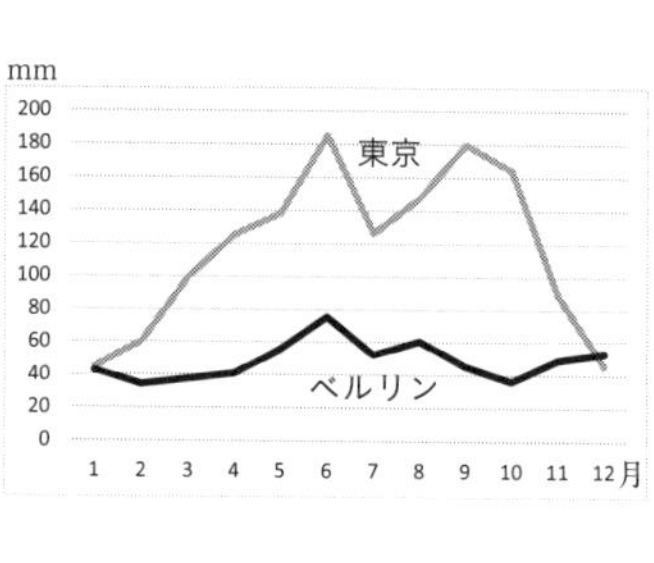

東京・ベルリンの降水量比較
(『理科年表二〇二〇』より筆者作成)

造ゴシック聖堂は南から伝播してきたが、北から高さを競う大聖堂への憧れとが一つの流れとなって、あの狂ったような中世の教会堂建設ブームが出現した。人口が増加するにつれこの森が失われ、草地、耕作地へと開墾された。産業革命の初期には採炭技術が未熟であったがゆえに、木がエネルギー源とされ、急速に森が消滅していった。

自然条件の中で次に重要なのは、土地の生産力(一連の数値は鯖田豊之『肉食の思想』より)である。土地の生産力を測る指標として適切とされている播種量に対する収穫量の比率で見ると、西欧の土地生産力は極めて低く、一三、一四世紀の穀物では三—四倍程度であるが、わが国の徳川時代の水田では三〇—四〇倍と大きな差が見られる。近年でも、西欧の二〇世紀後半の単位面積当たりの収穫量は、わが国と比べコメで五分の一、麦類では三分の一程度である。このように西欧はわが国よりはるかに土地の生産力が劣っている。連作に耐えられないほどの低さである。そこで三圃(さんぽ)農業が採用され、穀物生産と牧畜飼育が普及したのである。三圃農業は一定の土地を三区分し、秋蒔き穀物畑、春蒔き穀物畑、家畜放牧地として耕地の活用を図った。この三年で一巡する農法は少なくとも一九世紀の農業革命まで続けられた。

一方、土地の有効活用を図るために土地の生産力を土地利用の基本とする法制度、計画体系が築かれている。土地利用現況・潜在自然植生・地形・土壌・地質の五つの要素とその相関性を指標に土地の生産力を見極め、土地利用の最適解を求めようとするものである。生産力の高い土地を農地、緑地に充て、低いところを工場用地に振り向ける。森林・草地・耕地・樹円地・住宅地・市街地・工場施設用地などが土地利用区分の例である。これを景域計画と呼んでいる。

【参照・引用文献】
『理科年表　二〇二〇』丸善出版、二〇一九年
鯖田豊之『肉食の思想』中央公論社、一九六六年
井出久登・亀山章『緑地生態学』朝倉書店、一九九三年

4　民族と宗教

欧州の民族分布を見ると、地中海地域、西欧州地域、東欧州地域に、それぞれにラテン系人種、ゲルマン民族、スラヴ民族が居住している。宗教の勢力図を見れば、イスラム圏に対して欧州全体がキリスト教圏を構成している。ローマ帝国がキリスト教を国教に定めて以来、西ローマ帝国は衰亡の道をひた走ったが、ゲルマン民族の移動とともにローマ教皇を中心とする圏域*が形成された。一六世紀の宗教改革以降、地中海地域にカトリック教徒、西欧州地域にプロテスタント教徒、東欧州地域に正教徒がそれぞれ優勢になる。

宗教改革は一五一七年一〇月三一日、ヴィッテンベルク城教会の門に九五ヶ条の提題が掲示されることをもって始まった。一五三〇年のアウグスブルクの議会でルター派の信仰告白が提出され、一五五五年には同じくアウグスブルクの議会でカトリック各派とルター派の双方で和議を決した。この和議では神聖ローマ帝国（ほぼ現在のドイツ語圏）の諸侯の信仰は自由であり、自領の信仰はカトリックかルター派のどちらかを選択できるとした。こうしてプロテスタント・ルター派は市民権を得たが、カルヴァン派の認知は、一六一八年のドルトレヒト会議を経て、一六四八年の三十年戦争の終結まで待たなければならな

ローマ教皇を中心とする圏域　キリスト教圏はギリシャ正教圏とローマ教皇圏で構成されていた（増田四郎『ヨーロッパとは何か』より）。

かった。カルヴァンの教理は、ドイツ語圏ではハイデルベルクやプロイセンに導入されたが、スコットランドとオランダ、フランスなどの地域により大きな影響を与えた。

【参照・引用文献】
深井智朗『プロテスタンティズム』中央公論新社、二〇一七年

5　社会構造

社会人類学者中根千枝は『タテ社会の人間関係』において、社会構造を規定する二つの異なる原理として「資格*」と「場*」を想定し、タテ社会を構成するわが国とヨコ社会を構成する欧州などの諸国との社会構造の違いを明らかにしている。

欧米のヨコ社会では「資格」が優先され、「場」から解放された個が尊重される自由度の高い社会構造が実現されているのに対し、「資格」より「場」を優先するわが国では、枠設定による閉ざされたタテ社会が共同体の基本となっている。二つの社会構造の違いは、共同体加入の手順に顕著に現れている。タテ社会では共同体の特定メンバーと密接な関係を結ぶことにより参加が可能となる。ヨコ社会の共同体参加の条件は、共同体構成メンバー全員の承認が原則で、全員の承認に代わって明確に設定されたルールへの適合性が求められる。

わが国のタテを基本とする社会構造は長い歴史の中で根強く定着した。徳川二六〇年の安寧のときを経てのち、堅固なタテ社会であるわが国がヨコ社会で形成された立憲主義、

資格
個々人の生まれながらの、また生後獲得した属性。

場
一定の地域、所属。

民主主義などの新しい思想と体制を導入した。思想と同時に移入された先進技術により富国強兵を果たし、欧米の先進列強の仲間入りを図った。和魂洋才なども掲げられ、運よく日清、日露、第一次世界大戦と成果をおさめ、一見、社会の体制も変革したように見受けられたが、わが国のタテ社会の社会構造の基本は微塵も揺るがなかった。タテ社会はわが国共同体共通の特性として、序列優先、会話の欠如、論理より感情の優先、透明性の欠如などが指摘される。

現在、わが国ではタテ社会の社会構造の中で、求められる教育制度全般の抜本的改革、生産性向上、倫理性の確保など国家の基幹に関わる課題を解決し、その先の明るい未来を見通すことが強く求められている。

【参照・引用文献】

中根千枝『タテ社会の人間関係』講談社、一九六七年
中根千枝『適応の条件』講談社、一九七二年
中根千枝『タテ社会の力学』講談社、一九七八年

I 修道院への道

マリア・ラーハ修道院（2017年筆者撮影）

第一章　ローマ帝国とゲルマン民族

ゲルマン民族は、大移動前、北ヨーロッパの深い森で農耕と狩猟を営みとする共同体を形成していた。その営みの様子は、後述するカエサルとタキトゥスという古代ローマの政治家と歴史家によって、一部が紹介されている。ローマの二人の要人は、親しみと慈しみを持って、ゲルマンの人々を描いている。古ゲルマンとも原始ゲルマンともいわれる大移動前のゲルマン民族は、穏やかに、力強く共同生活を続けていたことが窺われる。六〇日歩いても尽きないといわれる森の中で、民族の意思として、高い倫理性を保ち、女性を敬い、子供を大切に育てた。作曲家リヒャルト・ワーグナー（一八一三―一八八三）による一大叙事詩『ニーベルングの指環』は、多くの人々を、古ゲルマンの世界に誘ってくれる。この歌劇は「ラインの黄金」「ワルキューレ」「ジークフリート」「神々の黄昏」からなる四部作で、ゲルマン社会の秩序と掟の厳しさの中に、ゲルマン民族の原点である親子の情愛と世界の救済が謳われる。

1　ローマ人の描いたゲルマン社会

四世紀頃からの民族の大移動で北海沿岸を居住地にしていたゲルマン諸族が、騎馬民族フン族に押し出されるように地中海を目指して移動した。その数約二〇万人といわれている。二〇万人のゲルマン民族が、衰亡の兆しの見え始めたローマ帝国の穴を埋めるように、じわじわと西欧から地中海地域に滲み出し、根強く残っていたローマ帝国の官僚組織を取り込みつつ、粘り強く地固めを行っていたキリスト教と融合し、ゲルマン社会の基礎を固めていった。

大移動前の古代ゲルマンについての記述は極めてわずかである。ゲルマンという言葉が文献上最初に現れるのは、紀元前八〇年頃ギリシャの歴史家ポセイドニオス（前一三五—前五一）の記した記録である。紀元前二世紀にゲルマンの小部族がガリア*に侵攻したという記述である。私たちが手にすることができる文献としてはガイウス・ユリウス・カエサル（前一〇二頃—前四四）の『ガリア戦記』とコルネリウス・タキトゥス（五五頃—一二〇頃）の『ゲルマーニア』がある。古ゲルマン人は諸部族から構成され、スカンディナヴィアとバルト海沿岸に占住し、ゲルマニア*の森により中央ヨーロッパから隔離されていた。『ガリア戦記』によればゲルマニアの地には「ヘルキニアの森」と呼ばれる広大な森林が広がっていた。いずこより始まるか誰も知らず、六〇日歩いても端に辿り着かない深い森と記されている。森はゲルマニアの人々にとって、巨木とともにオーディン*やテュー

ガリア
広域にはほぼ現在のフランス共和国に相当する。

ゲルマニア
古代ローマ時代の地名。ほぼライン川の東、ドナウ川の北の地域で、現在のドイツ、オランダ、ポーランド、チェコ、スロバキア、デンマークと重なる。

オーディン
北欧神話の主神。戦争と死の神。ドイツ語ではヴォータンと呼ぶ。リヒャルト・ワーグナーの歌劇『ニーベルングの指環』に登場する。

テュール
北欧神話の主神。軍神、農耕神。

グリム兄弟博物館展示空間
深い森の中を演出（二〇一七年筆者撮影）。

*ルという神々の住む聖なる場所でもあった。一九世紀の初頭、グリム兄弟により編纂された『グリム童話集』の二五〇編に及ぶ民話の舞台はゲルマニアの深い森である。二〇一五年にドイツ・カッセルに整備されたグリム兄弟博物館の展示空間は深い森を演出している。また、西欧北部のゴシックの大聖堂にはゲルマン人の森への強い憧憬が込められており、ケルンをはじめとするこの地域の大聖堂は天に届けとばかりに聳（そび）え立つ。歴史学者・哲学者のオスワルド・アーノルド・ゴットフリード・シュペングラー（一八八〇―一九三六）が一九一八年と一九二二年に著した『西洋の没落』と、歴史学者クリストファー・ドーソン（一八八九―一九七〇）の一九三二年の著書『ヨーロッパの形成』は、ともに中世を歴史上最も創造的な時代とし、森の民ゲルマン民族がいなければ西洋は東洋より遥かに劣った文化しか享受できなかったとする。この記述には強い説得力がある。

紀元前五一年に書かれた『ガリア戦記』にゲルマンとの戦いの記録が残されている。これはローマの執政官であったカエサルの戦地からの報告書である。その中でカエサルは、ゲルマン民族を独立性の高い部族の集合体として好感をもって記している。その冒頭に、

> 生活の中心は狩猟と武事に励むことで、幼い頃から労働と困苦を求める。一番長く童貞を守ったものが絶賛される。童貞を守ることによって身長も伸び体力や神経が強くなるものと思っている。

とある。このことから晩婚の傾向が強く、一夫一妻を固く守り、少ない子供を大切に育てたことがわかる。

また、ローマ帝国時代の政治家、歴史家であるコルネリウス・タキトゥスも『ゲルマーニア』で次のように述べる。

〔子供の〕ひとりびとりをその母が自分の乳房で育て、決して婢女や乳母にまかせることはない。

一方、カエサルの好意的な記述は続く。ゲルマン民族は農耕に関心がなく、誰も土地を所有しておらず、民衆それぞれが有力者と平等に扱われるような仕組みを作っている。有力者が下賤な者から財産を奪わないように、寒さ暑さをしのぐ性能に差が生じないように気を配って住まいを建築する等、民衆が有力者と同等に取り扱われるのを見て満足するような配慮の行き届いた共同体を形成している。

平等とともに独立心の強さも強調される。

部族にとって、自分の周囲をできるだけ広く荒廃させて国境を無人にしておくことは最大の名誉である。

これは独立心の象徴である。古ゲルマンの時代に都市形成が見られない根拠の一つであるが、この独立心の強さは、現在の北欧でも、離れて家を建て、火事があっても助けを求めないという気風の中に伝承されている。

さらにカエサルは、お客を神聖なものとし、すべての家を開き、食事をともにすることを記している。こうした記述のすべてからカエサルのゲルマン民族への好奇心と親近感が伝わってくる。

また一方、タキトゥスはゲルマン民族に関する諸事を二七項目に分けて記述し、次いで二〇以上の諸族についてその特質を記している。タキトゥスの記述はカエサルと共通するところが多く、カエサル同様に、ゲルマン民族に強い親近感を示している。まず、ゲルマン民族の純粋さを称え、その強靱な肉体と強(したた)かな忍耐力に驚嘆している。特に強調されているのは、女性を尊重する男性の姿である。

> 彼らは女には神聖で、予言者的なあるものが内在すると考える。そのため、彼らは女の言(ことば)を斥(しりぞ)け、あるいは、その答を軽んずることがない。

と記し、ごく自然な形で、日常的に女性を敬っていると観察している。住まいも食事も簡素で質実剛健と、賞賛の記述は尽きるところがない。ゲルマン民族が当時のローマ人には頼もしく、好ましい存在と映ったことが、この二つの著書から窺われる。滅びゆくローマ帝国と新たに隣人となったゲルマン民族との融和は、この隆盛の頂点にあったローマの二人の政治家、歴史家によって地ならしが行われていたとも言える。

【参照・引用文献】

渡部昇一『名著で読む世界史』育鵬社、二〇一七年
カエサル『ガリア戦記』近山金次訳、岩波書店、一九四二年
コルネリウス・タキトゥス『ゲルマーニア』泉井久之助訳、岩波書店、一九七九年
O・A・G・シュペングラー『西洋の没落』村松正俊訳、中央公論新社、二〇一七年

Column

⦿民族の祭り（ファスナハト）

ウルムを東端に持つドイツ・シュヴァーベン地方は、南はスイスのアルプス、東はシュヴァルツヴァルト（黒い森）、北はシヴェービッシェ・アルプスと山々に囲まれ、ヨーロッパの中では比較的閉鎖的な地形を持っている。この故かシュヴァーベン地方には、今なお、古いゲルマン民族の風俗習慣が生活の中に残っている。

その一つにファスナハトという祭りがある。この祭りは農閑期にあたる二月に一か月間続けられる。毎週金曜日、土曜日になるとガストホーフ、ガストハウス、ガストシュテッテ（いずれも飲食店または飲食店兼旅館を意味する）に、仮面と自分で思い思いに作った衣装を身に着けた人々が集まり、飲み、食い、踊って夜を過ごす。これが三回繰り返された後、二月最後の土曜日から火曜日にかけて大団円を迎える。

各地で祭りの行列が始まる。菩提樹でできている後期ロココの仮面、かつて農民が工夫をこらし現在まで伝えられている衣装を着た人々が観衆と自由なやり取りを交わす。祭りの小道具はみな身近にあるものばかりである。

ゲルマン古来からの祭り・ファスナハト（いずれも1967年筆者撮影）

仮面は農民の中で器用な者が創る。衣装の材料は襤褸（ぼろ）切れや藁（わら）である。街並みは着古された下着で飾られる。小道具の一つには豚の臓腑さえ使われる。この祭りの見物人として参加する私たち異国人でさえ、主役ではないかと錯覚するほどに、誰にも楽しい祭りである。

この祭りはゲルマン民族がキリスト教の洗礼を受ける以前からあった。キリスト教がゲルマン民族の間にも普及していったときにも、キリスト教を奉じる支配層はこの祭りを禁じなかった。支配者は農民に一か月の自由を与える代わりに、残りの一一か月、農民に重役を課したのである。それだけに、農民にとってこの祭りはますます大切なものとなり、彼らは命続く限り守り続けてきたのである。ファスナハトは冬退治の祭りともいわれ、春の到来を願う火祭りをもって終わりを告げる。

こうした祭りと祭りの長い間、ドイツ人は親から譲り受けた鍋釜を使い、祖父母の外套を縫い直して身に着けて生活している。それは質素で退屈な毎日である。その中で、彼らは若いときから着々と、戦争があっても生きてゆけるだけの準備をし、子供を教育する。その上で余裕があれば初めて、何十年も貯金を続けたうえで、超高級カメラを買い、レジャーを楽しむ。

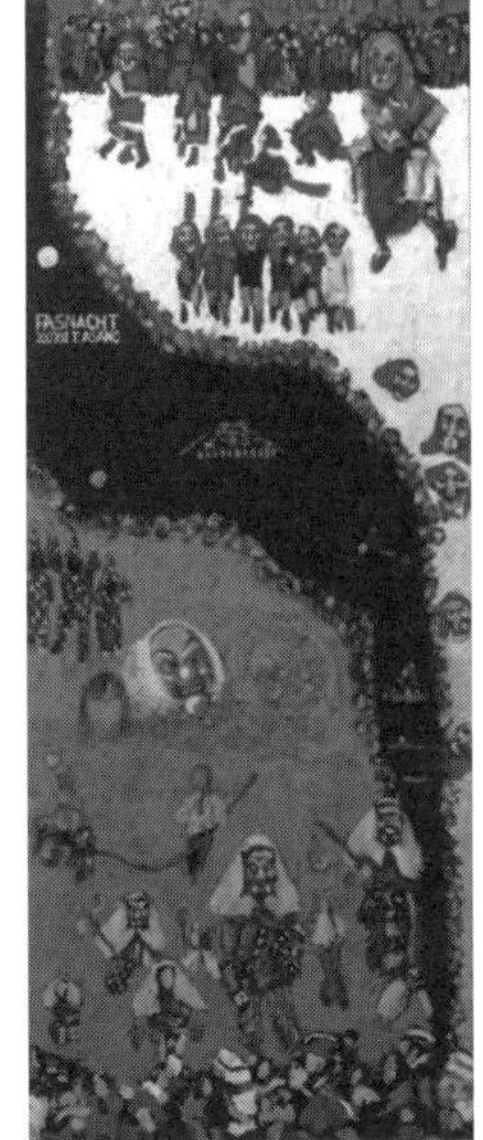

左：「ドナウ川のファスナハト」
（2012年筆者制作）

クリストファー・ドーソン『ヨーロッパの形成――ヨーロッパ統一史叙説』野口啓祐・草深武・熊倉庸介訳、創文社、一九八八年

2　大移動とローマ帝国との融和

ゲルマン民族はそもそもスカンディナヴィア半島南部からバルト海、北海の沿岸でいくつかの部族に分かれ、牧畜と農耕を営んでいた。その大移動は四世紀後半から五世紀前半に行われた。家畜飼育民であるゲルマン民族は、遊牧騎馬民であるフン族に押し出されて、連鎖的に地中海を目指して緩やかに移動を始めた。ローマ皇帝に保護を求め、ドナウ川を渡ったのが三七五年である。これをゲルマン民族大移動（蛮族*侵入）の発端としている。

ゲルマン民族は部族集団すべてを含めても、先に触れたように、せいぜい二〇万人程度であったといわれている。欧州のローマ社会属州民四〇〇〇万人程度の中に、ゲルマン民族は多くても五万人から八万人の集団で移動した。ゲルマン民族の大移動の規模は、ローマ社会属州民一〇〇〇人に対して五人程度の異民族が、時間をかけて溶け込んでいったのである。これを蛮族の大移動というかどうかは別の議論があるとしても、数は少なくとも、ゲルマン社会の登場は欧州の画期的な変革の兆しとなった。地中海地域に居を構えるラテン民族に対して、欧州中心部を占めるゲルマン民族、ゲルマン民族の後を埋めるように東欧で居住地域を広げたスラヴ民族という現在に近い分布が見え始めた。すなわち民族大移動の結果、欧州の中心部、西欧にゲルマン民族がその所領を確保したとき、欧州では三つ

蛮族
社会発展の途上で、未だ一定の都市国家あるいは領土国家という高次の形態を取るに至っていないすべての社会形態を意味する。「蛮」は都市の文化に対する部族の文化を指す（クリストファー・ドーソン『ヨーロッパの形成』より）。

の異文化がぶつかり合うことになった。

移住以前にも、牧畜を主体としつつも、農業の進歩とともに人口が増大し、耕地の不足からローマ帝国領内に移住するゲルマン人が現れ始めていた。その多くは平和的な移住であった。二世紀後半には、ローマ皇帝がゲルマン人の侵入に対抗するため、別のゲルマン諸族の応援を求め、その代価としてドナウ川流域の帝国領内への安住を許可するという例も報告されている。大移動以前からゲルマン人とローマ人との接触は行われていた。移住後のゲルマン人の多くは、ローマ軍傭兵、コロヌス*、手工業者、下級官吏などとしてローマ社会に同化していった。

一方、小野塚知二は『経済史』において、ゲルマン共同体では「分割相続の禁止」が厳しく守られており、共同体内の家の数が減りもせず増えもしない安定した社会が継承されていたと記述している。領主も、生産性が劣る直接地経営の賦役制でなく分割保有を採用し、生産性の高い緩やかな統治方式に徹していた。ゲルマン共同体の相続対象から外れる農村の次男・三男は流動性に富み、手工業者など中世都市に欠かせない基本的な層を形成することになった。

コロヌス
ローマ帝政末期の小作人。土地に縛られ、人格的自由を認められながらも移転の自由がない。中世農奴の起源の一つ。この農業形態をコロナトゥスという。

【参照・引用文献】

小野塚知二『経済史』有斐閣、二〇一八年
増田四郎『ヨーロッパとは何か』岩波書店、一九六七年

3　ゲルマン諸族

ゲルマン民族は紀元前二千年紀中葉には、ユトランド半島（現在のデンマーク）、北ドイツ、スカンディナヴィア半島を居住地とした。紀元前三世紀には、西はオランダからライン川下流域、東はヴィスワ川（ポーランド中央）流域、ドナウ川北岸、ドニエプル川（ウクライナ南部）下流域まで領域を広げ、北ゲルマン、西ゲルマン、東ゲルマンの三つのグループを形成した。大移動が落ち着く六世紀頃までに、歴史上の記述に現れるゲルマンの部族は多い。その中でも、ゲルマン人が中枢を占めている主な国と部族は、アングロ・サクソン、現在のフランス南部からイベリア半島にあたる地域を支配した西ゴート（四一〇―七一一）、イタリア・ラヴェンナを首都に建国した東ゴート（四九七―五五三）、フランス・ローヌ川流域を占拠したブルグンド王国（四一一―五三四）などである。

ドイツ語圏に絞れば、西南部にフランク族、西北部にザクセン族、フリーセン族、南にアレマンネン族、中部にテューリンゲン族、東南部にバイエルン族などが、ライン河口・低地地方*を中心にそれぞれ部族国家を形成していた。それらドイツ語圏に関わる国・部族の概要を整理しておきたい。

低地地方　現在のベネルクス三国に当たる。

フランク族

三世紀、ライン川の下流および中流に居住していたゲルマン民族で、五世紀にフランク王国を建国する。その後カール一世（大帝、七六八―八一四）の時代には、現在のフランス・イタリア北部・ドイツ西部・オランダ・ベルギー・ルクセンブルク・スイス・オーストリアおよびスロベニアに相当する地域を支配し、イベリア半島とイタリア半島南部、ブリテン諸島を除く欧州のほぼ全域に勢力を広げた。この王国はキリスト教を受容し、その国家運営は教会の聖職者たちが多くを担った。また歴代の王はローマ・カトリック教会と密接な関係を構築し、即位の際には教皇によって聖別された。このように西ヨーロッパにおけるキリスト教の普及とキリスト教文化の発展に重要な役割を果たした。フランク王国はメロヴィング朝（四八一―七五一）とカロリング朝（七五一―九八七）という二つの王朝によって統治された。その領土は、成立時より王族による分割相続が行われていたため、国内は恒常的に複数の地域（分王国）に分裂しており、統一されている期間はむしろ例外であった。ルートヴィヒ一世（七七八―八四〇、敬虔王、ルイ一世とも）の死後の八四三年に結ばれたヴェルダン条約による分割が最後の分割となり、フランク王国は東・中・西の三王国が並立することとなった。その後、西フランクはフランス王国、東フランクは神聖ローマ帝国の母体となり、中フランクはイタリア王国を形成した。このようにフランク王国は政治的枠組み、宗教など多くの面において中世ヨーロッパ社会の原型を構築し、最初の欧州統一体ともいわれる。

ザクセン族

原始ザクセンから出た中世ドイツの部族。明確に知られるのは三世紀後半以後で、七世紀末には多くの小部族を吸収し大部族に成長した。一方、五世紀にかけて、その一部がアングル人とともにイングランドに侵入し、アングロ・サクソンを構成した。主体はエルベ川からエムス川にかけての北ドイツ一帯に居住し、フランク王国の東側で勢力を誇った。ノルトロイデ、エンゲルン、オストファーレンそしてヴェストファーレンの四つの支族の連合体を構成し、緩やかな部族運営を保っていた。フランク族やゴート族と異なりフランク王国に征服されるまでキリスト教を受容しなかった。

フリーセン族

西方系ゲルマン人の中で、現在のオランダとドイツの北海沿岸の低地地方フリースランドに居住していた民族集団である。「フリース人」「フリジア人」とも。ハンザ商人の先駆的役割を果たす。

アレマンネン族

紀元前後にスカンディナヴィア半島とユトランド半島から南下したゲルマン系の部族連合の一つである。のちにエルベ川の流域に移住した。三世紀中頃から度々ローマ帝国領内への侵入を試みたが、ローマ帝国が築いた防壁に阻まれ、エルベ川から移住し、アルプス山脈北西部にあるライン川上流において「アレマン人」として部族が形成された。五世紀に入ると、その領域はアルプス地方からライン川中流域にまで拡大した。四九七年、フランク王国メロヴィング朝の創始者クローヴィス一世（四六六頃―五一一）に敗れ、キリスト教への改宗が進んだ。このアレマンネン族は多くの有力貴族を輩出している。特筆に値するのは、神聖ローマ皇帝・オーストリア皇帝となったハプスブルク家や、ブランデンブルク辺境伯・プロイセン王・ドイツ皇帝となったホーエンツォレルン家などである。

テューリンゲン族

現在のテューリンゲン州（州都エルフルト）の地域にテューリンゲン族が定着したのは、五世紀の初めのことである。一旦、王国は建設されたが、フン族に従属した時期もあり、五三一年にはフランク族とその同盟者であるザクセン族によって滅ぼされ、六三四年までフランク王国に直接支配されることとなった。

バイエルン族

現在のバイエルン州（州都ミュンヘン）の地域は、ケルト系のノリクム王国に統治されていたが、紀元前一六年にローマ帝国に併合された。ローマ帝国崩壊時に、バイエルン族がスカンディナビア半島やユトランド半島から一連のゲルマンの大移動に乗じてこの地に入植し、バイエルン公国が成立。八世紀にはキリスト教の受容が進んだ。

【参照・引用文献】
ピエール・リシェ『蛮族の侵入――ゲルマン大移動時代』久野浩訳、白水社、一九七四年
木下康彦・木村靖二・吉田寅編『詳説世界史研究』山川出版社、二〇〇八年

第二章　キリスト教の浸透

キリスト教とゲルマン民族の出逢いが欧州キリスト教文化を生んだ。キリスト教を生んだイスラエルの民は荒涼たる砂漠で生き抜くためにただ一つの神を戴いた。それに対してゲルマン民族は自然とその力を崇拝し、森に住む神々を信仰した。こうして砂漠と森というまったく異質な自然環境の中で生まれ育った二つの流れは一つに融合して、欧州キリスト教文化へと昇華した。

西欧の一〇世紀以降の急速な興隆は、それ以前の五世紀間に静かに蓄えられたエネルギーが爆発したものである。そのエネルギーの源泉の一つは着実に整備を進めたキリスト教の組織力であり、もう一つはゲルマン民族が狩猟民族として身につけていた合理性である。合理性の意味するところは二つである。合論理性と効率性である。キリスト教もゲルマン民族もともに、歴史を通して、合理性とともに高い倫理性を追求した。

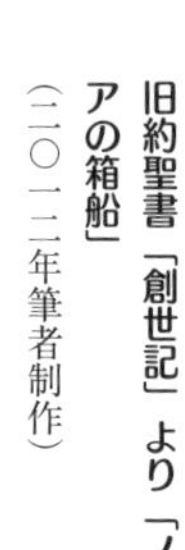

旧約聖書「創世記」より「ノアの箱船」（二〇一二年筆者制作）

ウルガタ
カトリック教会で用いられる公認ラテン語訳聖書。

1 聖書の成立

キリスト教の経典は新旧約聖書である。この「約」という言葉は、神と人との契約を意味する。旧約聖書は神とイスラエル民族との契約である。新約聖書は神と人類との契約である。神がイエス・キリストをこの世に送ったとき、旧約聖書で約束されたことが成就し、新しい契約が成立したとキリスト教徒は考える。

イスラエルの宗教は砂漠の地から生まれた。広漠たる荒地と灼熱の太陽という激しい自然の中では、人は自然と対峙して、自らを厳しく律していくことが必然であった。ここにキリスト教の根源的な出発点がある。旧約聖書は長い時間の中で、多くの人々により、幾度となく編纂、改訂が行われた。その翻訳は紀元前六世紀頃から始められており、紀元前二五〇年頃アレクサンドリアでギリシャ語に翻訳されたのが七十人訳聖書で、これを正典としてきた。新約聖書はコイネーと呼ばれる口語的なギリシャ語で書かれていたが、紀元の早い時期にラテン語、シリア語、コプト語に訳され多くの人々に広まった。新約聖書が正典として確定されたのは、三九七年の第三回カルタゴ教会会議においてであった。

中世を通じて、聖書翻訳の活動は衰退した。この時代はラテン語が西方教会の共通言語であり、ラテン語のウルガタ*が聖書の標準であるが、この言語が通じるのはごくわずかな特権階級である教養人のみで、一般大衆には聖書を手にすることも困難であった。したがって多数の読み書きのできない人たちには聖書に直接触れる機会は限られていた。しか

旧約聖書「出エジプト記」より「モーセの誕生」
（二〇一五年筆者制作）

旧約聖書「哀歌」より「バビロンの捕囚」
（二〇一五年筆者制作）

し少数の教養人はより普及しやすい新しい翻訳を求めなかった。聖書は普通のものになりすぎてはいけない、すべての人に読まれるべきではない、正しく読むにはそれなりの学習が要求される。そういう確信のもとに何世紀もの時間が過ぎていく。

こうした状況の中でルター訳聖書の果たした役割は大きい。一六世紀の宗教改革でマルティン・ルター（一四八三―一五四六）による新旧約聖書のドイツ語への翻訳は、ラテン語からでなく、原典のヘブライ語とギリシャ語からの直接翻訳であった。ルターの功績としては宗教改革のきっかけとなった一五一七年の「九五ヶ条の提題」が有名であるが、それと同等にドイツ語訳聖書の出版に大きな意義がある。その後の印刷技術や情報技術の開発などにより、現在では新旧約聖書は世界の七〇〇近くの言語に翻訳され、一五億人が手にすることができるようになっている。新約聖書に限定すれば一五〇〇あまりの言語により二一億人が読むことができる。ルター訳聖書はその嚆矢の一つとなった。宗教改革の中心的主張は「信仰義認」「聖書のみ」「万人祭司」の三点である。この「聖書のみ」を身近に可能としたルター訳聖書は、一五二二年に新約聖書が印刷され、旧約聖書も含めた聖書全書にルター自身の最後の手が入れられたのが一五四五年である。

【参照・引用文献】

小塩力『聖書入門』岩波書店、一九五五年

米倉充『旧約聖書の世界――その歴史と思想』人文書院、一九八九年

マルティン・ルター
（『教会のバビロン捕囚』表紙）

2　公会議・教会会議

キリスト教発展に大きな力を発揮したのが公会議であり、教会会議である。それぞれの時代に、教会の代表者を集め、キリスト教の命運を決すると思われる重要な教義、典礼、教会法などに検討を加え、方向を定めたのである。公会議は全世界の教会から代表者が参加したが、教会会議は限られた地域ごとに開かれた。この公会議と教会会議を辿ることによってキリスト教繁栄の歴史を見ることができる。

初期の公会議、教会会議では、主に教理の確立と異端排斥に多くの時間が費やされた。公会議では時間を十分に費やし、ときに数年にわたって議論が尽くされることもあった。世界の全教会の代表者が集い、審議を積み重ね、さらにこれを各個教会に持ち帰り確認するという手順を貫いた結果である。これによりキリスト教の教会政治は多様性と寛容性を保ち、発展の基盤を構築したのである。第一ニカイア公会議（三二五）に始まり、第一コンスタンティノポリス公会議（三八一）、エフェソス公会議（四三一）、カルケドン公会議（四五一）の四度にわたる公会議は三位一体論を確立する過程であった。この間にグノーシス主義、エビオン派、マルキオン派、アリウス派、単性説などが異端とされる一方、ニカイア信条*の正統性が確認されていった。これらの公会議は、公会議主義と教皇至上主義との確執を克服して、現在のカトリック、プロテスタント両派によってその正統性が支持されている。

ニカイア信条
第一ニカイア公会議で採択されたキリスト教の基本信条。その後第一コンスタンティノポリス公会議で拡充され、ニカイア・コンスタンティノポリス信条として現在も用いられている。

その後の公会議、教会会議は両派での重点の置き方が異なっている。続く一七回に及ぶ公会議はカトリックにおいて公認されているが、プロテスタント改革派の教会では一六一八年のドルト教会会議と一六四三年のウェストミンスター会議に重要な意味を見出している。オランダ・ドルトレヒトの改革派の教会会議においてカルヴァンの五つの主張*が認められ、プロテスタントの教義の中核に据えられた。長期にわたり会議が積み重ねられたウェストミンスター会議では、新しい信仰基準の三文書が作成され、プロテスタントの教義の基礎が確立された（五七頁）。

【参照・引用文献】
小田垣雅也『キリスト教の歴史』講談社、一九九五年
藤代泰三『キリスト教史』講談社、二〇一七年

3　教会政治の拡充

誕生当時のキリスト教各個教会は、会議体によって導かれていた。ユダヤ教徒から一転、回心してキリスト教徒となり、生涯をキリスト教伝道に捧げた使徒*パウロの時代には、監督・長老・執事による教会統治が導入された。紀元一世紀のことである。以後、キリスト教会では選ばれた監督に礼拝、宣教、財産の権限が集中することとなった。これを教会法が後押しすることになる。監督が一つの教会を統括する一方、諸教会共通の課題を解決したり、各個教会間の調整のために監督職からなる教会会議が生まれた。教会会議での協議

カルヴァンの五原則
全的堕落、無条件の選び、制限的・限定的贖罪、不可抵抗的恩恵、聖徒の堅忍。

使徒
イエス・キリストが福音を伝えるために特に選んだ十二人の弟子。後にはパウロ、バルナバ、イエスの兄弟ヤコブらも同格者として加えられた。

はいくつかの重要な変革を生んだ。もっとも重要なことは、教会会議を通して教会の中央集権への道が拓かれていったことである。教会組織化の道筋の中でパウロの指導は細心を極めた。キリスト教徒はユダヤ教徒とローマ皇帝から激しい迫害を受けながら、使徒たちの指導のもと殉教を覚悟して教会を維持しつつ、相互扶助と社会的救済活動に励んだ。孤児、病人などの弱者への援助、奴隷と失業者に対する配慮など、当時顧みられることのなかった下層階級への保護に努めた。二世紀の初めには布教が進み、教会が活性化している様子がローマ皇帝トラヤヌス（五三―一一七）によって報告されている。

こうしてキリスト教は三世紀から四世紀にかけてのローマ帝国の迫害にも耐え、公認を得、国教の地位を獲得してゆく。キリスト教会は帝国に没収されていた財産の返還などを勅令で定めることに成功した。都市部の教会は発展著しく、司教が複数の教会を管理する教区制度が確立した。三世紀から四世紀にかけてローマ帝国で採用された住民の分割区分は、教会の地域区分に適用され、各州の州都の司教は大司教に昇格し、複数の司教を管轄することとなった。二世紀頃までに最大のキリスト教会となっていたローマ教会は、西方教会で唯一の総大司教を戴くことになり、教皇制度への道は自然に開かれていった。ローマ教皇を頂点に大司教、司教、司祭という組織上の秩序が整った。

しかし、初代教会からの発展経緯の中で、教会組織の世俗化を憂える声は絶えなかった。教皇の地位が確立されたかのように見えたが、この教皇制度の埒外の世俗にあっては、領主が自ら教会を建て、司祭を任命し、寄進や十分の一税などの収益を得る私有教会制が盛んであった。神聖であるべき教会の世俗化に対して、優れた人材の中には修道士への道を選ぶ者が多くなった。修道院は揺るぎなく、キリスト教社会の基礎を着実に築く砦となった。この世俗から離れてすべてを神に捧げる者の共同体は、欧州キリスト教文化の発展に必要な知と技を用意した。修道士の献身的な働きを背景とした教会の組織化は、大移動後のゲルマン民族の合理的営みと相まって、活気溢れる中世の出発点となったのである。

【参照・引用文献】
小田垣雅也『キリスト教の歴史』講談社、一九九五年
藤代泰三『キリスト教史』講談社、二〇一七年

4　キリスト教の合理性

キリスト教の唯一の聖典である新旧約聖書には、灼熱の砂漠で生き抜くために必要な知恵がちりばめられている。イスラエル十二部族が信仰した神はイスラエルの民が必要としたすべてを契約の中に記した。特に旧新約聖書に記された神の数々の配慮は、異教も含め古今東西さまざまな為政者が深く理解してきたものである。まずは生き残るための知恵が授けられたが、続いてギリシャ・ローマ以来の奴隷制が排除されるなど、有限である人類の総力を最大限に結集して、神のみ旨(むね)に応えるための知恵が絞られ、合理性の追求が絶え間なく求められたのである。

共住修道院
修道制は三世紀、世俗から離れ、一人単独で清貧を実践した隠修士を嚆矢とする。隠修士は徐々に共同体を形成するようになり、六世紀には祈りかつ働くベネディクト派の共住修道院が確立された。一二～二〇人の小集団を基本とし、以後の修道院の基本形となった。

(1) 修道院戒律の合理性

六世紀に記され、その後修道院の戒律の規範とされた「ベネディクト戒律」(八二一―八三頁参照)は、現在の修道院にもその根幹部分が引き継がれている。ベネディクト派の修道院は本格的共住修道院*としてモンテ・カッシーノに創建され、ベネディクト戒律はこのモンテ・カッシーノで記された。ベネディクト戒律を厳しく引き継いだとされるシトー会の営みに、キリスト教の根源的な合理性を読み取ることができる。

修道院内での活動は、万能を求められる修道士が神から与えられている賜物(たまもの)(知と技)をつゆほども無駄にすることなく活かし切るための知恵がにじみ出ている。勤勉・禁欲の原則を貫くために必要な最小限の食料、衣服、睡眠などの定めにも究極の合理性が追求されている。祈りと睡眠と食事以外の時間は読書と労働に費やされる。戒律で定められている労働は畑、庭、作業所、厨房、パン焼き場、粉挽場などにおいて修道士自らが働くことであり、日課に従い修道士は共同体の自給自足の生活に必要な施設を整備し、共同体の生活の糧を確保し、かつ外来者に懇切丁寧に接し、さらに身につけた技を活かし修道院外の世俗社会に必要な諸々の社会基盤の構築にも力を貸した。

過重とも見られるこのような営みを可能としているのは、戒律に定められた厳しい序列と日課の厳守である。修道士には修道院長が定めた序列を守ることが求められる。修道院という神に捧げられた一つの小さな共同体においては、イエス・キリストの代理者としての修道院長は大きな権威と権限を与えられながらも、修道士を差別なく平等に扱い、強い統一体としての総合力を保持し、考えられうる最高の合理性を現実のものとしていたのである。こうして現代にまで引き継がれているベネディクト戒律は、まさに、キリスト教が具現してきた合理性の原点となっている。

【参照・引用文献】

Beuroner Kunstverlag, *Die Regel des heiligen Benedikt*, 2006

朝倉文市『修道院にみるヨーロッパの心』山川出版社、一九九六年

(2) カルヴァンの教理とその合理性

宗教改革は一四世紀のジョン・ウィクリフ（一三二〇―一三八四）やヤン・フス（一三六九頃―一四一五）を先駆者とし、欧州の全域に影響を与えた運動で、一六四三年から六年間続いたウエストミンスター会議でまとめられた三文書が総仕上げとなった。

端緒は一五一七年マルティン・ルターの九五ヶ条の提題の提示である。九五ヶ条の提題は、贖宥状（免罪符）の売買などルターが常々抱いていた教皇を頂点とする当時のキリスト教世界に対する疑念をラテン語で表明したもので、これがドイツ語に訳され、活版印刷で広まり、大きな波紋を呼んだ。一五五五年、アウグスブルクの帝国議会においてルター派は一定の認知を得たが（アウグスブルク和議）、他のプロテスタント各派は異端とみなされ、宗教改革がその全貌を明らかにするためには、さらに一〇〇年を超える年月にわたって相応の犠牲が払われることとなった。ルターの主張はローマ教皇や神聖ローマ帝国に不満を持つ諸侯や農民に影響を与え、一五二二年には騎士戦争*、そして一五二四年にドイツ農民戦争*が勃発したが、ルターは鎮圧に回った諸侯を支持したといわれ、宗教改革がさらなる進展を遂げるにはこれに続く宗教改革者たちの戦いを必要とした。

騎士戦争
ライン川流域の騎士団のトリアーの大司教に対する反乱。没落騎士が宗教改革に刺激されて起こした。

ドイツ農民戦争
ルターの宗教改革を支持し、教会批判に始まった。農奴制の廃止、封建地代の軽減、裁判の公正なども訴えて戦った。戦争初期には勢いを得たが、約一〇万といわれる農民の犠牲が払われ、鎮圧された。

この中心には宗教改革者ジャン・カルヴァン（一五〇九―一五六四）の教理を奉じる人々があった。一五六二年から一五九二年にわたり繰り広げられたユグノー戦争（フランスのカトリックとプロテスタントの闘い）では、一五七二年のサン・バルテルミーの虐殺などフランス全土でカルヴァン派教徒数万人（四〇〇〇人、五〇〇〇人、一万人、三万人、七万人などさまざまにいわれている）が殉教を遂げたといわれる。カルヴァンの教理に命をかけた人々の戦いはその後も続く。一六一八年、八カ国の改革派が結集したオランダ・ドルトレヒトの教会会議（プロテスタント改革派の教会会議）ではカルヴァンの教理の五原則が明らかにされ、ドルト信条が採択されたものの、カルヴァン派が市民権を得るにはさらに三〇年にわたる戦いを経なければならなかった。

一六一八年に始まった三十年戦争は、宗教戦争とも呼ばれ、神聖ローマ帝国のプロテスタント勢力が認知を得るための内戦であったが、関連国家の権力抗争の色合いも加わり、欧州全土を覆う広域戦争へと拡大した。その影響は大きく、欧州全土に傷跡を残し、神聖ローマ帝国（ドイツ語圏）は、ペストの流行もあり、その人口の三分の一を失い、経済活動は著しく衰退した。当時の欧州諸勢力が持てるエネルギーを尽くした三十年戦争は一六四八年のヴェストファーレン講和条約をもって終止符が打たれた。この講和条約により、スイス、オランダの独立が認められ、神聖ローマ帝国内での各領邦は主権を強め、プロテスタント勢力は多くの面でカトリックと同権となった。こうしてアウグスブルク和議の内容が確認され、カルヴァン派が容認されることとなった。

ヴェストファーレン講和条約と並んで重要なのは、結果として宗教改革の総仕上げとなったウェストミンスター会議である。ウェストミンスター会議は一六四三年から開催され、六年間にわたって会議が招集された。この会議は議会からイングランド国教会の再編を命じられた神学者たちの会議であった。会議は議会から戒規と教会政治への勧告を求められたが、各派の一致点が見出せず、後半の四年間は新しい信仰基準の作成に力を注いだ。その結果「ウェストミンスター信仰告白」「ウェストミンスター大教理問答」「ウェストミンスター小教理問答」の一連の文書が生み出され、欧米の多くの長老教会、改革派教会の基礎的基準となった。これらのウェストミンスター諸文書においてカルヴァンの教理の中心部分は予定説も含めその基礎が確立したのである。

ジャン・カルヴァンは一五〇九年生まれの神学者で、マルティン・ルターやフリードリヒ・ツヴィングリ（一四八四－一五三一）と並ぶスイスの宗教改革者である。カルヴァンの代表的な著書『キリスト教綱要』は一五三六年以降五度にわたって改訂され、改訂のたびに増補されているが、一五五九年の第三版においてカルヴァンの教義の中心部分とされる「予定説」が登場する。予定説の骨子は、『キリスト教綱要』第三篇二一章に「神が、ある者を救いに、ある者を滅びに予定したもうた永遠の選びについて」と示されている。信仰者は「永遠の生命」か「永遠の死滅」のどちらに定められているかを知ることもできず、この世のどのような行いも努力もこの予定を変える術はないとされた。すべては神の恩寵による。私たちが生まれる前から、神が人を造りたもうたときから定められている道を歩まなければならない。救いの確証は、ただキリストとともにあることにのみ見出される。このカルヴァンの教理はオランダとイングランドに広まり、神聖ローマ帝国では領邦君主の選択に委ねられた。

カルヴァンの教理は、六世紀のベネディクト派の修道院で培われた勤勉・禁欲を世俗の職業に移し植えられたものであるとするのは、ドイツの政治・社会・経済学者であるマックス・ヴェーバー（一八六八―一九二〇）である。マックス・ヴェーバーはカルヴァンの教理と資本主義を強く結びつけた。その著書『プロテスタンティズムの倫理と資本主義の精神』には、内村鑑三（一八六一―一九三〇）の薫陶を得た大塚久雄（一九〇七―一九九六）の名訳がある。この書でマックス・ヴェーバーは職業を神から与えられた天職とし、カルヴァンの予定説から導かれる救いの確信は職業労働によって得られると主張した。天職である職業労働に従う者の規則正しい日常に価値を見出し、職業労働は優れた禁欲手段と位置づけた。時間の浪費を最も重い罪と断じ、道徳上も排斥すべきとした。この職業労働における厳しい合理性の追求は、日常生活にまで浸透した。

その結果、カルヴァンの教理を信じた人々はこれまでに経験のない孤独感を味わうこととなった。人間は神によって人類誕生の前から定められている運命に向かって一人で歩まなければならなくなったからである。カルヴィニズムにおいて、選びの確信を求めて、信徒たちの神との交わりは孤独の中で行われ、人々は救いの確信を求めて職業労働にひた走った。職業労働によって救いの確信に迫れることを体験したのである。職業労働はマルティン・ルターによって倫理性が高められ、ジャン・カルヴァンによって合理性が強められたといえる。マックス・ヴェーバーによると「カルヴィニズムの厳しさが資本主義を後押しした」とされる。

【参照・引用文献】

ジャン・カルヴァン『キリスト教綱要　改訳版』渡辺信夫訳、新教出版社、二〇〇八年
トム・ウィルキンソン『現代に生きる信徒のためのウェストミンスター信仰告白〈註解〉』松谷好明訳、一

麦出版社、二〇〇三年
ヴィルヘルム・ニーゼル『カルヴァンの神学』渡辺信夫訳、新教出版社、二〇〇四年
マックス・ヴェーバー『プロテスタンティズムの倫理と資本主義の精神』大塚久雄訳、岩波書店、一九八九年

(3) 聖書の中の合理性

ジョン・ロック（一六三二―一七〇四）は『統治二論』と『人間知性論』の著者として名前が知られている。ロックはイギリス経験論*の父と呼ばれる哲学者で、強い王権に対して芽生えたデモクラシーの理念を理論化し、アメリカ独立宣言やフランス革命の人権宣言の思想的な基盤を提供したことで知られている。一六九五年に記された『キリスト教の合理性』は、宗教改革も一定の方向性を見出した時点において、宗教改革者たちの教理に囚われることなく、注意深く、聖書を自身で読むことによって得たものを率直に記したものである。この書でロックはキリスト教の特質を道徳性と合理性に見出している。

ロックの主張の第一は、キリスト教信仰の教義の根底に「行いの法*」と「信仰の法*」の二つの法則を置くことに高い合理性を見出していることである。「行いの法」はモーセによって伝えられている律法の道徳的部分であり、あらゆる場所のすべての人に義務を負わせる永続的なものである。これに対して「信仰の法」は「行いの法」の完全な服従の欠如を補い、信仰によって人を義（ただしい）とする法則である。キリスト教を信じる者は「信仰の法」のもとにあり、たとえ「行いの法」の服従において不完全さが生じようとも、「信仰の法」のもと義（ただしい）とされる。これをもって、律法の完全な実践とみなすのである。人の不完全さを

経験論
認識の主たる源泉を経験に求める哲学説。代表的なものは一七―一八世紀のイギリス経験論（F・ベーコン、ロック、バークリー、ヒューム）であり、一切の観念は感覚的経験から後天的に生ずるとして、生得観念を否定する傾向を持つ。経験主義。↔理性論（『広辞苑　第七版』）。

「行いの法」「信仰の法」
「では、人の誇りはどこにあるのか。どんな法則によってか。行いの法則によるのか。そうではない。信仰の法則によってです」（ローマの信徒への手紙第三章二七節）。

包み込む「信仰の法」の豊かさと寛容さの中に究極の合理性が見出される。

ロックの第二の主張は、イエスの宣教活動そのものに見られる合理性である。イエスが生まれ宣教活動を行った時代のイスラエルはローマ帝国の支配下にあった。ユダヤ人の政治体制も宗教的典礼も失われてはいなかったが、為政者は旧約聖書に記されている預言の実現であるメシヤの到来による民衆の反乱を恐れた。当時のユダヤの民は、旧約聖書の預言の実現とメシアの到来を待望し、他国の従属から解放されることを切望しており、イエスの言動によっては、民衆の蜂起が容易に想定された。この事情がイエスを危機に追い込んだのである。

こうした歴史的背景を背負って、イエス・キリストの身の処し方は、神の叡智に合致する合理性を備えていた。イエスは洗礼を受けてから二度目の過越祭*に行ったエルサレムでの最初の奇跡によって、自らの命の危機を招いたことを考慮し、生前最後の過越祭前の仮庵祭*まで伝道を控えめにしている。そして、自分を殺そうと狙っているユダヤ人を避け、エルサレムから離れ、ガリラヤ全土をめぐり歩いた。そこで福音を宣べ伝え、病人を癒した。しかし、イエスはガリラヤにおいてもしばしば進んで身を隠し、人々の群れから身を引き離した。いわんや危険なエルサレムには近づかなかった。イエスを殺そうとしているユダヤ人たちに対しては、彼の王国という言葉を語らず、メシアの名を直接用いることもなく、ただ、洗礼者ヨハネの証し、自らの奇跡の証し、神の証し、聖書とモーセの証しに託して、自らが神の子であり、神によって遣わされていることを語った。イエスの山上の説教はイエスの三十数年の生涯で最も長いもので、多くの聴衆を前にしていたとされているが、ここでは信仰の文字もメシアの言葉も一切語っていない。ここで語られたのは神の

過越祭
ユダヤ教三大祭の一つ。出エジプトを記念する春の祭り。

仮庵祭
ユダヤ教三大祭の一つ。出エジプト後の放浪の生活を記念する秋の祭り。

啓示
キリスト教など唯一神教で、人知では知ることのできない神秘を、神自らが人間に対する愛の故に覆いを除いて現し示すこと。天啓。

国の法と神の国に入るための条件についてのみである。

　このようにイエスは、父である神から与えられた役割を果たすために、注意深くユダヤ人から身を守りながら、宣教を進めた。メシアの名を用いず、奇跡を控えめにし、驚くべき慎重さと叡智により危機を乗り越え、定められた時を確保し、聖書の預言を確実に、身をもって証しした。しかし、イエスにとって最後となる過越祭のためにエルサレムに登場したのは、祭りの六日前であった。この時のイエスの行動は一変していた。イエスの任務が最後に近づき、時間が迫って来ていた。十字架への道に突き進むことを覚悟して、律法学者やファリサイ派の人々や祭司長の眼前で盲目の人と足萎えの病人を癒したのである。このように、イエス・キリストは神から与えられた時間の中で、現実的かつ効率的に使命を果たした。ここに示されたイエスの慎重さと大胆さに神の啓示と理性を知り、理性に適った合理性を覚えさせられるのである。

　第三の主張は「唯一神への信仰」である。唯一神を信じることはイスラエル民族に限られており、その指示は啓示*によってもたらされた。モーセを通した啓示は明確に一族の家父長に示されたが、それは地球の片隅においてであり、周辺との交流もままならない閉ざされた地域においてであった。啓示を受けたイスラエル民族は小さな共同体で、自民族のみで唯一神への信仰を守り続けた。神の子イエス・キリストはこの障壁を取り去り、復活してからは、ユダヤの地やエルサレムに限定することなく、使徒たちを諸民族のもとに遣わして奇跡を行わせた。それは白昼、広域に、頻繁に行われた。救世主イエス・キリストによって唯一神への信仰は地球全体に広まり、行き渡ったのである。われわれが神の子から受け取ったのは永遠で不可視のただ一人の神だけである。「ただ一人の神」の世界は啓示によるものであるが、理性と親和性の高い合理性を持ったものと説明される。

【参照・引用文献】
ジョン・ロック『キリスト教の合理性』加藤節訳、岩波書店、二〇一九年

5　ゲルマン民族とキリスト教の出会い

文字は読めず、すべて口伝えに頼り、田舎じみていて、人口はひどく少なく、経済規模は最小限で、兵士が上に建ち、絶えずいがみ合っていながら〔……〕誰もがキリスト教徒であるような社会。

（イアン・F・マクニーリー他『知はいかにして「再発明」されたか』）

これがアウグスティヌス（三五四－四三〇）の没後二〇〇年が経った六世紀に、キリスト教徒の目に映ったゲルマン社会の姿である。

三九二年、ローマ帝国はキリスト教を国教化した。このときまで教会制度も成長と充実を重ねた。民族大移動以前、ローマ帝国のキリスト教迫害の時代でさえ、キリスト教はローマ帝国の中に根深く教会制度を作り上げつつあった。三一三年のミラノ勅令による公認後の三八一年、コンスタンティノポリス公会議において三位一体を正統とすることが定められたが、そのときすでに教会制度は統治組織と規則を持つ一つの自治社会を構成していた。四世紀、聖職者は裁判免除の特権を手にするなど超法規的存在になりつつあった。

ガリア教会会議
ガリア教会会議の決議録により、ゲルマン宣教に関するさまざまなことが立証されている（ピエール・リシェ『蛮族の侵入』久野浩訳、「蛮族民に改宗」より）。

ゲルマン人とキリスト教との接点は、すでにドナウ川地方やライン川左岸地域などのローマ帝国の軍隊の駐屯地建設において見受けられる。しかし、この時期、都市ではキリスト教の布教が進んでも、農村においては異教（キリスト教以外の宗教）の信仰が根強かった。都市のキリスト教勢力には、教会を中心にゲルマン社会に適応させる努力が見られた。ゲルマン社会への宣教は司教が主導した。司教は貴族階級の出身で、いくらかの教養を備えた階層に属しており、多くの土地を所有していた。司教は不入権という特権により聖職者の養成、捕虜の買い戻し、貧民の救済、公共利益のための大規模建築物の建設などを行うことが可能であった。ローマ帝国が衰亡の兆しを強めるにつれ、ローマ皇帝の保護監督の力は失われ、ゲルマン民族に攻囲され占領された都市に残る唯一の政治的権威が司教であって、その教養、霊的な輝き、現実主義や合理性などがゲルマン人の首長たちの尊敬を集めた。

族長を含めゲルマン人のキリスト教への改宗はさまざまな方法で行われた。例えば、五一一年から六一四年まで三〇回にわたって開催されたガリア教会会議*では、異教の宗教的慣習を禁ずる規定によって改宗を促進しようとする意図が示された。ゲルマン人改宗のために、司祭、領邦君主、修道士、教皇がそれぞれの役割を果たした。王の改宗は司教の影響に負うことが多いが、東ゴート王国の王がアリウス派の信仰にこだわった例外を除き、多くの場合、首長の改宗はその配下の戦士の改宗を促すなど、改宗を促進するのに力があった。一方、修道院は世俗から離れて救済の道を求める人々の避難所であって、経済的な存在価値が高く、立地地域においてゲルマン人のキリスト教化の拠点として機能していた。基礎固めを着実に進めてきたキリスト教に対して、ゲルマン民族は二世紀以来の日

Column

◉ゴルフのはじまり

何をもってゴルフのはじまりとするか、世界の地域や民族そして風俗によってさまざまにいわれている。私たちの五五年前の生活の場であった西ドイツ・シュヴァーベン地方では、ゲルマンの古くからの民族的な祭りから生まれたと聞かされた。

平凡社の『世界大百科事典』によると、ゴルフの起原には三説あるとされている。第一は、六〇〇年前の英国セント・アンドリューズにおける、羊飼いたちの小石を飛ばす遊びを起源とする説である。第二は、オランダのHet Kolvenと称する、石畳や氷上でのホッケー風の球技が、一四世紀に対岸のスコットランドに渡ったとする説である。第三は、ローマ帝国のユリウス・アグリコラ将軍がスコットランド遠征のときに、ローマで行われていたpaganicaという球戯を持ち込み、これがローマ軍の長期占領中に土着化したとする説である。いずれも決め手となる根拠はないと記されている。

私たちが住んでいたドイツ・シュヴァーベン地方は、ゲルマンの古い風習の残っている地域である。特に厳冬の農閑期には、農民の祭りファスナハト（四〇頁）が、シュヴァーベン地方の村々で行われる。ファスナハトはロココの仮面をつけた仮装行列にその特徴があり、冬を葬る、冬を追い払うという冬との戦いが主眼となっている。その時期は、二月を中心に展開され、復活祭に向けて、断食によって心身の備えが始まる灰の水曜日の前夜まで続く。この間、昼は仮装行列、夜は飲み食い踊りに興じる。

このファスナハトは、村々の諸集落で行われる火の祭典で幕を閉じる。諸集落の小高い丘々で、薪や木の枝で円錐形に組まれた櫓（やぐら）に火が点けられる。この中に直径一五センチ、厚さ二センチくらいの輪切りにした木片を投げ込み、赤く燃えているこの木片を取り出し、長い棒で、遠くに飛ばす競争をする。夜空に、次から次に飛んで行く赤く燃える輪切りの木片は、まことに美しく、勢いがあり、春を迎える希望を象徴しているように思われた。これがゴルフの発祥と教えてくれたのが、この祭りの世話役である。その語り口には誇りに満ちたものがあった。この自信に満ちた語り口を思い出すたびに、今でも、ゴルフのはじまりはゲルマンの火祭りからと思い込む気持ちが強い。

当時、通っていた大学への通勤途上にゴルフ場があった。そのクラブハウスは厩舎を改造したもので、たまに姿を見せるプレイヤーは自らバッグを担いでボールを追っていた。これを横目で見る、通りすがりの人々は、ただ一言「金持ちのスポーツだから」とまったく縁のない顔つきをするのが常であった。しかし、特定の階級に定着し、地味で質実剛健で素朴な、誠にドイツ的なゴルフの楽しみ方にゴルフの原点を見た思いであった。

それにしても、地中海に発し、アングロ・サクソンを通して、ドイツ語圏に伝わったものが多い。ベネディクト派の修道院も、宗教改革家カルヴァンの教説も、各種球技もどうやら、アングロ・サクソンを抜きに語れないし、現代の発明発見は欧州大陸で芽生え、イギリスで集大成され、アメリカで実用化されるとも語られる。アングロ・サクソン優位の世界の動きの中で、ゴルフの起源がドイツ語圏のゲルマンの火祭りにあると語られることにも、ゲルマン諸族の寛容性と自立心の強さを覚えさせる。

オランダで1700年以前にゴルフが行われていた場所

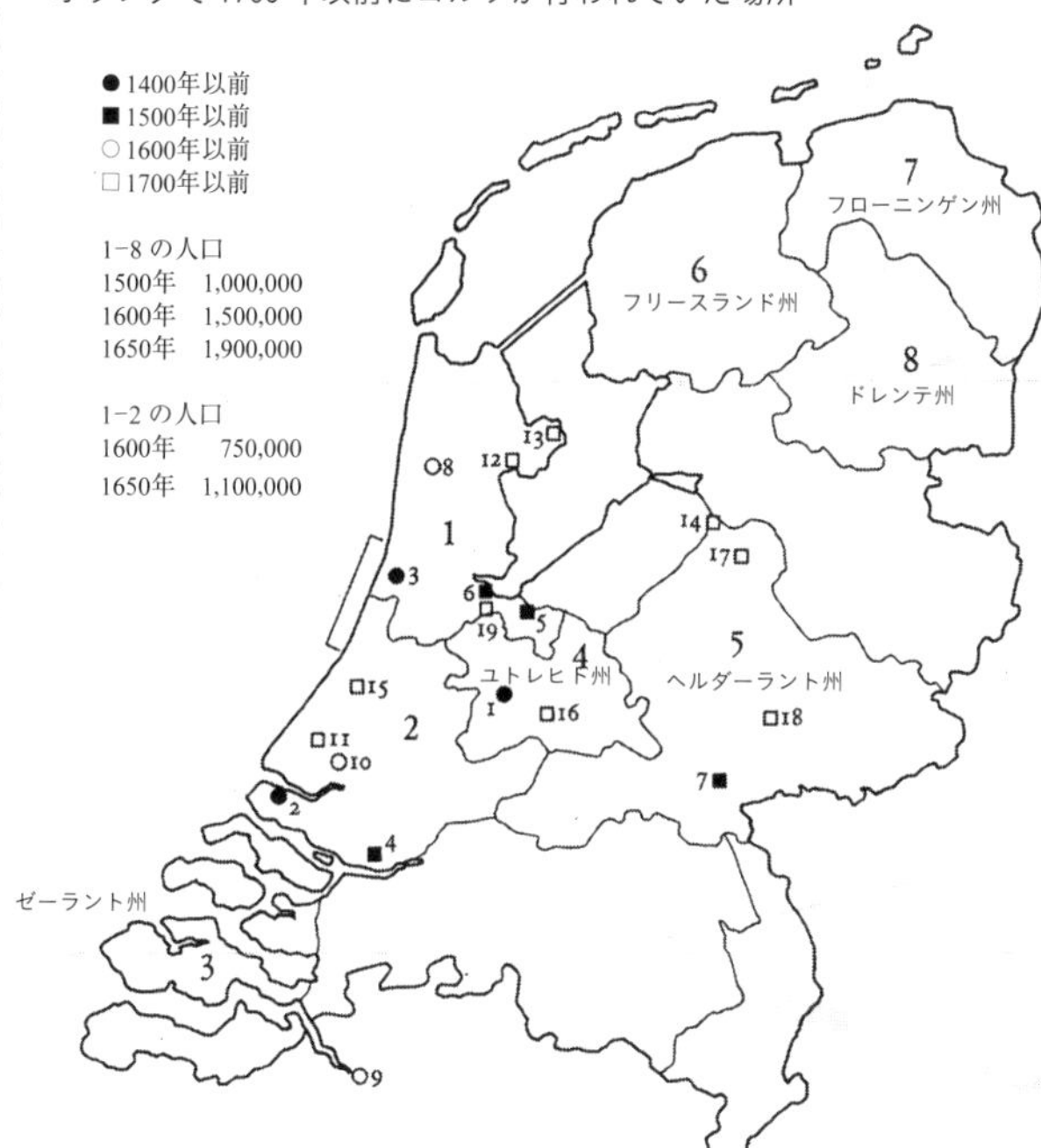

1　ルーネン・アーン・デ・フェヒト（1297年）
2　ブリーレ（1387年）
3　ハールレム（1390年）
4　ドルトレヒト（1401年）
5　ナールデン（1456年）
6　アムステルダム（1480年）
7　アルンヘム（1490年頃）
8　アルクマール（1550年頃）
9　アントワープ（1553年）
10　デルフト（1587年）
11　ハーグ（1609年）
12　ホールン（1610年頃）
13　エンクホイゼン（1612年）
14　カンペン（1615年頃）
15　ライデン（1637年）
16　ユトレヒト（1637年）
17　ズウォレ（1640年頃）
18　ドゥースブルフ（1640年頃）
19　アウダーケルク（1659年）

Prepared by S. van Hengel
（故・金田武明氏提供）

民会
ゲルマンの首長が主催する全自由民の集会。重要事項の審議と決定がなされ、訴訟の場でもあった。武具を身につけて行われたといわれている。

常的な営みにより、豊かな文化の創造を可能とする準備を整えていた。民族としての結束の固いゲルマン人個人の改宗には困難が続いていたが、部族集団の指導者の改宗や民会*による決議が決定的な後押しとなった。ゲルマン民族のキリスト教への改宗とも、キリスト教のゲルマン化ともいえる両者の融合一体化の経緯の中で、ドイツ語圏のゲルマン民族には、正しくキリスト教信仰が受容されていった。その経緯においてはイングランドのアングロ・サクソン人の果たした役割が大きい。

アングロ・サクソン族への宣教は、五九六年の教皇グレゴリウス一世（五四〇―六〇四）による四人の伝道師の派遣が起点となる。このとき、イングランド諸島では先住民ケルト人への伝道が盛んであった。ケルト人を駆逐して占拠を始めたアングロ・サクソン人への宣教に当たって、四人の伝道師は厳しく禁欲を求め、アイルランド人はこれに応え、宣教に応じた。ローマ教皇によって派遣された伝道師たちはアングロ・サクソン族の居住地に、ベネディクト派の修道院を創設すると同時に国王と教会との密接な関係を作り上げた。

このとき重要な役割を演じたのが、大司教ボニファティウス（六七二―七五四）である。ボニファティウスはアングロ・サクソン人で「ドイツの使徒」と呼ばれる。ローマ教皇とフランク王国の支援を背景に、ローマから遠く離れている北西欧州の地で宣教に努めた。六七二年、現在のイングランドに生まれ、イギリスのベネディクト派の修道院で神学を学んだ。七一九年教皇グレゴリウス二世（六六九―七三一）よりボニファティウスの名を与えられ、ゲルマニアへの伝道と教会整備を命じられ、司教としてヘッセン、テューリンゲン、フリースランドの伝道に当たった。ボニファティウスはメロヴィング朝の宰相カー

司教座
カトリック教会で、教区統治者が司式時に座る椅子。カテドラルに置かれる。

ゲルマン・ルネサンス
米国の歴史学者チャールズ・ホーマー・ハスキンズ（一八七〇－一九三七）は当時の文化復興運動を、一九二七年の著書で「一二世紀のルネサンス」と名づけた。

ル・マルテル（六八八－七四一）の支援を背景に、レーゲンスブルク、フライジング、ザルツブルク、パッサウの司教座*を与えられ、七四五年にはライン河東の全ゲルマニアの大司教に任じられた。ボニファティウスは三〇代後半からフリースランドへも宣教を試みていたが、フリースランドを最後の伝道の地とし、七五四年に殉教した。アングロ・サクソン人ボニファティウスの献身的な伝道活動は、教会運営の合理化、聖職者の保護、偶像崇拝の禁止などキリスト教の教勢の拡大に必要な諸事項をこの地に正しく根づかせることとなり、以後ゲルマン民族の地に礼拝堂、修道院の建設が相次いだ。

【参照・引用文献】
イアン・F・マクニーリー／ライザ・ウルヴァートン『知はいかにして「再発明」されたか――アレクサンドリア図書館からインターネットまで』冨永星訳、日経BP社、二〇一〇年
藤代泰三『キリスト教史』講談社、二〇一七年
ピエール・リシェ『蛮族の侵入――ゲルマン大移動時代』久野浩訳、白水社、一九七四年

6　ゲルマン・ルネサンス*

ローマ帝国の衰退によって、西欧ドイツ語圏における都市の活動は衰え、商業は途絶え、都市の行政組織は消滅し、古代技術に関する知識も失われていった。経済の重点は都市から農村の大所領に移った。三世紀から五世紀にかけてのことである。七世紀に勃発したイスラムの侵入により、地中海貿易が中断し、ゲルマン民族大移動後もわずかに続けられていた西欧の商工業は活動を停止したように見えた。さらに、ゲルマン民族の国フランク王

国のカロリング王朝（七五一―九八七）の治世では、国家収入は危険水域にまで落ち込んだ。人々の移動に活気が見られるようになり、商業が再び蘇るのは、ようやく一〇世紀に入ってからである。この時期、気候の安定（温暖化）、人口の増加など好条件に恵まれたことに加えて、経済復興の原動力になったのは、何といってもキリスト教が提供した社会秩序とゲルマン民族のエネルギーである。この経済不振の無政府状態の中でも、粘り強い伝道活動を続ける修道院と教会の勢力は着実に浸透していった。

生業を狩猟から農耕に切り替え始めたゲルマン民族がこの時期の経済の発展を推進した。元来、狩猟を中心に営みを続けてきたゲルマン民族は、大移動後人口の増加などにより農耕を取り入れ、生来持ち合わせてきた合理性を発揮し、効率の高い農業を展開した。この経済の再興には農業用地の整備が欠かせなかった。カエサルやタキトゥスというローマ人の執政官が見た広大なゲルマニアの森は耕作に適した広大な土地に変えられたし、フランドル*の地は堤防を築くことにより干拓が成功し、欧州有数の肥沃な耕地へと変貌した。さらに、一二世紀に本格的に展開された東方植民*によりスラヴ民族から領地を取り戻すなど、経済基盤の再構築が進んだ。整備が進んだ農業基盤の充実は、さらに人口の増加を生むという好循環により、ライン川とモーゼル川の間の地方では、一〇世紀から一三世紀の間にその人口を一〇倍にしたといわれている。馬具の開発、水車・風車などの新しい動力の普及、鉱山発掘、金属製錬などの技術の著しい発展は、ギリシャ・ローマ時代以来の奴隷労働からの解放と相まって、人々に自由とゆとりを与えることができた。

この時期の経済活性化により、都市は進展し、ロマネスクは頂点に達し、続いてゴシックが芽生え、熱い教会献堂熱が社会を覆い、大学が姿を見せ始めた。この経済復興をルネ

フランドル
オランダ南部、ベルギー西部、フランス北部にまたがる地域。

東方植民
一一―一四世紀に欧州北東部でのゲルマン民族の植民活動。エルベ川を越えて、スラヴ人居住地に進出し、人口増に対応して開拓・開墾に励んだ。

サンスと呼び、ここに資本主義の芽生えを見る人も多い。

【参照・引用文献】

クリストファー・ドーソン『ヨーロッパの形成――ヨーロッパ統一史叙説』野口啓祐・草深武・熊倉庸介訳、創文社、一九八八年
ルイス・マンフォード『都市の文化　下巻』生田勉・森田茂介訳、丸善、一九五五年
チャールズ・H・ハスキンズ『十二世紀のルネサンス――ヨーロッパの目覚め』別宮貞徳・朝倉文市訳、講談社、二〇一七年

戒律を執筆中のベネディクトゥス
一二世紀の写本（ヴリュテンベルク州立図書館）。

第三章　修道院での創造

修道士はギリシャ語でモナコス、ラテン語でモナクスといい「独り孤独に暮らす」ことを意味している。三世紀後半から四世紀に始まり、「隠れ住む者」という意味も込めて「隠修士」と呼ばれて、カッパドキア（トルコ中央アナトリア高原）や北アフリカの砂漠に一人住んだ。隠修士たちの共同生活の場を設定したのがパコミオス（二九〇―三四六）で、三二三年に最初の共住修道院が誕生した。

修道院を成立させる要因となったキリスト教の基本教義は、新約聖書のイエスの言葉の底流にある禁欲の教えである。キリスト教成立以来、脈々と流れる禁欲生活への希求とローマ帝国滅亡後の社会の頽廃が修道院を生み出した。三九五年のローマ帝国の分裂に続く、四七六年の西ローマ帝国の滅亡は、必ずしも、蛮族の侵入によるものだけでなく、ローマ社会に内在する多くの問題に根差していた。当時の疲弊したローマ貴族階級の社交界は乱脈を極め、多くの識者が世俗を疎み、厭世的傾向が強まっていった。特に女性には結婚を避ける気風が蔓延していた。貴族間の政略結婚により、女性の結婚の時期が早まり、一五歳以下での早婚出産が一般化していた。これに嫌悪を覚える若い女性は結婚を忌避する傾向が顕著となった。その他、奴隷制度の行き詰まりに起因する人口の減少、経済の疲弊、富裕層の軍事的義務忌避などはローマ社会が内包する矛盾を露呈しており、この矛盾はローマ社会を支えてきた優れた人材を世俗から離れさせる動機を提供することとなった。さらに、カルケドン公会議（四五一年）における三位一体の決議以後、ローマ帝国後半の急速なキリスト教化が進む中、禁欲的・修道的生活を選ぶことが改宗の証しと見られたのである。この思い込みが行き渡り、禁欲的・修道的思想に対する肯定的風潮が広まった。この気風の中で、多くの富裕な在俗信徒が修道院の創建者となったのである。

このように修道的機運の高まりを背景としながらも、ローマ帝国の滅亡後の社会の疲弊は筆舌に尽くし難く、その荒廃は極まっていた。この時代に生きた教皇グレゴリウス一世はその惨状を書き残している。

> 町からは人がいなくなり、要塞は破壊され、教会も焼かれて、修道院や尼僧院も取り壊された。畑に人影はなく、農民が見捨てた台地が見る影もなく広がっていた。ここに留まる農夫はなく、人々の代わりに野獣が群れている。ほかの場所がどうなっているのかは知らない。だがここでは、わたしたちが暮らすこの地では、世界が終わるというお告げどころか、すでに世界は終わりはじめている。
>
> （イアン・F・マクニーリー他『知はいかにして「再発明」されたか』）

さらに、歴史家プロコピウス（三二六―三三六）は戦記で次のように記した。

「モンテ・カッシーノ修道院」（二〇一八年筆者制作）

市民は井戸端などに生えている野草を争って奪いあう。ふん尿を食う。人肉を食う。餓死者は続出し、疫病がはやる。幼児を抱えてテヴェレの川に身を投げる者が続出する。中に夜陰に乗じて囲いを突破し、集団的に田舎に逃亡するものも出る。しかし田舎へ行っても凶作と荒廃のためのたれ死となってしまう。

（増田四郎『ヨーロッパとは何か』）

この社会の危機を前にして、ヌルシアのベネディクトゥスは一二名の修道士を引き連れて、モンテ・カッシーノの僻地に移り来たったのである。

1　ヌルシアのベネディクトゥス

ヌルシアのベネディクトゥス（四八〇年頃―五五〇年頃）の生涯を知りうる確実な史料は教皇グレゴリウス一世による『対話篇』とベネディクトゥス自身の手になる「戒律」の二つである。もちろん、その他、ベネディクトゥスの手になるとされる説教集、書簡集も見受けられるが、確実に彼のものと裏づけられるものは少ない。『対話篇』には多くの奇跡が語られているものの、必ずしもベネディクトゥスの人物像を明らかにするものは多くない。にもかかわらず、二〇世紀の二人の教皇、一九四七年の教皇ピウス一二世（一八七六―一九五八）、一九六四年の教皇パウロ六世（一八九七―一九七八）がその回勅*で、ベネディクトゥスに「ヨーロッパの父」としての揺るがぬ位置づけを与え、最大の賛辞を持って

回勅
ローマ教皇がカトリック信徒へ直接宛てた文書。

聖ベネディクトゥスに写本を献呈する
一一世紀の写本（ヴァチカン図書館蔵。『修道院文化史事典』より）。

語っている。教皇パウロ六世は、

　キリスト教文明の光で、かつて暗闇を排斥し、平和の賜を輝かせた彼は、今も尚ヨーロッパに君臨し、彼のとりつぎによって文化は発達し、ますます拡大して行く。

（朝倉文市『修道院に見るヨーロッパの心』）

と讃えた。

　ベネディクトゥスはローマ帝国滅亡後の荒廃と混乱の中で修道院を建設し、生活環境に必要なあらゆるプロジェクトの実現を可能とする、高い能力を持つ修道士群を生み出す仕組みを整えた。ベネディクトゥスの生まれ育った地ヌルシアはアペニン山脈の奥深い渓谷である。ローマの北北東一二〇キロに位置する。彼は上流階級に生まれ、初等教育を終えたのち、ローマで行政官として必要な古典教育に挑んだ。人文学、哲学、法学、修辞学などである。しかし、キリスト教の福音に共鳴して学校を中退、ローマ郊外エフィデで喧噪を逃れて新しい生活を始めた。その後ローマを完全に離れ、隠者スビアーコのロマヌスのすすめで、数年間、洞窟で隠修生活を実践したのち、ローマの東五〇キロに所在する山奥の町ラツィオ州スビアーコで修道院を開設した。次々と志を同じくする者が集い、一二の修道院が誕生した。

　一つの修道院は一人の修道院長と一二人の修道士から構成されていた。ここに共住修道制の本格的な確立を見ることができる。ベネディクトゥスは、一つの修道院の院長を務めると同時に、一二の修道院を監督した。ベネディクトゥスの名声はローマにも轟き、名

聖マルティヌス（三一六頃－三九七）
トゥールの司教。殉教せずに列聖された初めての人物で、ヨーロッパ初の聖人である。

声ゆえの妬みから司祭に毒殺を企てられ、数名の弟子とともにスビアーコを去った。五二九年ベネディクトゥスが辿り着いたのはローマの南東一三〇キロのモンテ・カッシーノであった。以後、生涯ここで修道士の指導に明け暮れた。モンテ・カッシーノの麓は古くはカシヌムと呼ばれ、ローマの自治都市であったが、廃墟となり果てていた。ベネディクトゥスはここで異教の礼拝堂を壊し、聖マルティヌス*を讃える礼拝堂を建てた。さらに山頂に第二の礼拝堂と独立した単一の修道院を建立した。土地は弟子プラキトゥスの父による寄進であったといわれている。

【参照・引用文献】
坂口昂吉『聖ベネディクトゥス――危機に立つ教師』南窓社、二〇〇三年
鈴木宣明「聖ベネディクトゥス修道霊性の歴史体験」上智大学中世思想研究所編『聖ベネディクトゥスと修道院文化』創文社、一九九八年

2　ベネディクト戒律

調和を重んじる柔軟な精神。明快な文章や体系的構成。名も知られかつ歴史上最も価値のある戒律「ベネディクト戒律」は五四〇年頃、モンテ・カッシーノで書かれたといわれている。ローマ教皇聖グレゴリウス一世はベネディクトゥスの記した「戒律」が中庸を得ていることを賞賛している。

Column

⦿修道院のひととき

二〇一七年ドイツ西南の都市コブレンツの近郊にあるベネディクト会修道院「マリア・ラーハ修道院」に五日間逗留した。私のリクエストは、西欧文化の原点である修道院生活の真髄に触れることであった。ネットでのやりとりであったが、神父からは六世紀と現在では同じではないとの注釈付きで、私の意図を汲み取って、滞在の承認が与えられた。

マリア・ラーハ修道院は一〇九三年に設立された群塔形式（六塔）のロマネスク教会堂を中心とする修道院である。私たちは修道院の外来者用の宿舎に留まり、可能な限り時課（時を定めて行われる日々の祈り）に与り、時課と時課の間は、花畑や牧場や工房を訪ね、落ち着いた豊かな時を享受した。湖も修道院生活に潤いと慰めを提供してくれる。時課の始まりを告げる鐘の音は、時としてけたたましく、時として優しく包み込むように、時として悲しく訴えるように、聞く人の心の奥に、さまざまに響き渡るように思えた。夜中でも朝でも二〇人ほどの一般信徒が典礼に参列していた。食事は極めて質素で、ライ麦のパンにハムとチーズという、ドイツ庶民生活のカルテス・エッセンといわれるものが夕食で、昼食は温かい料理が一品供される程度である。男女を問わず長期滞在者が多く、修道院の仕事の一部を担って、献身している様子が垣間見られた。

静かに流れゆくこの修道院での営みに励もうとした、その矢先、家内がパスポートを紛失したことに気づき、神父に相談し、適切な助言が得られ、翌日フランクフルトの日本領事館で再発行を受けられた。神父がドイツの実務的な実情だけでなく日本国の事務的手続きにも通じていることを知らされた。

ここの図書館で「LUTHER IN LAACH」という小さな、しかし、密度の高い展示がなされていた。その中でルター訳聖書の詳細な制作過程の資料に触れることができた。宗教改革を主導したルターの資料がふんだんにカトリックの修道院で見られることに不思議さを感じたが、ルターが修道士であったことから、カトリックと

マリア・ラーハ修道院図書館（ルター展カタログ表紙）

宗教改革の親和性をごく自然なことと納得させられた。

マリア・ラーハ修道院の外観。群塔形式で、ロマネスクの美しい姿を見せる（2017年筆者撮影）

宗教改革における最も価値あるルター訳聖書の完成は、宗教改革の「信仰義認」「聖書のみ」「万人祭司」を唱え、聖書のみの信仰生活を現実のものとしたルターの功績の頂点にあるもので、カルヴァンの厳しい教理とともに宗教改革に欠かすことができない。

のちに首相となるコンラート・アデナウアーが、ナチスによってケルン市長の座を追われ、一年間、このマリア・ラーハ修道院に避難したことが記録されている。

上：「マリア・ラーハ」（2017年筆者制作）
左：立ち並ぶ陶芸工房（2017年筆者撮影）

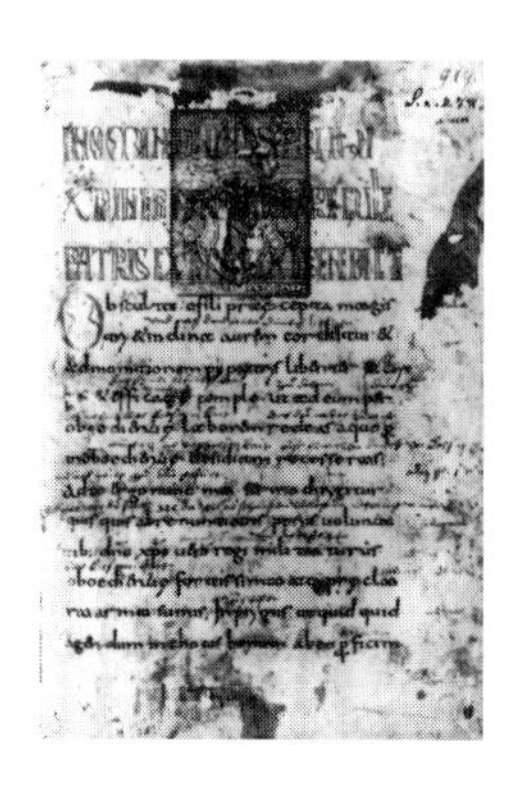

「ベネディクト戒律」の写本
ザンクト・ガレン Codex Sangallensis 914（坂口昂吉『聖ベネディクトゥス』より）。

彼の生涯と生き方とをより詳細に知りたいと思う者は、この「戒律」の規定のうちに、彼が師としてその生き方で範を示したことのすべてを見出す。この聖人の生き方こそがまさに、その教えだったのだ。

（『修道院文化史事典』）

この戒律では修道院生活における合理性を追求している。合理性の高い共住生活を営むことによって、神への奉仕を最大にすることを目的とした規則である。この短い規則集は、修道院長のための戒律と修道士のための戒律の二つを重ね合わせてできあがっている。七三章構成の戒律は「修道生活の基礎」と「修道院社会と生活」に分かれている。言語は簡素なラテン語俗語が採用されている。内容において厳格・寛容・純朴であり、表現において簡素・明快である。ベネディクト戒律は、従来の修道の主流であった個人を重んじる隠修士を排除して、共住修道士による一〇―一二名の小集団を修道院共同体の基本単位としている。この小集団において、共住修道士はキリスト教信仰の原点に戻り、禁欲を貫き、聖書に記された神のみ言葉に従うことによって、この世に必要なあらゆる事業を可能とする能力を身につけることを目指した。現在でいえば「万能のプレイング・マネージャー」を育てることを目的としたのである。特筆すべきは、ローマ帝国以前の巨大な権力を支えた奴隷的労働をキリスト教徒の務めとしての自発的肉体労働に置き換えたことである。この修道院という小集団の構成員である共住修道士は、ともに祈り働き、その果実を平等に分け合うことによって自発的労働の完璧な実行を目指したのである。全七三章の概要は八二－八三頁の表のとおりである。

祈ることは絶えず求められた。集団の務めとしての祈りは、早朝午前一時過ぎから夕暮れまで二時間ごとに告げられる鐘の音によって修道院教会堂に集まり、計一日三時間半から四時間の祈りを捧げた。集団の祈りに加え、個人の祈りも求められた。祈りつつ働く。祈りに中断されつつも、一日六時間から八時間の修道院区域内での労働に務めた。修道院生活の基礎となる時間の設定は、常に日の出から日没、日没から日の出をそれぞれ一二等分しているために、冬と夏では全く様相を異にする。例えば冬至の昼間の一時間は現在の四五分、夜間の一時間は現在の七五分、夏至ではこの逆となる。復活祭（三月か四月）から一一月と、一一月から復活祭までとは異なった日課を採用している。睡眠については冬至は就床午後四時、起床午前二時で睡眠約八時間、夏至では就床午後八時、起床午前二時の睡眠約五時間で、昼寝で補っていた。食事は夏期は一日二食、冬期一日一食で、最大二品とした。着物や物品の私有はいっさい許されず、私有物の所有は重く罰せられた。この戒律はイングランドの諸々の修道院で採用された後、フランク王国カール大帝の七七九年の勅令により、カロリング王朝で唯一有効な修道規則として採用され、その後の修道院に全面的に引き継がれた。

こうした合理的な修道院生活によって得られた着実な成果は、中世を経て現代に至るまで引き継がれ、社会インフラの整備に始まり古典の保存研究に至るまで、農業、建築、教育、哲学、薬学、芸術等の広い分野で人類が生き続けるのに必要な知と技を着実に積み上げていった。

第48章	読書と労働の時間	復活祭から10月1日（労働7時間・読書2時間）など具体的に時間配分
第49章	四旬節の過ごし方	食物・飲み物・睡眠・饒舌・冗談を控え、心からの憧れと喜びを持って（四旬節：復活祭に向けての46日間）
第50章	修道院外で働く修道士	外で規定の時課を怠らず守る
第51章	旅にある修道士	外での食事を禁じる
第52章	祈禱所	祈りの場として一切ものを置かない
第53章	来客	キリストとして迎える
第54章	手紙などの贈物の受け取り	修道院長の権限
第55章	修道士の衣服と履き物	ククラ（上衣）2・チュニカ2・サンダル・靴・ベルト・小刀・ペン・針・手拭き・筆記板を修道院長が貸与
第56章	修道院長の食卓	常に来客と巡礼者は修道院長と同席する
第57章	手工業者としての修道士	謙虚な気持ちで仕事に従事することを強く要請、修道院長の許可で製品を世俗より安価に販売可能
第58章	新たな修道士の受け入れ	受け入れ時・2か月後・6か月後・10か月後に決意を確認後受け入れ、私有財産はすべて寄付
第59章	子供の受け入れ	両親の誓願による、両親は財産を子供に与えてはならない
第60章	司祭の受け入れ	戒律の遵守と自己の定住が条件
第61章	外来の修道士の迎え方	（細部にわたり記述）
第62章	司祭等の叙階を望むもの	十人係長と副院長のための規則に服する
第63章	共同体における順位	修道生活を始めた日時と修道院長の判断による。順位は食卓などあらゆる場面で厳格に守られる
第64章	修道院長の叙任	修道院長は共有と公平な分配を基本とする
第65章	副院長の任命	副院長が傲慢になり、戒律を守らない場合、4度まで忠告・処罰・罷免の罰を与える
第66章	門衛の部屋	入り口に門衛の部屋を設け、知恵のある老人を配置する、修道士が外を歩き回らないように
第67章	旅の修道士	旅で見聞きしたことを他の者に話さない
第68章	困難な命令	忍耐を持って従順に服従し、適切な時期に上長に説明する
第69章	他の修道士の弁護	他の修道士の弁護を禁じる。極めて重大な軋轢の原因には厳罰を処する
第70章	禁止事項と子供への対応	共同生活からの除外と殴打は誰にも許されない。子供については15歳に至るまで熱心に指導監督する
第71章	服従	修道士のお互いの服従、後輩の先輩への服従は共同体における順位に従う
第72章	他の利益	修道士は熱意を持って、自分の利益でなく、他の利益を求めよ
第73章	道の始まりとしての戒律	初心者のために記した控えめな戒律の実行を命じる

『聖ベネディクトの戒律』古田暁訳、ドン・ボスコ社、2006年；Beuroner Kunstverlag, *Die Regel des heiligen Benedikt*, 2006 を参考に筆者作成。

ベネディクト戒律

第1章	修道士の種類	共住修道士・隠修士・独修士等を示し、共住修道士を中心に据える
第2章	修道院長の資質	キリストに変わる牧者として共住修道士に差別を加えず、修道院全体と修道士個々の収支報告を義務づけ
第3章	修道院の運営	共住者全員の意見を聴き、院長一人の熟考、判断、実行
第4章	神の技の道具	神の技の道具として「神を愛する」から「神の哀れみの深さを決して忘れない」まで74を列挙
第5章	服従	院長に命じられたことを躊躇わず、遅れず、中途半端でなく、不平や異議を申し立てず行う
第6章	沈黙	語り教えることは師に託し、沈黙し耳を傾ける
第7章	謙遜12の段階	神へのおそれ・自らの意志・従順・忍耐・罪の告白、満足など12段階を上り詰め、自然な習慣へ
第8章	夜間の聖務日課について	冬の起床は午前2時
第9章－第18章	7度の時課の守り方	季節、曜日、時課別に詳細な典礼順序
第19章	礼拝の心構え	神の技が真実であることを信じる基本
第20章	祈りの基本	深い謙遜と純粋な敬虔の念をもって、短く純粋に
第21章	10人に1人の長	共同体が大きくなったとき1人の長を修道士の中から選ぶ
第22章	睡眠の原則	1箇所に集まり、着衣し、帯を締め1人1台の寝台で睡眠、子供の寝台は大人寝台の間に
第23章－第30章	さまざまな過失と罰	罰の基本は「面前の叱責」「体罰」「追放」とし、過失を繰り返すごとに重い罰
第31章	総務長の選び	選びの基準・心得
第32章	道具管理の修道士の選び	管理の委任
第33章	私有の禁止	書物・筆記板・ペンなど（修道院長の指示による）
第34章	支給の平等	生活に必要なものは必要に応じて平等に支給
第35章	厨房の担当	すべての修道士は1週間交代で厨房の担当者を務める
第36章	病人への配慮	何事にも優先し、熱心に、手落ちのないように
第37章	老人と子供への配慮	弱さに心を配り、食べ物には厳しい規定を適用しない
第38章	食事中の朗読	朗読担当者を定め、食事中に書物を朗読、朗読者は後で食事
第39章	食事	調理したものは2品に果物か新鮮な野菜、季節により1日1食または2食、肉は病人のみ
第40章	ぶどう酒	1日1ヘミナ（271ml）で十分
第41章	食事の時間	復活祭（3月末から4月）から50日間は1日2回、その他は1回、時間は夏期正午・秋冬期は午後3時
第42章	沈黙	午後9時以後は沈黙に努める
第43章－第46章	再び過失と罰	礼拝や食事の遅刻、退席を命じられた者、祈禱所での過失、手作業中の過失
第47章	礼拝の時刻	知らせるのは院長

【参照・引用文献】
Beuroner Kunstverlag, *Die Regel des heiligen Benedikt*, 2006
『聖ベネディクトの戒律』古田暁訳、ドン・ボスコ社、二〇〇六年
P・ディンツェルバッハー／J・L・ホッグ編『修道院文化史事典』朝倉文市監訳、八坂書房、二〇一四年

3　共住修道院の営み

修道制の定着と発展の原点となった共住修道院は、祈りと労働の場であった。謙虚に神に従う小さな集団が秩序ある新しい生活様式を生み出した。乱脈を極める世俗から逃れ出て、一二人の共住生活体は秩序と責任を明確にするための戒律のもと、時代を超え、階層を超え、均衡ある信仰共同体の秩序を示した。修道院生活が守り抜いた質素と節制は献身のための規範を生み出した。

日課は厳格に定められ、時間は労働と祈りに偏りなく均等に配分された。ギリシャ・ローマ時代から脈々と社会を支えてきた奴隷制度に代わって、修道士は自ら労働に励んだ。祈りつつ働くこの新しい生活様式はさまざまな活動を生み出した。建物、菜園、農園を自らの手で作り出す。このような肉体労働に対して、読み、書き、論じ、計画する知的な活動も重んじられ、調和が図られた。修道院の強健な修道士は、働く義務を等しく負い、その成果を等しく分け合った。仕事の過程全体に合理的な価値を与えた。技術的な側面でも数々の工夫が凝らされた。共住修道院は合理化を求める特別の動機を持っていた。祈りのための時間と活力を確保するためにすべてにおいて効率を優先した。

次第に近接してくる世俗との関わりは修道院にいろいろな役割を付加した。修道院は、伝道の核としての機能に加えて、農畜産業経営体として、教育機関として、不動産管理者として、行政拠点として信頼できる共同体でなければならなかった。数少ない修道士がこれだけ多くの役割を果たすには、すべてに極めて高い効率が要求された。一二世紀、寄進が寄進を呼び、富の上に富を積み、修道院の本質に変化が見られるまで、修道院は合理性追求の手を休めることはなかった。修道士は欧州全土に渡り、一二世紀に興った中世都市の興隆を迎えるのに必要な技術的発展も準備し整えたのである。

秩序をもたらした聖務日課と工夫を重ねた技術を結びつけた結果として、修道院の合理化は一挙に進み、必要な自給自足分を上回る余剰の産物を、世俗の施設も含め諸所に提供した。この技術革新の最大の証しはシトー会クレルヴォー修道院についての手記に詳細に記された水利施設（一五八頁参照）である。

(1) 写　本

ローマの元老院議員であったカッシオドルス（四八五－五八五）はキリスト教教育を助けるために図書館を建設した経歴を持つが、修道院の主要な機能として古い写本を加えることも構想した。写本は修道士の謙虚さと勤勉さと忍耐を持って行われた。古典古代の図書を保管し、写し取ることは六世紀には修道院の主要な役割となったのである。後述するザンクト・ガレン修道院には聖堂の東、内陣北側に写字室があり、六つの窓で必要な光を取り込んでいる。七つの机が窓際に、その中央には大きな机と写字生用の椅子が置かれ

写本制作に精を出す写字生たち

「エヒテルナハの典礼用福音書」（一〇三九—一〇四〇、ブレーメン国立・大学図書館蔵。『修道院文化史事典』より）。

教父

二世紀から八世紀にかけてのキリスト教の正統信仰の実践者でありかつ著述家。

ていた。写字室の上階は図書館が計画されている。写本には羊皮紙が用いられた。羊皮紙は山羊や羊、子牛の皮を表裏両面に書けるように丁寧に鞣(なめ)して作られた。修道士の筆写は、修道院学校で受けた一般教養を前提としており、写字室で書法や写本装飾といった技術的な知識を習得した。優秀な写字生は一日に最大六葉を作成できたといわれる。一人の修道士が生涯に三〇—四〇巻の筆写にあたったという記録がある。文章を口述で読み上げ同時に複数の写本を作ることもできたが、通常は一つの作品全体を一人の写字生が写す方法が採られた。

(2) 歴史叙述

どの修道院においても、学識ある修道士は、重要な仕事の一つとして歴史叙述をあてがわれた。修道士たちは、誰もが時代の経過する中で神の救済計画が実現すると信じていた。救済計画実現への道程を記録に留めるために修道院独自の記録を残すことに励んだ。復活祭周期表、周年記念禱名簿、聖人奇跡の記録などが熱心に編纂され、図書室に収められ、司書（文書の番人）に委ねられ、大切に保管された。

(3) 図書館

ギリシャ・ローマの古典の文献や教父*たちの著作が無数に伝えられているのはベネディクト派の修道士の功績である。今日、修道院の大きな図書館に保存されている中世の写本

マリア・ラーハ修道院の図書館（二〇一七年筆者撮影）

は写字室から生まれたものである。修道士たちが図書館を創り出した頃、ギリシャ古典の著作は極めて少なく、しかも多くはラテン語に翻訳されたものであった。中世の修道院図書館の蔵書目録は部分的に残されているが、それらから読み取れる図書館拡張の歴史を見ると、一般的には、八世紀に始まり、九世紀に大きく拡大し、一〇世紀の停滞を経て、一一世紀には飛躍し、一二世紀に最盛期を誇った。

(4) 教育制度

八世紀後半、フランク王国カロリング朝のカール大帝は、「学問奨励に関する書簡」に続いて「一般訓令」で修道院に学校を設置することを命じ、詩編（旧約聖書）、計算、文法などをラテン語で教えることを含む勅令を出した。これにより修道院は領主、寄進者の一族、高貴な身分の者たち、慈善家などの子弟を受け入れた。授業の主要な内容は文法、修辞学、詩学（旧約聖書詩編の学び）、法学に加え、天文学、博物学、算術、幾何学などの自然科学が取り上げられていた。修道院のこの教育機能は一二世紀まで保たれたが、以後、司教座聖堂付属学校、そして大学に移行していった。中世ヨーロッパの教会付属の教育機関から発展した大学は、教授と学生の一種の同業者組織として発展した。

(5) 自然科学

中世の修道院では何よりも医学が尊重された。医学の範疇には薬学、植物学が含まれ、修道士たちは巡礼者や貧しい人々にも門戸を開き、薬事室や救貧室を設置し開放した。医学に関する古典の著作も図書館に備えられていた。修道士の著したいくつかの図書は、一五世紀に至るまで医学研究の基礎であり続けた。薬草園は修道院の初期から設置され、医師の管理下に置かれた。数学と幾何学に関しては、早々にイスラムからの知識の導入が図られ、アラビア数字、十進法が取り入れられ、測量技術、天文学の充実が見られた。特記すべきは、ユークリッド（前三三〇—前二七五）やアルキメデス（前二八七—前二一二）といった偉大なギリシャ人の著作は西欧の修道院に見出されず、これらギリシャ人の知見は東方の修道士により、イスラム文化の移入という形で西欧社会にもたらされた。

典礼　主にカトリック教会で行われる祭儀の総称。

⑹ 音　楽

典礼*のために音楽的研鑽を積むことが必要であった。聖歌の授業とともに音楽理論の研究も盛んであった。ベネディクト派の修道士は自分たちの修道院でグレゴリオ聖歌をローマ歌法で歌っていただけでなく、宣教の地にもその歌法を持ち込んだ。彼らの営みの基礎となったのがカッシオドルスの音楽諸要綱とボエティウス（四八〇—五二四）の音楽要綱である。これらは古典古代の音楽に関する知識を伝えている。九世紀半ばには修道士が音楽指針を著し、教会旋法の八つの特性を示している。ここで提案された二声音楽によって以後の聖歌の旋律の主流が形成された。九世紀から一一世紀までに各国の修道士たちが創り出したオルガンは、このときはまだごく小さな楽器であったが、その後発展を遂げた。教会音楽は、宗教改革を経て、ようやく一八世紀になって修道士の手を離れ、才能ある一般信徒が参加することによって大きく発展した。

【参照・引用文献】

P・ディンツェルバッハー／J・L・ホッグ編『修道院文化史事典』朝倉文市監訳、八坂書房、二〇一四年

4　共住修道院の理想像
――ザンクト・ガレン修道院の建築計画に見る

初期のベネディクト派共住修道院の基本型が、平面図としてザンクト・ガレン修道院図書室に保存されている。たまたま平面図の裏に聖マルティヌス（七七頁）の伝記が記されていたことが保存された理由である。

この平面図は一三世紀以前のもので、現存する最古の修道院平面図である。ドイツとスイスの国境にボーデン湖がある。この湖とその近傍に二つの修道院がある。一つはライヒェナウ修道院で、現在も一〇世紀後期ロマネスクの二つの教会堂を中心に静かで美しい佇まいを見せている。そしてもう一つがザンクト・ガレン修道院である。この二つの修道院は、あるときは互いに助け合い、あるときは競い合った。この平面図もザンクト・ガレンで保管されていたが、一〇世紀のマジャール人の襲撃のとき、一時ザンクト・ガレンからライヒェナウへ避難していたといわれている。修道院平面図は、犢（とく）（子牛）の皮を注意深く鞣し、現在の大きさでいえば七七×一一二センチの大きさのもの五枚に鉛丹で描かれている。この図面には四〇以上の建物が一九二分の一の縮尺で表現されているが、この縮尺は図面の一六分の一インチが建築物の一フィートにあたるとしたことによる。この作図者

ザンクト・ガレン修道院の平面計画

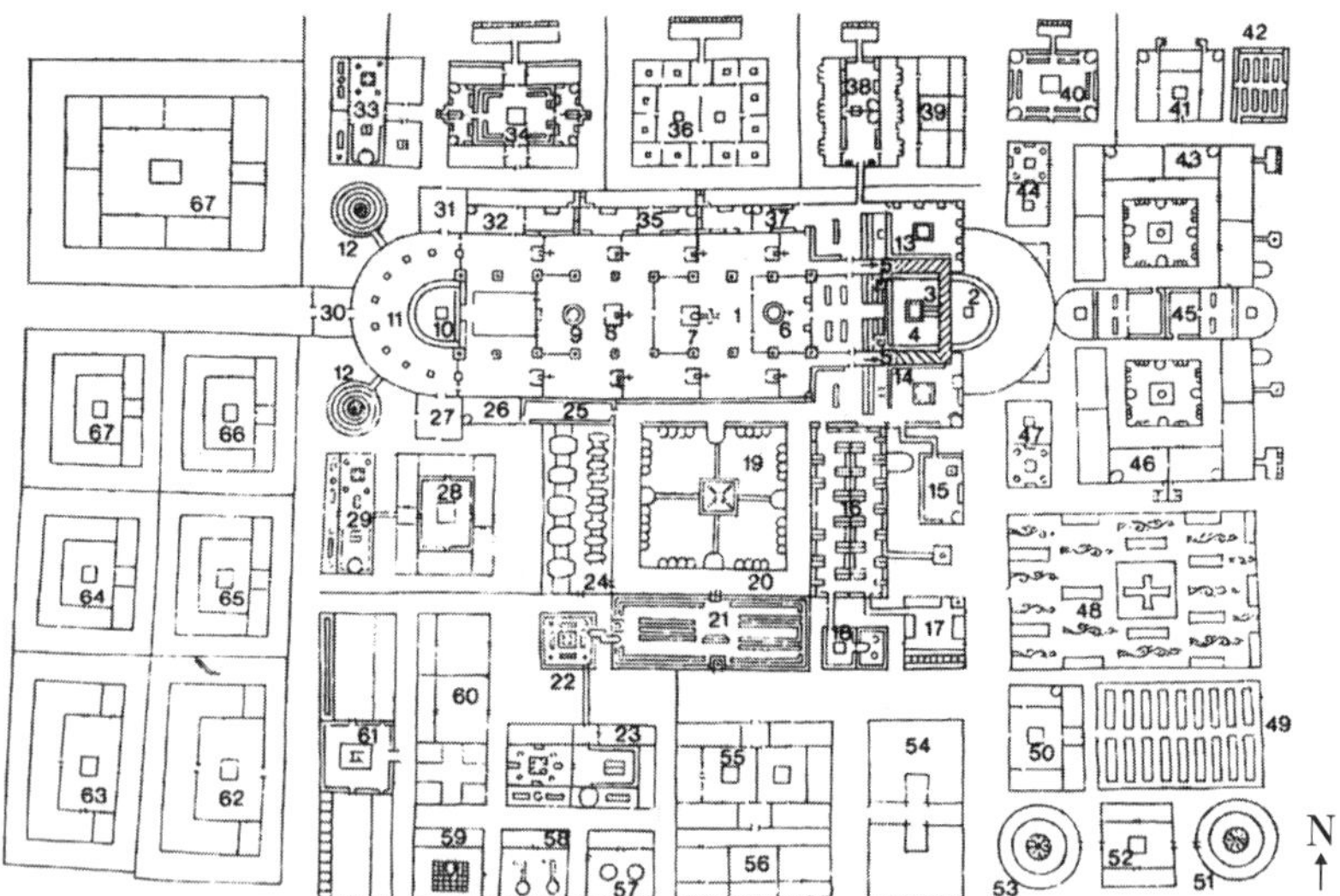

ライヒェナウ修道院で825–30年に成立した原図を基に作成。図版作成はW. エアトマン、挿図説明はH. ラインハルト（1952年）とW. ホルン（1974年）による。

1　聖堂
2　聖パウロの祭壇
3　聖ガルスの棺
4　聖母マリアと聖ガルスの祭壇
5　地下聖堂入口
6　朗読台
7　十字架祭壇
8　両ヨハネの祭壇（洗礼者と福音史家）
9　洗礼盤
10　聖ペテロの祭壇
11　前庭
12　聖ガブリエルと聖ミカエルの塔
13　写字室（1階）図書室（2階）
14　聖具室（1階）祭服室（2階）
15　聖体・聖香油準備室
16　修道士用の暖房室（1階）修道士用の寝室（2階）
17　便所
18　修道士用の浴室・洗面所
19　中庭
20　回廊
21　食堂（1階）修道士用の衣服室（2階）
22　修道士用の暖房
23　修道士用のパン焼き所・醸造所
24　修道士用の酒庫（1階）食料庫（2階）
25　修道士用の応接の間
26　洗礼者宿泊所と救貧院の管理人住居
27　巡礼者宿泊所と救貧院への入口広間
28　巡礼者宿泊所と救貧院
29　巡礼者宿泊所と救貧院用の醸造所・パン焼き所・厨房
30　前庭への入口広間
31　身分のある外来者用の住居と院外者の学校への入口広間
32　門番の住居
33　身分のある外来者用の住居の厨房・パン焼き所・醸造所
34　身分のある外来者用の宿泊所
35　院外者学校の学校長の住居
36　院外者の学校
37　旅の修道者用の居室
38　大修道院長の住居
39　大修道院長用の厨房・貯蔵室・浴室
40　瀉血のための家
41　医師の家
42　薬草園
43　回廊付き施療院
44　施療院用の厨房・浴室
45　施療院と修練院用の二重礼拝堂
46　回廊付き修練院
47　修練院用の厨房
48　墓所、果樹園
49　菜園
50　菜園管理人の家
51　鶏小屋
52　鶏・がちょうの番人小屋
53　がちょう小屋
54　穀物庫
55　作業所
56　副作業所
57　粉挽き所
58　脱穀所
59　乾燥場
60　製樽所、木工工房、醸造用の穀物庫
61　馬・雄牛の厩舎と番人小屋
62　雌牛の厩舎と番人小屋
63　妊娠した雌馬ならびに若馬の厩舎と番人小屋
64　豚の厩舎と番人小屋
65　山羊の厩舎と番人小屋
66　羊の厩舎と番人小屋
67　未詳

（P. ディンツェルバッハー／J. L. ホッグ編『修道院文化史事典』朝倉文市監訳、八坂書房、2014年より）

ザンクト・ガレン修道院
平面図に基づいた模型。W・ホーンなど三名による（『西ヨーロッパの修道院建築』より）。

は修道院の理想像を描き、当時のザンクト・ガレン修道院長ゴッツベルト（八一六―八三六年修道院長）に贈ったようである。また一説によると、当時のライヒェナウの大修道院長ハイトー（七三八―八三六）の強い要請がこの設計図を生み出したともいわれているが、いずれにせよ実際に建築するための設計図ではなく、ベネディクト派修道院の理想の姿を描いたものである。この平面図に大きな影響を与えたと思われるのがアーヘンの教会会議である。アーヘン教会会議は八一六年と八一七年に開催され、フランク王国が修道士を集め、修道生活におけるベネディクト戒律の実施態様を細かに規定した。施設ごと、使用者ごと、季節ごと、目的ごとに細部にわたり明快に定められており、これを図面に置き換えたのがザンクト・ガレンの平面図であるともいえる。フランク王国の支配者は当時の社会が必要としていた多様な機能を満たすため、修道院が厳格で緊密な統一体であることを求めたのである。アーヘン教会会議では次の五つの解決すべき問題が討議された。

①　修道院長居宅の位置
②　修道士、病人、修練士の沐浴回数
③　平信徒や部外者のための学校の設置
④　修道士の靴や衣服を作る場所の位置
⑤　外来修道士の寝室の位置

このように、修道士たちの日常に密接に関わる具体的な課題が民主的に検討された。細部にわたるまで徹底的に検討された理由は、少人数の修道士で修道院の維持発展を果たすためには、極めて高い合理性を求められたからである。中央聖堂部を中心に五つのゾーンに囲まれている。

中央聖堂部

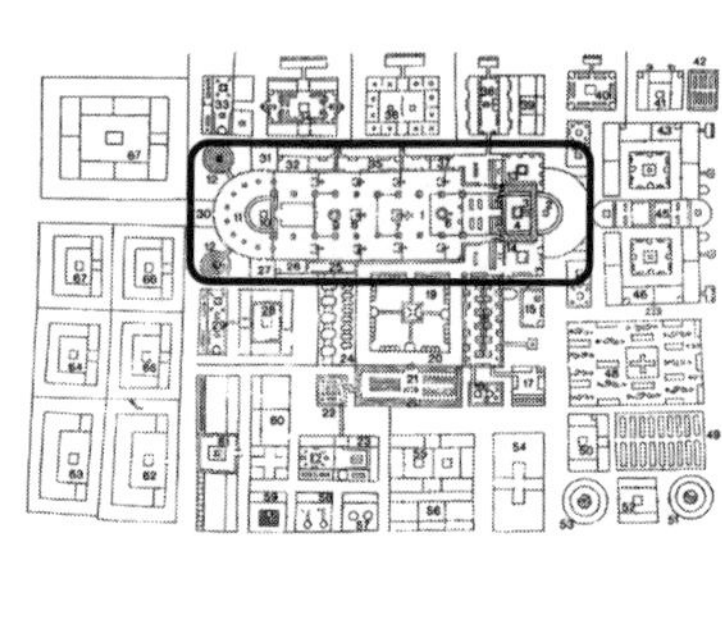

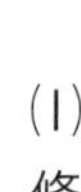

修道ゾーン

⑴　修道ゾーン

修道士のための主要な建造物で構成される回廊周辺であり、このゾーンの中で、東側の大寝室と南側の大食堂と西側の貯蔵庫がそれぞれ独立した領域を形成している。ここは戒律に従って聖務日課を実施すべき区域であり、修道士の談話室とともに回廊によって結ばれている。貯蔵庫は二階建てで、一階にビールと葡萄酒を蓄え、二階を食料品の倉庫として使用することとしている。回廊は一辺三〇メートルで四方にめぐらされ、柱やアーケードや壁はその寸法関係も含めて極めて整った秩序を備えている。この内面的秩序が外部的にも美的に表現されなければならないと考えられている。

⑵　開放ゾーン

聖堂の北側の世俗に開放された区域である。巡礼者などの来訪者に開放された部分であるが、ここには高貴な外来者のための宿泊所と、平信徒や部外者のための学校と、修道院長館とそれに付随する修道院長用の厨房と浴室が並置されている。さらに、教皇およびその従者など外来者用の厨房と醸造室とパン焼き室が用意されている。数世紀後のバロック修道院においては、この聖堂西側の開放されたところが高位聖職者のための区画に発展する。このゾーンでの教皇を含む高貴な外来者の応対は最重要事項の一つと位置づけられ、修道院長自らの対応を原則としていたことが窺われる。

開放ゾーン

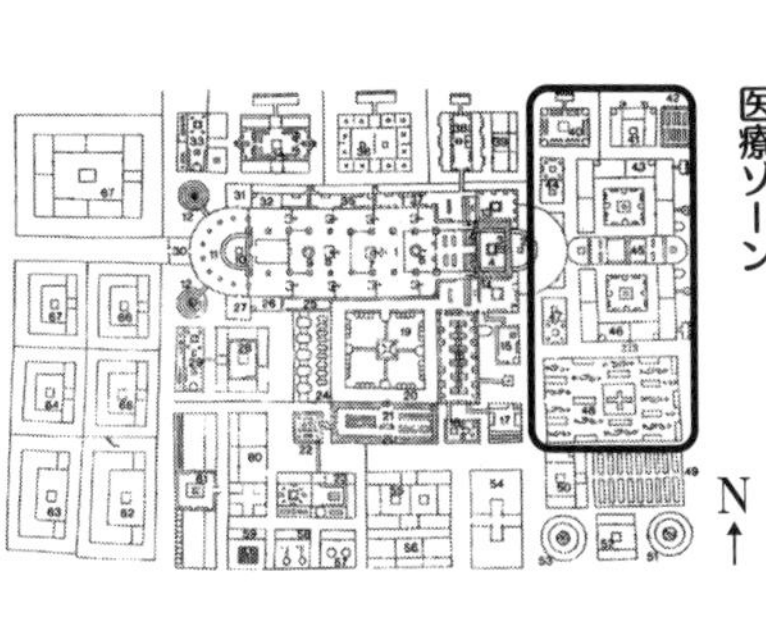

(3) 医療ゾーン

聖堂の右の奥にひっそりと備えられている。それは未だ厳格に戒律に従う義務のない修練士とすでにその義務を免除された病人のための区域でもある。聖堂の東にある修練士と病人のための小修道院は、それぞれ専用の礼拝堂、回廊、浴室、厨房を備えている。この病人区画に隣接して医師居室や刺胳(しらく)室があり、手術室にもなっている。医師居室には洗面器が二つあることから医師二名の常駐を考えていたように思われる。薬草園は医師居室に隣接して設けられ、医師の管理下に置かれた。この一画は病院と表示され、重病人室、主治医室、薬剤室を備えるように示唆している。

(4) 手工業ゾーン

手工業者の居室などの関連諸室と生産貯蔵のための諸機能を備えた区画である。手工業者は粉挽所、脱穀所、乾燥所、製桶所・轆轤(ろくろ)細工所などで働くように計画されている。産品の貯蔵空間も適切に配置され、厨房への流れの効率性も確保されている。

(5) 畜産ゾーン

畜産飼育機能は西に配置されている。家畜の種類は羊、山羊、牛（主に乳牛）、豚、荷馬である。家畜飼育に当たる人々の管理小屋は宿泊所を兼ねて必要な諸機能を備えている。

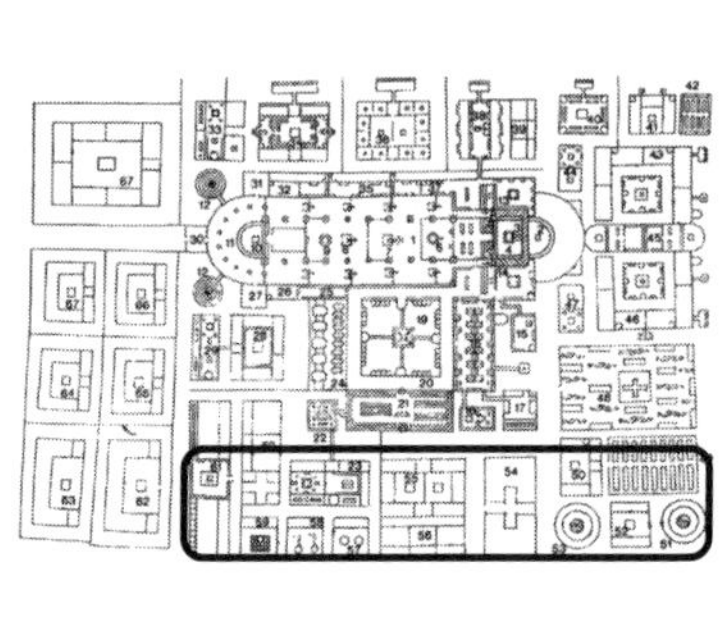

畜産ゾーン
N↑

このように、ザンクト・ガレン修道院の建築平面計画には、合理化の原則と外界との密な交流に重点が置かれていることが読み取れる。限られたわずかの修道士が、限られた時間の中でこれだけの施設を自らの労働により有効に活用するには高度な合理化が求められた。合理性を達成するために、混迷の欧州にありながら遠く西方のイスラム圏にまで視野を広げ、優れた技術を求めている。ザンクト・ガレン修道院の平面図に見られる建物配置の合理性は、修道院長自らが先頭に立つ秩序の厳格さを背景に、機能別の領域設定の的確さ、機能間連携の緊密さ、採用されている科学技術の適切さなどによって裏づけられている。この合理性の追求は近現代の工学技術の先端的管理手法の体系化にも役立っている。ある意味では二〇世紀に展開されたモダニズムの原点ともいえる。

【参照・引用文献】

W・ブラウンフェルス『西ヨーロッパの修道院建築——戒律の共同体空間』渡辺鴻訳、鹿島出版会、一九七四年

5　修道院の変遷

創建当初からの「祈りと労働の場」としての共住修道院の営みは、一二世紀までに大きく変貌を遂げる。一〇世紀に創立されたクリュニー修道院が隆盛を極め、寄進により膨大な富が蓄積され、次第に労働の外部化が進展し、修道院の営みは大きく典礼へ傾斜するこ

ととなる。

(1) 祈り働く――モンテ・カッシーノ修道院

ヌルシアの聖ベネディクトゥスと一二人の修道士は五二九年、ローマ近郊のモンテ・カッシーノに、初めての本格的共住修道院を設立した。ここがベネディクト戒律の実践の場となった。勤勉・禁欲を貫き、祈りと労働に徹した。ここで展開されたベネディクト戒律は現在も共住修道制の規範として生き続けているが、モンテ・カッシーノ修道院は、創建間もない六世紀末の二度にわたる蛮族ランゴバルト（ゲルマン民族の一つ）による略奪を受け、いったん放棄され、八世紀フランク王国カロリング王朝の庇護のもとに再興されている。その後も、九世紀末のイスラムによる破壊、一四世紀のペストの大流行や地震による壊滅的な打撃、一九四四年の連合国による大空襲などの致命的被害を乗り越えて、そのたびに再建されてきた。再建のたびにその存在意義は薄れたものの、度重なる復興はベネディクト戒律とベネディクト派がいかに欧州に深く根づいていたかを物語っている。

(2) 繁栄の極み――ベネディクト派クリュニー修道院

ベネディクト派の繁栄は、フランス・リヨンの近郊にクリュニー修道院を出現させた。九一〇年当時の西フランク国最大の領主であったアキテーヌ公ギヨーム一世（八七五―九一八）の修道士への寄進という形で創立された。当時、教会改革と自らの財産と権力を安

クリュニー修道院第三聖堂
一七世紀の銅版画（『修道院文化史事典』より）。

修道会
これまでベネディクト派と称していたが、傘下の修道院の増加により修道会としてクリュニー修族のベネディクト会が組織された。

定させるために修道院への寄進は積極的に行われた。ギヨームの寄進内容はヴィラ、礼拝堂、男女の農民、森林、水路、耕地、未耕地など一揃い丸ごとであった。クリュニー修道院はフランス革命（一七八九年）による破壊の犠牲となり、現在は修道院としての役割は消滅している。しかし、一〇分の一ほど残っている巨大な聖堂の遺跡は観光資源として、今でも、多くの人を惹きつけている。

その建設の経緯を見ると、九一五年から九二七年にかけて第一期が建設された。第三期は第一期に建設されたものを取り壊して作られ、史上最大の偉容を誇るものとなった。一〇八八年から一一三〇年にかけての建設である。創設以来優れた院長に恵まれ、大きく発展し、当時、三〇〇人を超す修道士を抱え、傘下の修道院も一〇〇〇を遥かに凌駕するに及び、権勢を誇った。修道院史上初めての修道会*の誕生ともなった。

クリュニー修道院は、その創設時には、勢いに陰りが見られたベネディクト派修道院を改革し、かつての繁栄を取り戻すべく、革新の意気込みをもって発足したが、その改革の方向はベネディクト戒律の遵守が謳われながらも、クリュニー修道院では行き過ぎた典礼重視により労働が廃止された。前後して修道士と並ぶ改信者（後の助修士）という新しい階級が成立し、修道士に代わって労働に従事するようになった。クリュニー修道院の経済的基礎は、王侯貴族の免罪のための寄進からなっており、その運営にあたっては種々の事業の集合体の様相を呈している。最も顕著なのは、本来の修道院の域を越えて、その中心には不動産事業が置かれたことにある。

第三期の第三クリュニーは従来の規模の一〇倍という大きさで建設が進められた。その中で最大の偉容を誇る教会堂は全長一七七メートルで中世西欧最大である。様式は二重側

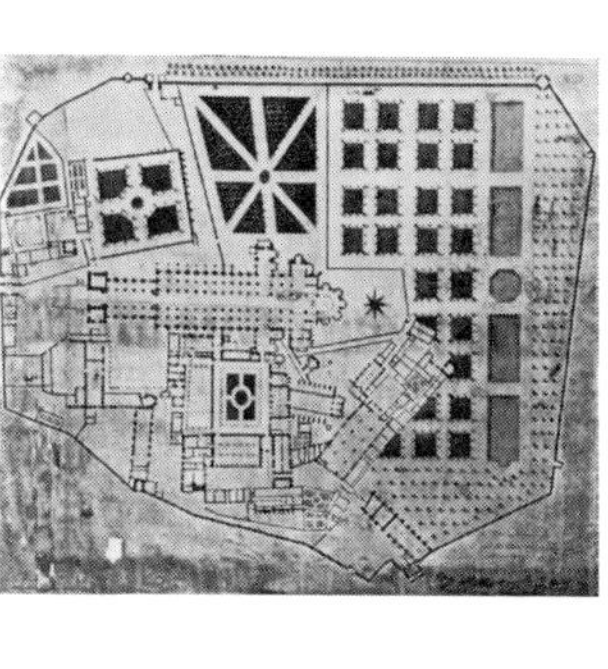

クリュニー修道院
版画、一七一〇年制作（『西ヨーロッパの修道院建築』より）。

クリュニー第三聖堂の柱頭
「グレゴリアン・チャント第二音」（ルイ・プレイエ『ロマネスク美術』より）。

廊の五廊式バシリカで、二つの交差部と大交差廊の袖廊各一基の合計四基の鐘塔を立ち上げる群塔形式を採用している。ドイツのロマネスクの大教会堂によく見られ、側廊には横断アーチ、身廊には横断アーチ付き尖塔トンネル・ヴォールトが採用されているが、その高さは三〇メートルを超え、中世ゴシックの大聖堂に匹敵する。

この第三クリュニーでは規模のみでなく、床、壁、出入り口、窓枠などの部品・部材に、木製に代わって、初めて石が用いられており、建物の耐久性、安全性など質の向上が図られている。美術史家エミール・マール（一八六二―一九五四）は「クリュニーは中世最大の作品である」と記しているが、それは装飾などの面でも比類なきものを生み出したことを称えているのである。特質すべきは大聖堂内陣の柱頭を飾る九体の彫刻である。この彫刻を中世修道院史上最も崇高な作例と称賛しているのが美術史家ヴォルフガング・ブラウンフェルス（一九一一―一九八七）である。典礼を重視したクリュニー修道院であればこその「楽音」を視覚的に表そうとした意欲的な彫像である。

華麗な建築物に比して、修道生活は、本来遵守すべきベネディクト戒律に反し、典礼に集中するあまり、読書や学問はほとんど顧みられなくなり、労働は完全に放棄された。当時としてあまりにも巨大で華美な施設への投資の行き過ぎは、財政的な行き詰まりをきたし、一二五二年には自立を放棄して国王の庇護に頼らざるを得なくなった。その世俗に傾いた華麗さのため、ベネディクト戒律への回帰を唱えるシトー会の攻撃にさらされることになる。一八世紀末のフランス革命では、欧州建築史上最高の贅を誇っていた巨大な修道院は、旧勢力の象徴として、破壊の対象となった。その後、建築用の石材として他の構築物の一部を構成することとなった。

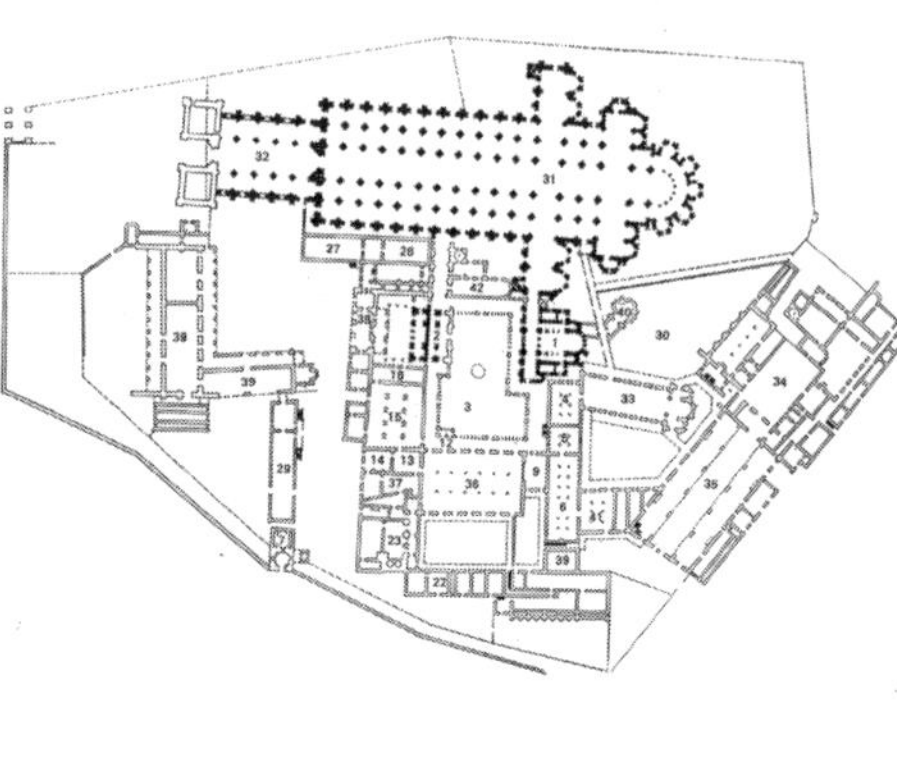

クリュニーの第三聖堂の平面図　K・J・コナントによる復元図（『西ヨーロッパの修道院建築』より）。

【参照・引用文献】
W・ブラウンフェルス『西ヨーロッパの修道院建築――戒律の共同体空間』渡辺鴻訳、鹿島出版会、一九七四年
ルイ・プレイエ『ロマネスク美術』辻佐保子訳、美術出版社、一九六三年

(3) 清貧の極み――シトー会

シトー会はベネディクト戒律の厳守を旨として、モレムのベネディクト会修道院長であったロベルトゥスが二〇名ほどの修道士を率いてシトーの森に足を踏み入れたことに始まる。一〇九八年のことである。シトーの森は、現在のフランス中西部ブルゴーニュの近郊にある前人未到の森に囲まれた沼地であった。後のシトー会の偉大な指導者クレルヴォーのベルナルドゥス（一〇九〇―一一五三）は、何度もクリュニーの世俗への接近と行き過ぎた華美を諫めた。「シトー＝クリュニー論争」として有名な修道院の正統派争いである。

シトー会は改めてベネディクト戒律を守り、清貧・勤勉・禁欲に徹した壮絶な日々を過ごした。その課された清貧は筆舌に尽くし難く、シトー会の修道士は短命であったともいわれている。徹底した清貧思想のもと、一二人の修道士は小作人や労働者を用いることなく自らの労働に励んだ。建物と装飾の華美を厳重に規制し、修道士の日常は飾り気のない質素な部屋で行われ、典礼では簡素な聖具が用いられた。十字架は塗装された木製であり、聖杯と聖皿は無装飾の銀、聖台は鉄、香炉は銅であった。聖堂には塔はなく、壁は漆喰とすることによって、表現の手段は厳しく限定された。使われる石は無地無装飾が原則とさ

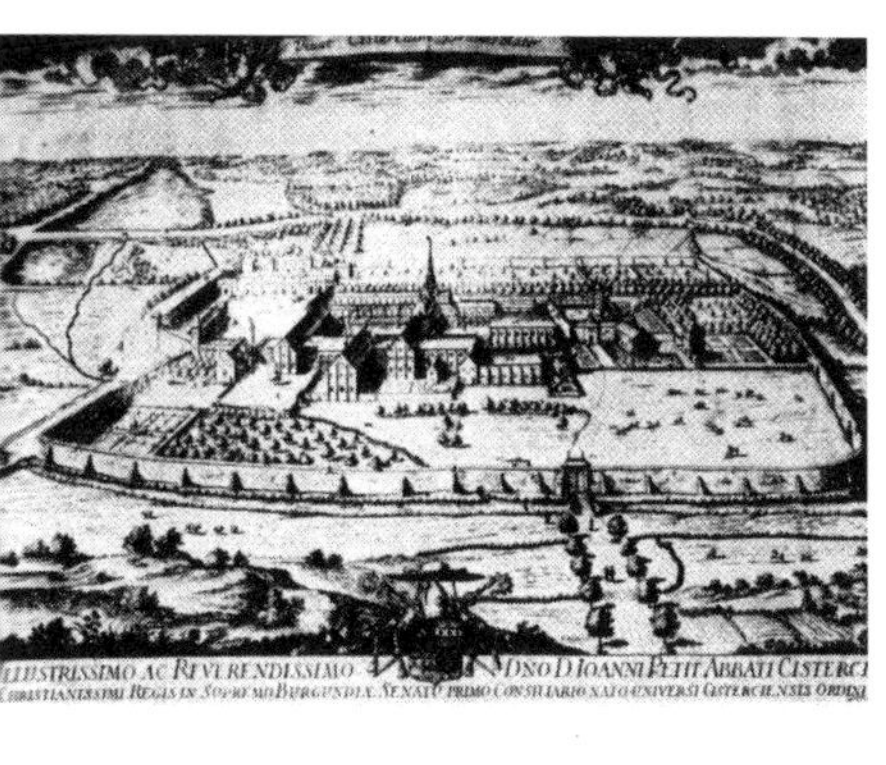

シトー修道院全景　一七世紀の銅版画（ディジョン市立図書館蔵。『修道院文化史事典』より）。

れた。窓は透明にし、十字架や図像を描いてはならないこととされた。ステンドグラスも禁じられ、一一三四年には、傘下の修道院に残存していたステンドグラスを二年以内に撤去することを求めている。衣服は装飾のない粗末な麻を原則とし、毛皮や羊毛の外套を禁じ、下着や敷布を使用することはなかった。

> 彼らは、もっとも寂寥のまたもっとも荒れはてた森の谷間に居住地を求め、数十年にわたって草根と燕麦で生命をつないだ。
>
> （『西ヨーロッパの修道院建築』）

と創建当初の修道士の食料事情にふれている。こうしてベネディクト戒律への回帰が始まった。

修道士たちは、当時のどの階層の人々よりも高い教養と指導力を身につけ、写本に励み、文化・文明の源を蓄積した。修道院は世俗との接触を大切にし、その時代の貴重な情報を集め、知識人に提供した。戦乱相次ぐ西欧の地にあって、唯一平安安泰な場として多くの知識人を惹きつけた。修道士と助修士の働きにより、自給自足に必要な技術は多様な進展を遂げた。原始林を伐採して耕地やその周辺の開拓地を開墾し、果樹や野菜の栽培をアルプス以北へ伝搬した。中でも注目に値するのがシトー会の水利技術である（一五八頁参照）。

彼らが勤勉・禁欲を貫き神に奉仕する結果として、豊かさが豊かさを呼び、シトー会は発展し、世俗との距離を縮めていった。どのような制約を課そうが、寄進の増大と運用によって資産は雪だるま式に膨れ上がっていった。このとき、修道院は転換期を迎えた。急

シトー修道院とシント・ヴァースト修道院との祈禱兄弟盟約を示す図
一二世紀の写本（ディジョン市立図書館蔵。『修道院文化史事典』より）。

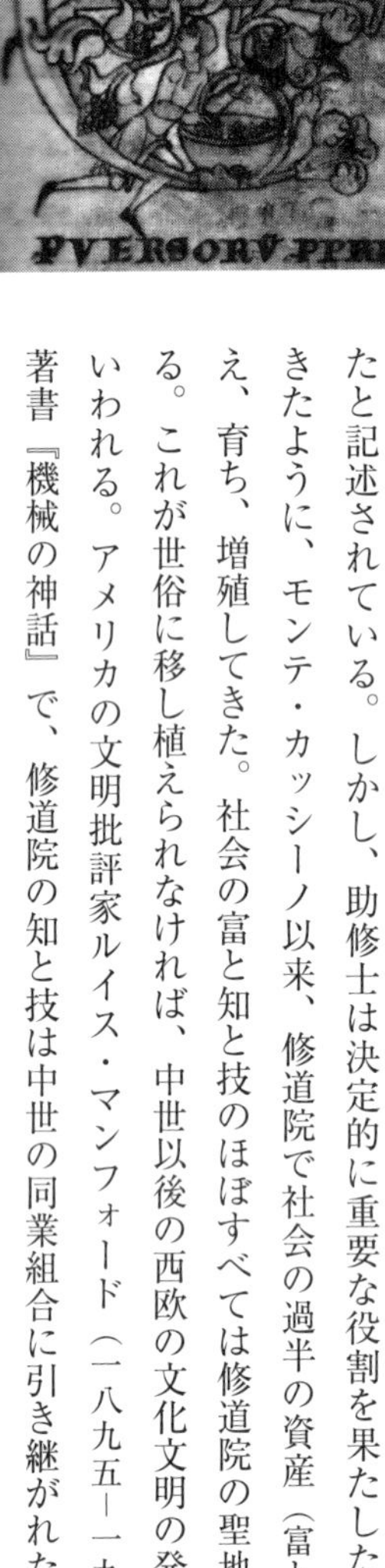

シトー会写本の飾り文字
大グレゴリウス『ヨブ記講解』の写本（一二世紀初。ディジョン市立図書館蔵。『修道院文化史事典』より）。

速に膨れ上がる資産は神のため、神の国の来らんために用いられるべきであった。しかし、単に勤勉・禁欲だけを繰り返すことには限界があった。環境を構成する諸物を簡素質実な姿にとどめおくことだけでは済まなくなった。この勢いによって修道制は方向転換を余儀なくされることになる。修道院は労働を捨てた。その検証のために三つのことに触れておきたい。

第一に助修士の誕生である。修道院に奉仕する在俗信徒が助修士として修道院共同体に合流したのである。助修士はクリュニー修道院で改信者と呼ばれ、すでに修道士とならぶ新しい階級としての位置づけを与えられ始めていた。独自の戒律を持ち、終身の献身を誓い、修道院共同体とともに居を構えた。労働を主な活動領域とし、世俗との連絡役も務めた。助修士の修道士に対する割合は二分の一とも三分の一ともいわれている。シトー会の修道院領域内に、固有の建造物を持つ実質的に二つの修道院、すなわち共住修道士と助修士の修道院が存在していたともいわれた。助修士は修道士とともにありながらも厳格に差別されていた。具体的には、有髭や衣服によって修道士と区別され、修道院長の選挙に関わることもなく、修道士への昇進の機会も与えられなかった。典礼への参加も限定的だったと記述されている。しかし、助修士は決定的に重要な役割を果たした。これまで見てきたように、モンテ・カッシーノ以来、修道院で社会の過半の資産（富と知と技）が芽生え、育ち、増殖してきた。社会の富と知と技のほぼすべては修道院の聖地にあったのである。これが世俗に移し植えられなければ、中世以後の西欧の文化文明の発展はなかったといわれる。アメリカの文明批評家ルイス・マンフォード（一八九五—一九九〇）は、その著書『機械の神話』で、修道院の知と技は中世の同業組合に引き継がれたと語っているが、

一五世紀の時禱書に描かれたさまざまな托鉢修道士たち
（パリ国立図書館蔵。『修道院文化史事典』より）

托鉢修道会
アッシジのフランチェスコのフランシスコ会、ドミニコ会、カルメル会などが代表的な修道会。いずれも一三世紀の創立。

具体的には、助修士がその引き継ぎ役の中核にあったと考える。

第二は十字軍の聖地回復である。まさに一一世紀末には、修道院は転換期に差しかかっていたのである。十字軍が一一世紀末に発案実行されたのも、こうした修道院の状況と無関係ではなかった。一〇九六年の第一回十字軍の成功により、欧州社会には多くのものがもたらされた。人口増大を賄う領土の拡張が果たされ、欧州商業圏の拡大など社会基盤そのものに関わる多くの発展が見られた。十字軍の編成にあたって、戦争に加わる者も加わらない者も、聖地の回復を願って一斉に修道院への寄進に走った。修道院は急速に世俗化した。

第三に、修道院はこれまでの戒律の実践に専念するだけでなく、より多くの機能を世俗から負わされることになった。シトー会が最大の修道会として発展しつつあるにもかかわらず、修道院に三つの新しい流れが発生したのである。一つは病院修道会で、修道会として初めて、病人や巡礼者たちのために救済を目的とした。二つ目はキリスト教世界を護ろうとする騎士道理念と修道院の生活を融合すべく設立された騎士修道会である。これは、社会全体でますます重要性を帯びてきた一般信徒たちの生活形態と修道制を結びつけようとする最初の試みであった。三つ目が托鉢修道会の誕生である。托鉢修道会*は修道会としても個人としても徹底的な無所有を貫き、遍歴説教を行い、異教の地域への布教、学問探究、教育機関の設立などに励んだ。托鉢修道会誕生の背景に土地中心の農業社会の変化と中世都市の興隆がある。彼らは本拠地を都市に置き、これまでの没個性的な共同体としての共住修道院から、個人的で、多様な修道生活に新しい生き方を見出そうとしたのである。托鉢（献金を皿で受ける）をしながら、民衆に信仰を語り、救いを説いて回ったと伝えられている。こうして修道院と世俗の距離が縮まったのである。

【参照・引用文献】

P・ディンツェルバッハー／J・L・ホッグ編『修道院文化史事典』朝倉文市監訳、八坂書房、二〇一四年

(4) 宗教改革以後

修道院にとって大きな試練は宗教改革と啓蒙思想*であった。修道院を含むキリスト教世界は聖地回復以後、聖俗の近接などにより多くの問題を抱えながらも、必要な改革運動には積極的に取り組むことはなかった。

宗教改革の端緒となった一五一七年のマルティン・ルターによる「九五ヶ条の提題」がヴィッテンベルク城の門に張り出されたとき、当時のキリスト教世界の人々は単にカトリック改革の始まりとしか考えなかった。よもや、三〇年にわたり、人口の三分の一を失うことになるプロテスタントを生み出す大戦争が繰り広げられるとは思わなかった。一三七八年の大教会分裂での三教皇鼎立*などにより要請されてきた全面的教会改革は遅れ、修道院は劣勢に立たされた。神聖ローマ帝国内の領邦君主たちは、アウグスブルクの和議で定められた「領主の宗教は領民の宗教」の原則に従って、多くの修道院の所領を自分たちの領邦に組み入れ、廷臣や貴族たちに与えた。加えて領邦君主は、修道院の財産を没収したり、修練者の受け入れを拒否したりして、修道院の存立基盤を奪っていった。一六世紀には、スカンディナヴィア、イングランド、スコットランド、アイルランドではすべての修道院が廃止された。神聖ローマ帝国の一部地域の多くの修道院も同様の運命を辿り、

啓蒙思想
ヨーロッパ思想史上、一七世紀末葉に起こり一八世紀後半に至って全盛に達した旧弊打破の革新的な思想。人間的・自然的理性（悟性）を尊重し、宗教的権威に反対して人間的・合理的思惟の自律を唱え、正しい立法と教育を通じて人間生活の進歩・改善、幸福の増進を行うことが可能であると信じた。宗教・政治・社会・教育・経済・法律の各方面にわたって旧慣を改め、新秩序を建設しようとした。

三教皇鼎立
西方教会大分裂ともいう。一三七八－一四一七年の間、ローマ教皇庁、アヴィニョン教皇庁、公会議派の三派から教皇が選出され、教皇が鼎立された。

残った修道院も多くはプロテスタントに同調した。かつて有名だった多くの修道院が貴族の世話をする施設になってしまった。それに加えて修道会内部、修道会間、修道会と教区の聖職者との長引く争いによって、信仰の信頼性も失われていった。

しかし、一五四五年からのトリエントの公会議の二五総会を経て、長いこと待たれていた修道生活の再建が始められた。この結果一八世紀後半の啓蒙思想による解放運動が始まるまでの二世紀間に、修道院は社会活動を中心にその存在価値を取り戻した。こうして一八世紀の半ばには修道院数が大幅に回復した。多くの修道院や修道会が、史上最も多い会員数を誇った時代となった。修道院が大学を設立し、図書室を整備してギリシャ・ローマの思想を伝承した。一八世紀の半ばには、高度な観測機器を備えた天文館の建設、ドイツ最初の熱気球の飛行、飛行機の制作への挑戦、高度な灌漑設備や水利システムの開発など、すべて修道士の営みとして実現を見るのである。

にもかかわらず、一七六〇年以降の啓蒙思想とフランス革命による危機は突然訪れた。啓蒙思想は修道制に敵対する立場をとったため、一八世紀末期には、新しい修道会が設立されることはほとんどなかった。教育事業と慈善活動に関わる修道会だけが存続を許され、ほとんどすべての修道院は国家によって財産が没収され、捨て値で売却された。修道院の収蔵品は図書館や博物館に引き取られた。修道院解放の宣言がパリ（一七九〇）、ベルギー（一七九六）、トスカーナ（一八〇八）、教皇領（一八〇九）と相次ぎ、スイスでは一八四七年に再建禁止となった。多くの修道院は閉鎖され、建物は石材として他の建造物に再利用された。一八〇三年、神聖ローマ帝国では自由に修道院を閉鎖できるようになり、多くが学校、兵舎、精神病院、刑務所などに転用された。それでもなお膨大な資産を残す修道院の財産は、資本主義社会の資本形成に使われたともいわれている。その後も主として慈善事業を目的とした修道院の設立は続いたが、後継者不足や現代社会への適応の困難に直面している。

戦後、修道院の将来を探るいくつかの試みが見られるが、その一つとして興味深いのは、テゼ共同体である。一九四九年、フランス・リヨンの近郊テゼに創設され、一〇〇人の修道士が国と教派を超えて集い、清貧に徹した修道院生活を営んでいる。カトリック、プロテスタント、正教会など教派の独自性を尊重しながらも教派にとらわれない方向を鮮明にしている。創始者はプロテスタント改革派の牧師を親に持つスイス人修道士ブラザー・ロジェ（一九一五–二〇〇五）である。戦後の混乱期、ナチスに追われながらも、キリスト教の教派を超えて力を合わせることによって世界平和に貢献することを目指し、六人の修道士で教派を超えたエキュメニカルな活動を開始した。設立以来、大きな関心を呼び、年間一〇万人を超える若者が訪れる。欧州では年一回、アジアでは三年に一回程度の大会が催され、キリスト教の輪が広がっている。

【参照・引用文献】

P・ディンツェルバッハー／J・L・ホッグ編『修道院文化史事典』朝倉文市監訳、八坂書房、二〇一四年

Ⅱ 中世手工業職人

チューリヒ・リマト川に立ち並ぶ中世以来のギルド館（2017年筆者撮影）

第四章　中世の職人たち

一〇世紀、いろいろな困難を抱えながらも、西欧社会に明るい未来を見通せるようになったとき、修道院で生まれ育った知恵と技術を受け継いだのはゲルマン民族であった。商業や手工業の同業組合*がその受け皿になった。まず、商人の共同体が手工業者を包含しつつ先行し、手工業の職人たちは商人の共同体から独立する形で追随した。商業の同業組合をギルド*といい、手工業の同業組合はツンフト*と呼ばれた。商人ギルドは中世都市の黎明期にあって、市政支配を独占した。これに対して手工業者の共同体は、商人ギルドに対抗し、ツンフト闘争（一二六頁参照）を経て中世都市の主役に躍り出、西欧ドイツ語圏を主導し続けることになる。時代の流れの中で、手工業職人たちは親方（マイスター）・職人（ゲゼレ）・徒弟（レアリング）という身分を確立し、身分間の競い合いの中で、お互いに切磋琢磨しつつ、自らの地位を高めてゆく。産業革命、ワイマール共和国、二つの世界大戦での敗戦、ナチスの圧政、東西ドイツの分断と統一という激変する社会に柔軟に適応しつつ、今なお、親方（マイスター）・職人（ゲゼレ）・徒弟（レアリング）の身分制度（マイスター制度）を保持し、現在のドイツ経済の中で主要な制度の根幹部分を支え続けている。

同業組合
ギルド、ツンフトともに同業組合を指すが、ギルドは商業、ツンフトは手工業の同職組合を意味する。手工業同業組合は親方（マイスター）・職人・徒弟の身分制度が確立するに従い、マイスターの共同体となり、職人は独自の共同体の形成に動くことになる。

ギルドとツンフト
通常、わが国では手工業の共同体をギルドと呼び商業同業組合はあまり意識されていない。ここではドイツ語で呼ぶように商業同業組合をギルド、手工業同業組合をツンフトと呼ぶ。

【参照・引用文献】
高木健次郎『ドイツの職人』中央公論社、一九七七年

1　修道院からの引き継ぎ

西欧社会の成立過程で必ず語られる、モンテ・カッシーノを嚆矢とする共住修道院で修道士が創り出した生活の基軸を形成する知と技は、ゲルマン民族の共同体に引き継がれた。アメリカ合衆国の文明批評家であり歴史家であるルイス・マンフォードは、前述のように、その著書『機械の神話』において、

修道院が始めたことを、中世の同業組合が成し遂げた。

と記した。修道院とゲルマンの同業組合の連携により、社会が求める知識と技術の重要な部分を西欧に広めたのである。同業組合は商業や手工業を営むゲルマン人の共同体である。キリスト教信仰を背景に、手工業者たちは高い道徳性を日々の仕事に定着させ励むようになった。世俗の生活でも新しい価値観を生み出し、社会基盤が構築されていった。これまでも見てきたように、共住修道院においては、合理性を強く求める戒律に基づき、禁欲・勤勉に励んだ結果、技術の進展も相まって、自給自足に必要な水準を上回る余剰を得、これを世俗に供給する道が開かれた。ここに聖域と世俗をつなぐ商人が登場し、日常的に修

道院と世俗との交流を生むに至った。

一方、生活必需品を作る側の手工業者は、あるときは都市、あるときは農村、あるときは修道院と深い関わりを持ちながら、作業場と住居を構えていた。一一世紀になると、祈りと労働を旨としてきたベネディクト派の共住修道院の修道士は、祈りに重点を置くようになり、その労働のほとんどを修道院内の新たな階級である助修士に委ねることになった。一一世紀以後、隆盛を極めたシトー会において、修道院に奉仕する在俗信徒が助修士として本格的に修道院共同体に合流した（一〇〇頁参照）。ときとしてバウ・ヒュッテ（一五〇頁参照）での共同作業などを通して、世俗との橋渡し役を務めた。手工業を天職として励んできた人々はこれを受け止め、営みの場を都市へ移したのである。以後の修道院ではこれまで以上に「救いの追求」に重点が置かれたのに対して、手工業職人の共同体は修道院で培われた果実の多くを引き継ぎ、資本主義に伝えた。

【参照・引用文献】

ルイス・マンフォード『機械の神話――技術と人間の発達』樋口清訳、河出書房新社、一九七一年

2　手工業職人の栄誉

中世において、手工業者を生み出したのは農村であった。主役は土地所有を認められている自由農民の息子のうち、嫡男以外の嫡出子（次男、三男……）である。ゲルマン社会においては長子相続が原則であって、嫡男でない嫡出子は独立して、自らの道を歩まなけ

門閥
商業出身者が多く、中世都市において都市行政に主導的に関わった。

ればならなかった。ゲルマン民族の移動が一段落した一〇世紀の頃から中世都市の形成が見え始めてくるが、この都市を主導することになる手工業職人の多くは、農民の息子として生まれた。農民は荘園制度のもと、完全な自由民としての立場を与えられていなかった。当時の身分的秩序の中では、どちらかといえば、国王、司教・修道院長、領邦国家の君主と諸侯貴族、商人を中心とする自由市民などという階層に隷属する立場にあった。彼らは、商人に導かれて技を磨き、働く場を求めて都市へと移動した。修道院に糧を求めた職人たちも、やがて中世都市の姿が見えてくると、都市の手工業職人と合流し、同業組合を結成した。手工業職人は、結束を固め、まずは自由な身分を求めたが、これを達成すると、司教や領邦君主と闘い、門閥*と競い、ツンフト闘争を経て、自治都市の主導権を握るに至るのである。

この一連の経緯の中で、彼らが手工業職人として最も大切にしたことは、「栄誉」であった。

手工業職人の共同体では、自らの成員に

・キリスト教徒であること
・嫡出子であること
・犯罪歴がなく品行方正であること
・共同体の定住民であること
・自らの意思により独立の職業を営むこと

などの条件を課し、厳格にこれを守り、職業共同体構成員の規範としたのである。この規範が「栄誉」の原点である。「栄誉」の基本に据えられているのは名誉ある婚姻と出生で

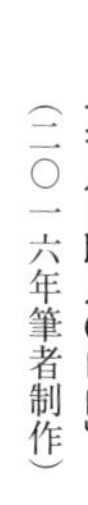
「ギルド職人の自由」（二〇一六年筆者制作）

ある。婚外子は厳格に排除された。「栄誉」は古代からゲルマン社会にあった首切り役人や皮剝ぎ人などの賤業との差別化を明らかにするためにも必要とされ、手工業者は自らに高い倫理性を課したのである。この「栄誉」は手工業者に新しい自由の希求を明確にさせ、安定と繁栄を約束する社会的地位をもたらした。仕事に対する職人の権利を保障してくれるのは、終局的には「栄誉」だったのである。手工業の同業組合は「栄誉」を維持強化する過程の中で、結束を強め、役割の範囲を広げ、先発していた職業的共同体から独立して独自の活動を行うようになった。

【参照・引用文献】
藤田幸一郎『手工業の名誉と遍歴職人――近代ドイツの職人世界』未来社、一九九四年
佐久間弘展『若者職人の社会と文化――14～17世紀ドイツ』青木書店、二〇〇七年

3　同業組合と兄弟団

中世、ゲルマン社会では、無所属の人間は重罪人を意味した。生きるためには何らかの共同体への所属が必須とされた。中世前期、共同体の外には生命を保障するものはなかったし、ゲルマン人が強く求めた自由は共同生活の義務なしには得られなかったからである。したがって、荘園、修道院、兄弟団、同業組合のいずれかに所属しなければならなかった。

兄弟団は一二、一三世紀以降の西欧の都市で発展した自発的宗教団体で、主に世俗の人々で構成された。兄弟団の会員は、擬似的な兄弟として、共同で宗教活動や相互扶助

煉獄
カトリックの教義で、死者が天国に入る前に、その霊が火によって罪を浄化されると信じられている場所。天国と地獄との間。

を行った。兄弟団の起源はキリスト教由来の「祈禱兄弟盟約」とゲルマン由来の「同業組合」に求められる。この二つの流れを受けて、中世における兄弟団の発展は、一三世紀以降の都市において進んだ。その発展の主因は、ペストの流行などの社会不安の拡大、煉獄*思想の市民への浸透などを動機とし、托鉢修道会（一〇一頁参照）に奨励されたことによるものである。兄弟団は日々聖者を礼賛し、祭壇を寄進し、各種の教会行事において蠟燭を灯した。

職人の兄弟団は職人金庫を設け、仲間に病人が出たときの看護にあたり、治療費を扶助した。現存する兄弟団の最古の規則書は一三四一年、レーゲンスブルク兄弟団のもので、貧困で病身の職人仲間の扶助は兄弟団の重要な使命であることが記されている。通常の扶助は兄弟団の金庫からの貸し付けで、この貸し付けは一年期限の抵当を取るのを原則とした。扶助を可能とするために、加入者全員から会費や寄金が集められた。加入は公に告知され、加入を拒んだ者には仕事の斡旋や扶助が実施されないのが通例であった。

兄弟団の扶助事業に必要な資金調達のために、自らの規則に対する反則金や罰金を徴収した。罰の執行権限が兄弟団に属することは重要な意味を持った。兄弟団はやがてこの処罰権の執行を手がかりに、職人の振る舞いを支配し、職人の教育、統治などについてその支配権を高めるのが通例であった。兄弟団は、債権や債務に関する争いなどについては、固有の裁判権も保有したが、同時にキリスト教信徒として必要な正しい生活のあり方などを求め、自発的に厳しい規律を定めた。兄弟団の規則の条文には、しばしば怠慢、泥酔、饒舌、卑劣行為に関する罰則規定が含まれていた。

このような組織の実態は、兄弟団においても、ギルドやツンフトと呼ばれた同業組合においても共通する点が多く、地域や職種やそれぞれの共同体の歴史的な背景によって兄弟団と呼ばれ、同業組合と呼ばれたと思われる。

地域によっては、同業組合と兄弟団が同時並列的に出現した。ライン川地方の兄弟団は職人組織として出発して、これが総合的組織に発展すると同時に、そこから同業組合が独立することとなった。ハンブルクやその周辺では、一九世紀の初めまで兄弟団が有力な職人組織を包含していた。逆に、職人の同業組合があっても、兄弟団のない職種や地域も存在した。中世半ばになると、同業組合が行っていた互助事業を受け継ぎ、慈善事業などに特化する兄弟団も現れた。このように兄弟団と職業共同体はさまざまな関わりを持ち、多様に展開した。手工業の職人たちは自らの「栄誉」の維持を目的に、職業共同体に必要な諸条件の獲得に努めた。

宗教改革において、ルターが兄弟団の不道徳な生活態度や排他性を激しく攻撃した。一五五五年のアウグスブルクの和議で、諸侯の信仰は自由であり、「領主の宗教は領民の宗教」とされて以来、宗教改革を受け入れた諸領邦では、兄弟団から職人組合に衣替えする地域が目立った。多くの場合、兄弟団は解体され、職人組合が兄弟団が担ってきた世俗的役割を継承した。

【参照・引用文献】

鍵和田賢「近世ドイツ兄弟団研究の現状と課題」北海道大学大学院文学研究科西洋史研究室『西洋史論集』一二、二〇〇九年、二七－五四頁
高木健次郎『ドイツの職人』中央公論社、一九七七年
佐久間弘展『若者職人の社会と文化——14～17世紀ドイツ』青木書店、二〇〇七年

4　中世都市の成立

手工業職人が最初に主役を務めるのは中世都市である。中世都市における職人たちの営みを詳述する前に、その舞台となる中世都市の誕生と発展の経緯について触れておきたい。ドイツ人の学者で政治、社会、経済と幅広く活躍したマックス・ヴェーバーは『都市の類型学』で中世都市を次のように規定している。

〔西洋の〕中世の都市は、単に商業と工業との経済的所在地であったというだけではなく、政治的には（通常）要塞であり、時としては衛戍（えいじゅ）地*であり、行政的には裁判区であり、さらにまた一つの誓約共同体的兄弟盟約でもあった。

中世の都市団体は、自律的かつ自主的であり、管理機関としての参事会をもち、またその長としてコンスル〔市長〕（中略）をもっていた。

（マックス・ヴェーバー『都市の類型学』）

『都市の類型学』以外にも、ベルギーの歴史家アンリ・ピレンヌ（一八六二－一九三五）の『中世都市』、クリストファー・ドーソンの『ヨーロッパの形成』、オスヴァルト・シュペングラー（一八八〇－一九三六）の『西洋の没落』などにおいて中世都市が語られてい

衛戍
軍隊が永く一つの土地に駐屯すること。

るが、これらを準え（なぞら）て、手工業職人の活躍の舞台となる中世都市を概観しておこう。

【参照・引用文献】

マックス・ヴェーバー『都市の類型学』世良晃志郎訳、創文社、一九六四年
アンリ・ピレンヌ『中世都市――社会経済史的試論』佐々木克巳訳、創文社、一九七〇年
クリストファー・ドーソン『ヨーロッパの形成――ヨーロッパ統一史叙説』野口啓祐・草深武・熊倉庸介訳、創文社、一九八八年
O・A・G・シュペングラー『西洋の没落』村松正俊訳、中央公論新社、二〇一七年

(1) 背　景

まずは、ローマ帝国とキリスト教とゲルマン民族の関わり合いから見ていきたい。ローマ帝国は衰退の一途を辿りながらも、多くのものをその栄華として後に残した。蛮族侵入による社会の混乱、市民たちの不安、窮乏という無政府状態の中、凋落しながらも、ローマ帝国の文明はその姿を大きく崩していない。ローマ帝国は自治都市制度を行政制度の基礎としたが、キリスト教はこの行政区の枠組みを活用して、着実に伝道をすすめ、その結果アルプスを越え、イングランドのアングロ・サクソン族にまで届くようになっていた。

ゲルマン社会も同様にローマ帝国の行政制度を踏襲した。いずれにしても、ローマ帝国の行政制度が中世都市の下敷きとなった。国王が教会の活動を後押しし、貴族は教会と修道院に積極的に寄進した。当時の経済は農村における荘園が主役であった。二つの荘園、教会荘園と世俗荘園は、耕地に限らず、森林、荒地、未耕地をも吸収していった。荘園経済の活性化により、貨幣形態を含む賦課租と賦役の提供などが浸透し、一〇世紀には消え

ていた貨幣経済が戻り、交易の幅を広げて消費経済の回復が見られるようになった。これに加え、蛮族の大移動は東欧に大きく市場を拡大し、交易の幅を広げた。これらが中世都市誕生を取り巻く周辺事情である。

中世西欧の都市形成における重要な点は、市民が個人として都市の一員になったことである。都市という地域団体に個人的に所属しているということが、市民としての人格上の法的地位を保障したのである。都市の住民構成は、商人の他に聖職者、修道士、教会付属学校の教師と学生、自由民あるいは不自由民、そして手工業者であった。手工業者の多くは農村からの流入であった。

七世紀以後、教会勢力は裁判権を得て一種の警察権を行使していた。この警察権で都市行政を掌握し、通行税の徴収を管理し、貨幣の鋳造を監督し、市門、橋、市壁の維持に備えた。九世紀になると、有力な領邦君主はイスラム、ヴァイキングそしてマジャール人の侵入から逃れるため市壁の構築に励んだ。一〇世紀には、ノルマンディーの割譲によりスカンディナヴィア勢力の南下を食い止め、スラヴ人をエルベ川沿岸で、ハンガリア人（マジャール人）をドナウ川流域で阻止し、平和と安定を取り戻しつつあった。そのとき、気温の上昇とともに人口の増加が本格化した。この人口増による豊富な労働力を背景に、開墾と築堤の大きな土木事業が盛んになり、森林、荒地、沼地の開拓が一二世紀まで続いた。

⑵ 商業と手工業

経済活動の活性化が広がるのは一二世紀に入ってからである。商業と手工業は、単に農業と並ぶ地位を占めただけでなく、農業の発展を促す。農産品は、商品としてまたは原材料として活用され、活性化した商業は荘園の枠組みを崩壊させ、社会全体が、より柔軟に、より活発に、より多様に躍動を始めた。人口の増大が商業の活性化を促し、商人集団が交通の要衝に集結した。農民と都市民の相互依存が成立し、都市の出現とともに隷属的であった労働は自由となった。中世の経済ルネサンスの象徴である商業の特徴は遍歴商業である。

この時代、教会勢力は商人に対しては決して好意的ではなかった。利潤追求は貪欲と混同され、あらゆる種類の投機は罪と考えられた。しかし、世俗の君主は、商人を自分の保護のもとに置いた。聖職者や貴族と同じく、商人は都市の特権を享受し、荘園権力や領主権力の支配から脱し、独立した。

都市集落が外部から食料を移入するには、他方でその引き換えに対価となる製品の移出が見合わなければならない。商業と手工業はこの相互依存の維持を目指した。中世都市成立の初期、都市住民の大部分が、都市外に持っていた土地の耕作か、土地からあがる収入で生活していた。一〇世紀以後、都市が大きくなるにつれ、土地からの収益に依存しない商人と手工業者が次第に多くなり、都市では商人を中心とする集落が形成された。一一世紀になると、商人集落に教会を建設し、住民を新しい聖堂区に分割することが必要不可欠になった。商人集落に定着した最初の市民の多くは、商品の荷揚げと運搬、船の艤装と整備、車や樽などの取引を行うのに必要なことに携わる人々であった。都市の住民はその日常生活を営む上で、多数の手工業を必要とし、職種も多岐にわたった。パン屋、ビール醸造者、鍛冶屋など需要の高い職種のいくつかは外部からの移住者によって賄われるものも

Column

◉中世都市ウルム

ウルムはドイツ連邦共和国の南、欧州の中央に位置する典型的な中世都市である。パリまで五五〇km、ロンドンまで七七〇km、ローマまで八二〇kmである。国際河川ドナウに接する河川都市である。八四五年、フランク国王であり初代の神聖ローマ帝国の皇帝ともいわれるカール大帝の子ルートヴィヒ一世がウルム王宮で宮廷会議を開催した記事が発見されて以来、この年をウルムの始まりとしている。一二世紀に都市壁を構築し、一一六五年に帝国直属都市の証明を得て、以来一八〇六年神聖ローマ帝国が姿を消すまで、その地位を保った。

一三世紀から一四世紀にかけては広域貿易によって栄え、大規模な発展が記録されている。一四世紀のペストの流行にもかかわらず、一四世紀から一五世紀には、織物貿易の発展により、帝国第二の都市に成長した。一三七七年には大聖堂の定礎、一三九七年には誓いの館（市庁舎）の竣工と都市の形を整え、一五世紀には織物生産をほぼ独占し、帝国を主導する都市となった。

一五三〇年には、市民投票によりプロテスタントを採択する。一七世紀には三十年戦争とペストの流行により大きく衰退するが、一九世紀の産業革命期に入り、一八五〇年の鉄道の開設もあり、工業が興り、発展する。こ

ウルム・ミュンスター（大聖堂）
（ULM THORBECKE BILDBÜCHER 1966より）

古い戯画「ウルムの薬屋」カール・シュピッツヴェーグ（1493年作成）

れを受け土地改革、団地建設が行われ、市域の拡大が見られた。

ウルムの象徴は二つある。一つは「雀」である。ウルムの雀は人懐っこく、テラスで食事をしていると、寄ってきてパン屑を啄む（ついば）。われわれ日本人にはドイツの信頼社会をそれとなく誇っているように感じられる。

一六一メートルという世界一高い塔を持つ教会堂として有名なウルム・ミュンスターもウルムを象徴する。多塔形式ではなく、鐘塔一基がキリッと聳え立つ姿は鋭い美しさを誇っている。建設中に塔に亀裂が生じ、右側の側廊を拡幅補強したために、左右対称でない珍しいファサードが出現した。一三七七年の起工である。

ノーベル賞物理学者アルベルト・アインシュタイン（一八七九ー一九五五）はウルム生まれ、またイギリスの首相チャーチルに「ナポレオン以来の戦略家」といわせた軍人エルヴィン・ロンメル（一八九一ー一九四四）はウルム郊外で生まれた。

二〇二〇年の人口は約一二万六〇〇〇人である。

都市のシンボル「ウルマー・シュパツ」（雀）
（ULM THORBECKE BILDBÜCHER 1966より）

「中世都市ウルム」
（2012年筆者制作）

ドナウ川での夏祭り
（1818年銅版画・絵葉書）

見られた。商業は手工業を都市に引き寄せ、集中させた。

⑶　都市と市民

ゲルマン民族がキリスト教勢力とともに創り上げていった中世都市は、先に述べたように、古代ローマ帝国の行政制度を継承している。キリスト教会とゲルマン社会は、ともにローマ帝国の自治都市制度を発展の基礎に置くことに吝（やぶさ）かではなかった。都市の市民は徐々に体制を整備していったが、その初期においては、都市の土地を支配していた大司教などのキリスト教勢力や世俗の領邦君主に対して、生存に必要な権利を獲得することから始まった。そして次の五つの要求を掲げた。

第一に、人格の自由、具体的には商人や手工業者の往来と居住の自由。

第二に、裁判権の確保。*

第三に、都市における平和の確立、すなわち安全を保障する刑法の制定。

第四に、商工業の営業および土地所有並びに取得を阻んでいる極めて厳しい貢租の廃止。

第五に、政治的自主性と地方自治。

これら五項目の要求は決して過激なものではなかった。さまざまな紆余曲折を経て、都市における改革運動を通して進展を重ね、一二世紀に入ると自治都市的な諸制度を獲得して、都市として独立した姿を見せ始める。変革によって大きな利益を得ることのできる社会集団が先頭に立ち、その後に大衆が続いた。

一一世紀の後半から一二世紀にかけて行政単位としてコミューン（最小地方自治体）が

裁判権の確保
ゲルマン民族はいかなる共同体も裁判権の保有を目指し、裁判権の保持を通して主体的に社会活動や経済活動の活性化を期した。

形成され、都市の行政を担当する行政官が設けられた。行政官は選挙による一年任期制で、商業警察権を行使し、度量衡の規制、市場の管理、工業の監督に務めた。選挙の原則と監督の原則が同時に確立された。この時期形成されたコミューンは整然とした諸制度の整備を目指したが、特に、司教など土地支配者の諸権利と市民の諸権利との明確な区分と市民の諸権利を維持することに配慮した様子が窺われる。コミューンのもと、商業は領内の流通を増やし、通行税収入を増やし、貨幣鋳造所*の活動を増大させた。都市共同体の自治的な組合は、自由選挙によって選ばれた者が自由を受け入れた規則の維持に心を配る。一年と一日、市壁の内側で生活した者はすべて、市民としての確定した権利によって自由を手にすることもできるようになった。

(4) 自由

当初は商人だけが享受していた自由が、今や権利としてあらゆる市民の共有財産となった。一二世紀を経過する間に、農村の荘園組織に残っている諸租税を廃止するにしたがい、至る所で通過税の改革が行われる。都市の自治権と裁判権は都市法により保障され、裁判所の判例が習慣法を作り出していく。市場に立てられた十字架や聖壇、フランス北部の諸都市の真ん中に立てられている鐘楼やドイツ北部に見られるロランの像*は都市の自由の象徴である。

都市は参事会によって統治された。参事会のメンバーはコミューンを代表しているが、極めて短い任期しか与えられていないので、委任されている権力を濫用する術はない。参

貨幣鋳造
かつての貨幣は、経済活動の低迷期には、その所有者によって蓄蔵され、場合によっては溶解され、食器類など教会の装飾や品に姿を変えた。商業復活のおかげで貨幣は再び交換の手段、価値尺度となった。

ロランの像
『ロランの歌』に登場する英雄ロランの像。都市が領邦君主から独立している象徴。

事会は財政を掌握し、商業・工業の警察権を握り、公共土木事業を監督し、都市の食料供給網を整備し、軍の装備と軍紀を整え、子供のための学校を作り、貧者と老人のための救済院の維持に費用を投じた。参事会の発する諸条例は都市の自治と司法権を保障した。参事会が施行する公共的投資は、例外も特権もなく、市民全体が等しくその費用を負担することを原則とし、市民各自の負担額はそれぞれの財産に比例していた。都市の形成が進んだ時期は物価高であり、市民である商人と手工業者には有利に働いた。収入を増やすことに成功しなかった土地所有者には困窮が待っていた。社会に土地所有に由来する権利以外がなかった時代には、聖職者と領邦の貴族だけが政治に参加していたが、今や、高位聖職者および領邦貴族の会議に市民をも招集するのが習慣となり、市民はともに議事に参加するようになった。これは一三世紀のことであった。一四世紀にはこの習慣は、議会制度として、多くの領邦で法制化される。

一二世紀の半ばになると、市の参事会は、ローマ時代以後、西欧で最初の世俗の学校を、市民の子弟のために創ることに熱心であった。教会はただちに学校に対する監督権を要求したが、商人はこの学校で必要な教育を受けることとなり、もはや聖職者に独占された場ではなくなった。こうした学校教育はゲルマン・ルネサンス時代まで初等教育に限られていた。都市の書記はこうした教育を受けた者から生まれた。書記は世俗の人であり、中世の初期に使用したのはラテン語であったが、一三世紀の初めには現地語が使用されるようになった。行政実務に現地語が用いられたことは、中世都市の進取の気性を示すものとして注目される。中世の教会堂は住民約二〇〇人に一つの割合で作られたといわれることでも明らかなように、市民の信仰心は日常生活の中でも示されたのである。以上が中世都市成立のあらましである。

都市の空気は自由にする（stadtluft macht frei）

といわれる中、多くの人々が農村、荘園から都市に向かった。自治都市の初期には多くの場合、いわゆる名望家がその実権を握っていた。市民集会に参加し、課題解決の議論に加わるには、経済的なそして時間的なゆとりを必要とした。すなわち、政治によって生活する必要がなく、政治のために生活しうるという余裕が都市政治に主導的に関わる条件であった。こうした条件を満たす商人が中心となる都市貴族は名望家と呼ばれ、どの中世都市でも名望家が権力を握っていた。しかし一四世紀になると、名望家の独占により都市政治から排除されていた手工業の親方（マイスター）層が政治参加を求める運動を繰り広げていった。ツンフト闘争である。

5　商業同業組合（ギルド）

中世、欧州では都市の発展に都市同盟が大きな役割を果たした。この都市同盟の代表的なものがハンザ同盟で、この同盟は都市間を交易して遍歴する商人の組合的団体が出発点にある。その前史を彩るのは、六－一〇世紀のゲルマンのフリース人（四六頁）で、彼らは平和的な貿易を基本とし、ハンザ商人の先駆者として活躍した。一一世紀になると、ゲ

ハンザ都市同盟の盟主リューベック遠景
（二〇一七年筆者撮影）

ルマン民族は商業の復活や都市の発展による人口増大に対処するために、スラヴ人の住むエルベ川以東に対して東方植民を企てた。東方植民は大きな成果をもたらし、都市の建設が進み、交易圏の拡大による商業基盤が進展した。当時の商人はバルト海沿岸の諸都市を回遊する遍歴商人で、ロシア産の毛皮が主な商品であった。

一二世紀にはヴァイキングとの間に平等な通商権が認められたのをきっかけとして、遍歴商人の団体としての商人ハンザが誕生した。商人ハンザの活動範囲は、西はロンドン、東はノヴゴロド（ロシア・ノヴゴロド公国）、北はベルゲン（ノルウェー王国）におよび、リューベックは遍歴商人の中心的役割を果たしたが、一三世紀末にはそれまでの商人ハンザの中心地から、ハンザ同盟の中心の座を確立していった。ハンザ同盟は、一五世紀初頭には全盛期を迎え、約二〇〇の都市から成り立っていた。地域に応じて九つのサークルが編成され、北欧、ロシア、バルト海東岸、ポーランド、ドイツ、低地地方（オランダ王国）の各都市を糾合していた。一六世紀の大航海時代には、欧州交易の中心がバルト海と地中海から一気に大西洋や北海に移り、宗教改革の影響も色濃く、一七世紀の三十年戦争を経て、多くの都市がハンザ同盟維持のための力を失っていった。一七世紀半ばのヴェストファーレン条約によりハンザ同盟の諸都市の大半は領邦国家に組み込まれ、ハンザ同盟の実態は大きく変化した。しかし、ハンザ同盟の結束は強く、リューベック、ハンブルク、ブレーメンの三都市は同盟関係を続け二〇世紀に至っている。

このハンザ同盟の活動を背景として、商業同業組合（ギルド）が発展し、中世都市を先導した。商業活動の合理的発展のためには、遍歴商人間の情報交換や相互扶助を可能とする拠点整備が要請された。それまで地縁的な結びつきを持たなかった商人相互の間に定住志向の高ま

ハンザ同盟の活動拠点

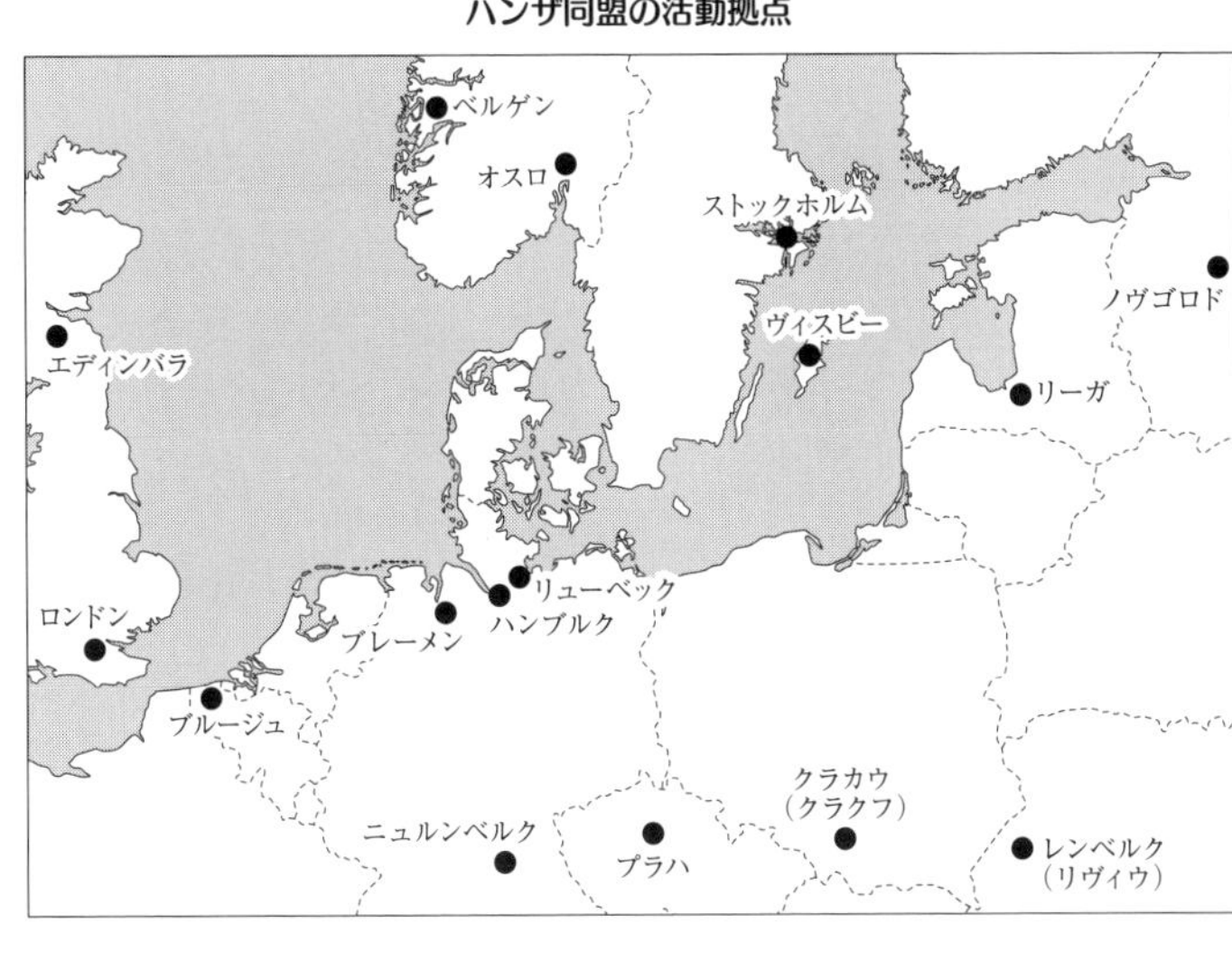

りが見られるようになり、一〇世紀の中頃から一一世紀の中頃にかけて、遍歴商人たちの既存の都市的集落周辺への集住現象が顕著となった。その結果、ラインとセーヌ両河川の中間を占めるニーダーフランケン地方一帯にわたって商人居住区が続々と形成され始めた。この商人居住区を拠点として、隔地間交易に関わる卸商仲間で結成された誓約者仲間の団体としての商業同業組合（ギルド）が成立した。その最大の動機は他の同業組合と同じく成員間の相互扶助であったといわれる。中世都市の発生初期にあっては、手工業者も巻き込みながら、既存の都市共同体である自治都市を支配したのは商業同業組合（ギルド）であった。商業同業組合（ギルド）の大多数は呉服商を営んでおり、同時に問屋として毛織物生産を支配した。その他卸売商として塩商人、葡萄酒商人、雑貨商商人などが同業組合を結成した。

一三世紀前半までの西欧では各地区ごとの物品の供給は潜在的な需要に追いついていなかった。また同時に各種商品の価格の地域差が大きく、遠隔地商人が差額利潤の取得を可能とする条件は整っていた。ところが一三世紀後半になると、各地区での価格の平準化が進み、地区外で生産された商品の取引からの利益を望みにくくなり、遠隔地商業の停滞が見られるようになった。商人の都市での定住傾向が強まり、一方、農村手工業者の都市への流入は次第に活発となり、都市は手工業者の活躍の場としてより強く認識されるようになった。個々の都市では、商業の支配下で手工業が共存する状態が定常化していたが、やがて各都市での経済活動の重点は手工業の保護育成に向かうことになる。手工業の同業組合がそれぞれの職種に関わる統制を強化していくための客観的条件が整備され、中世都市発展の要件が整ってきたのである。

【参照・引用文献】

Katalog des Europäischen Hansemuseums, Lüeck, edition exspecto, 2016

フランドルの毛織物

商人がイングランドの良質な羊毛を輸入してフランドルで加工させることを始めた。毛織物は到着する船の高価な戻り荷として大きな価値を作り出した。海岸の湿度の高い草原で飼育された羊の毛の質の良さが、毛織物の商品としての価値を創り出し、北方の毛皮、東方の絹織物に並ぶ高価な輸出商品となった。織布工は都市に引きつけられ、商人に雇われる賃金労働者になった。商人たちは織布工の作る毛織物を、その折り目の細かさと色彩の美しさで、また大きさにも工夫を加え、欧州市場で匹敵するもののない地位を固める商品に育てるのに成功した。

6　都市参事会とツンフト闘争

中世都市は市民団体を選挙母体とする市参事会を中心に自治行政が展開されたが、その中心には軍事と租税に関する強い支配権がある。数々の条例を発令し、都市内の市場、商業、生産、貨幣に対して厳格な監督権を行使した。対外的には、都市を代表し、都市領主である大司教や領邦君主との対決にあたっては裁判権も保持した。一三世紀には商業同業組合（ギルド）が、ハンザ商人やハンザ同盟を背景に、都市形成の主役を演じる。その初期においては、有力な商人が都市の自治を獲得する上で大きな力となった。次第に彼らは都市貴族として支配を強め、名望家と呼ばれ、門閥を形成するようになる。

一四世紀になると、門閥により独占され、都市政治から排除されていた手工業の親方（マイスター）層が政治参加を求める運動を繰り広げていった。一三世紀頃から都市の商業同業組合（ギルド）の中から、生産者である手工業者の親方（マイスター）たちが分離して、職種ごとに同業組合を結成し、商業同業組合（ギルド）に対抗するようになった。これが手工業親方（マイスター）の組織、手工業同業組合（ツンフト）である。手工業同業組合（ツンフト）が都市の覇権をめぐって、都市貴族である門閥と抗争を展開した。これを「ツンフト闘争」という。ツンフト闘争を通して、手工業者の親方（マイスター）が市政への参加を果たし、ツンフト市政を達成した。これまで市政を牛耳っていた門閥とともに、手工業同業組合（ツンフト）を代表して親方（マイスター）が参事会のメンバーとなり、裁判権に関わり、市の行政にあたった。シュパイヤー（ツンフト市政成立一三二七年）、マインツ（一三三二）、シュトラスブルク（一三三四）、バーゼル（一三三六）、チューリヒ（一三三七）、フライブルク（一三三八）、コンスタンツ（一三四二）、ウルム（一三四五）、アウグスブルク（一三六八）、ケルン（一三八六）などがツンフト市政を敷いた都市とその時期である。しかし、門閥打倒のツンフト闘争にもかかわらず、ツンフト市政樹立が叶わなかった都市も数多く、ニュルンベルク、ハンブルク、フランクフルトなど枚挙に遑がない。中世都市の歴史は「門閥都市」に始まり、ツンフト闘争を経て、門閥を制して、ツンフト市政を獲得した「自由都市」（マックス・ヴェーバーは「平民都市」と称する）に至る道程である。

それでは、以下の四都市の参事会の構成の変遷を通して、ツンフト闘争と手工業の勢力拡大の様子を見てみよう。

ケルン

ケルンは大聖堂で有名な典型的な中世都市である。ケルンの参事会は一五名構成で任期一年、退任後二年間の選出禁止、後任指名制であった。後任の指名は一四ある門閥が自らの門閥から指名することを原則とした。一四世紀末からは、新たに手工業同業組合（ツンフト）を中心に二二の参事会選出母体が編成され、参事会の衣替えが果たされた。

ニュルンベルク

ニュルンベルクはバイエルン州第二の都市で、中世手工業職人の活躍の場であった。三五の門閥があり、常に参事会に席を占めることができたのは一五門閥とされた。しかし、ツンフト市政への本格的移行に失敗したこの都市においてすら、確実にその中心に食い込む手工業者の勢いが見られる。一三七〇年には八人の手工業者の代表が参事会に受け入れられ、一五一六年時点の参事会員リストには立法官一三、参審員*一三、古老八に加えて八人の手工業者が名を連ねている。

参審員
職業裁判官とともに裁判をする一般市民。ドイツで創始。

コンスタンツ

ドイツ最南端のボーデン湖に面する都市コンスタンツは四次にわたる市民闘争を経てツンフト体制を採択したが、一四三一年の新法制では、旧来の参事会である小参事会は手工業同業組合（ツンフト）一〇名、門閥一〇名、市長など三役が加わって二三名、大参事会は手工業同業組合（ツンフト）二五名、門閥二五名に市の三役を加え五三名、両参事会を選出するための選挙人は手工業同業組合（ツンフト）六名、門閥六名の一二名の構成となっている。

エルフルト

エルフルトは旧東ドイツにあって、その美しい街並みが世界中から多くの観光客を集める中世都市である。

一三世紀、エルフルトの手工業は、交通の要衝であることや地下資源豊富なハルツ鉱山との密接な結びつきなどの優れた立地を活かし、質量ともに急速な発展を遂げた。この結果、エルフルトの手工業は遠隔地商業と土地所有に立脚している都市貴族に対抗しうるだけの経済的実力を備えていた。都市共同体エルフルトが一〇年にわたる闘争の結果、領主マインツ大司教から自治権を奪い取り、参事会の制度化を達成したのは一二五五年であった。一二四八年の記録によると、エルフルト最古の手工業の同業組合は織匠、靴製造業者、鍛冶業者、帽子製造業者、染物業者、屠畜業者の七同業組合で、いずれも大司教から認可を受け、大司教の裁判権に服し、大司教への納税を義務づけられている。市参事会が成立しても、大司教はこの七つの手工業同業組合(ツンフト)の管理権を放棄していない。しかも都市市場に関しては、地上権、使用強制権、市場税徴収権を含む一切の主権は大司教の手から離れることはなかった。市の参事会は、市場に建てられている売店舗の入手を手がかりに、大司教の市場主権を切り崩し、市場システムの再編を企図し、すべての手工業同業組合(ツンフト)を統御することを目指したのである。

一方、周囲のテューリンゲン地方の封建貴族は財政的に逼迫し、エルフルト都市貴族への土地の譲渡が目立ち始める中、エルフルト市の参事会は一二七〇年代以降、都市域の拡張政策を精力的に推進する。その結果、エルフルト市参事会はマインツ大司教、テューリンゲン方伯など大小さまざまな既存勢力との抗争に巻き込まれ、一二八三年に都市内民衆運動が勃発した。この運動を主導したのは平和志向の商人的都市貴族であったが、結果的に勢力を大きく伸ばしたのは手工業者であった。参事会

主なツンフト市政都市の分布

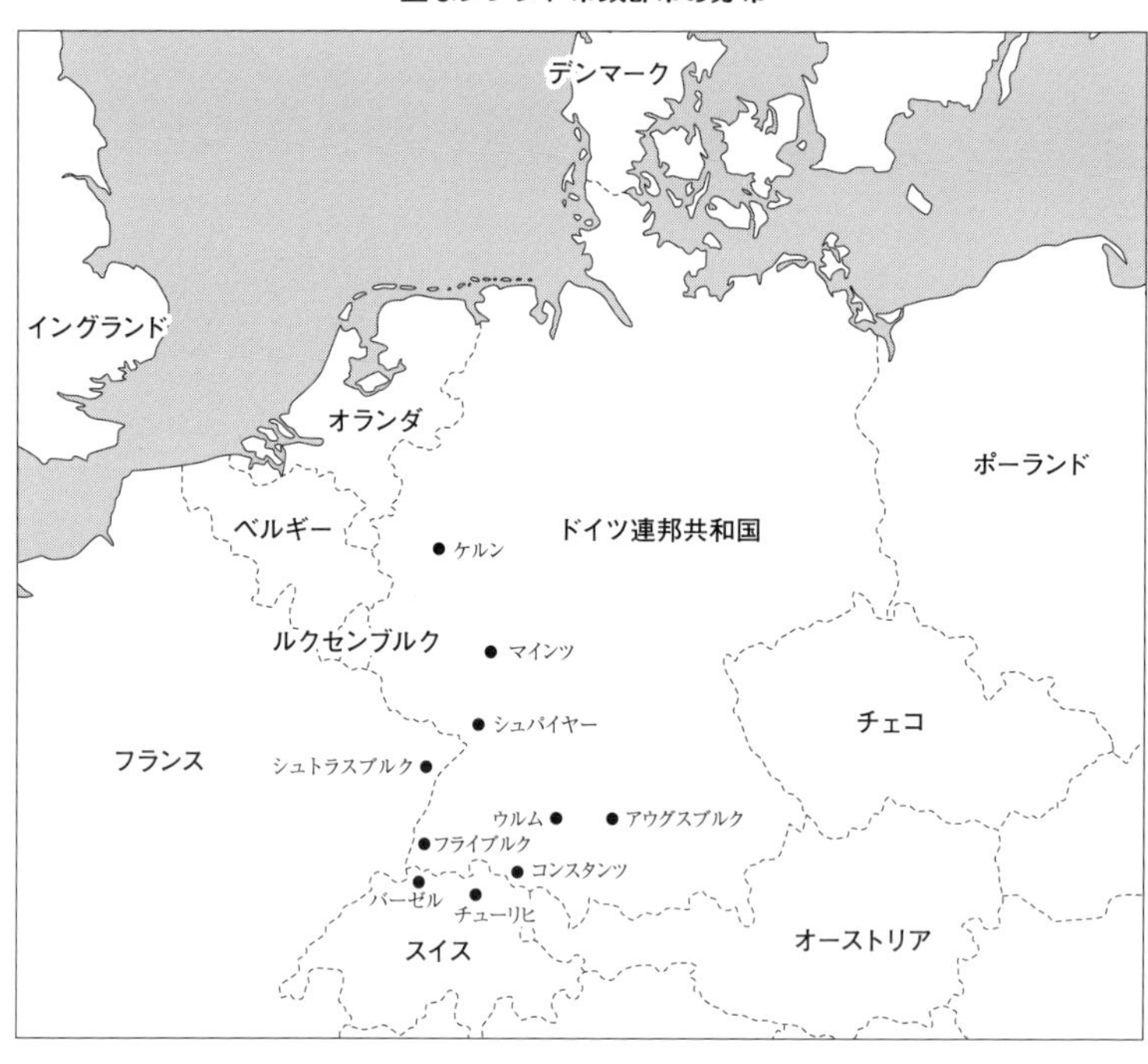

の構成は、九つの大手の手工業同業組合の代表者に一〇議席が与えられ、一四議席から二四議席となった。手工業同業組合は、門閥独占支配から脱し、市参事会への進出の足がかりを得たのである。

二回目の都市内民衆運動が都市共同体を代表する市民によって引き起こされたのは、一四世紀に入ってからである。市民は武装して市庁舎に面した魚市場に集まり、市参事会に対して一七の要求事項を掲げ、そのすべてを承認させている。その結果、市参事会の構成は、全体は従来通り、二四議席に対して門閥出身はわずか四議席にとどまり、都市共同体の代表と手工業同業組合の代表者のそれぞれに一〇議席が与えられることとなった。さらに大きな成果は「四人衆」制度の新設である。「四人衆」は都市共同体を構成する地域代表三名と手工業同業組合の代表一名からなり、市参事会の監視機関として機能した。手工業同業組合のうち、小規模のものは、この時点では依然として市参事会の外にあったが、営業自由は認められた。エルフルトの最初の都市法は一三〇六年に制定されており、従来の習慣法も法規範としてこの都市法に包含されている。この都市法により「都市宣誓」の形をとって、各種共同体の市参事会への服従が義務づけられることとなった。

【参照・引用文献】
辻多江子「中世ケルンにおける都市参事会と市民との関係」大阪教育大学歴史学研究室編『歴史研究』二九、大阪教育大学、一九九一年
佐久間弘展『ドイツ手工業・同職組合の研究——14～17世紀ニュルンベルクを中心に』創文社、一九九九年
谷和雄『中世都市とギルド——中世における団体形成の諸問題』刀水書房、一九九四年

7　手工業職人たちの組織

西欧の手工業の世界に「親方（マイスター）」「職人（ゲゼレ）」「徒弟（レアリング）」という身分的秩序が生まれたのは一三世紀のことである。この中世の手工業の身分制度を示す三つの名称は、現ドイツ連邦共和国の生産組織の中に、職業教育制度の中に、そのままの名称で重要な位置を占め続けている。既述したように、中世都市発生の早い時期に主導権を握ったのは商人の同業組合で、大司教や領邦君主など支配者から都市の主権を奪取するにあたって主役を演じた。

商業同業組合（ギルド）に対抗して立ち上がったのが手工業の親方（マイスター）を中心とする職人たちで、兄弟団や同業組合の活動を通して、都市の政治への参画を目指した。手工業同業組合（ツンフト）は職種ごと、都市ごとに原料の確保、技術の共有、販路の確保、価格の協定、技術水準の維持などを使命として結束を強め、営業権の確保を共同して進めた。親方（マイスター）は徒弟教育というさ

らに重要な使命も担っていた。同業組合は生産の組織であるとともに教育の組織であり、いわゆるマイスター制度によって教育的機能を全うしようとしたのである。マイスター制度の中で、経営と生産と教育と多面的な役割を同時に果たすことに成功した成果は極めて重い歴史的事実である。教育制度としてのマイスター制度は今日に至るまで、西欧ドイツ語圏諸国の象徴であり、社会経済発展の根幹となってきた。二一世紀に入って確立された最新のドイツ職業教育制度（デュアル・システム）でも、主要手工業業種には親方資格者の確保を義務づけており、親方は職業教育の義務と権利を保有し続けている。

手工業同業組合は、熟練した技術を持つ独立した親方が中核におり、整った組織と規約に則り、場合によっては軍隊や自警団を持ち、中世末期には都市の政治に参画した。手工業同業組合は、加盟していない者の営業権を拒否する権利を持ち、権勢を誇ったが、行き過ぎた排他性ゆえに技術の停滞をもたらし、「営業自由」の名の下に行われた各種の改革によって、徐々にその名声と実力を失っていった。一八世紀の後半から一九世紀前半にかけてのことであった。

(1) 規約に見る職人と親方

手工業同業組合の規約は地域により、職種によりさまざまであるが、いくつかの共通点がある。それらの主な特徴は、厳格な加入条件と外部に対する強い排除の壁の設定である。徹底した独占体制の構築が目指された。組合員相互の平等と連帯を基本とするが、強い排他性を保持するために強制加入を第一条件とした。

組合員の基本的条件は、キリスト教徒、嫡出子、都市の定住民などであるが、原則として、徒弟・職人には独身であることが求められた。すべての徒弟と職人は親方昇進を目指し、そのために遍歴を含め一〇年にも及ぶ修業のプログラムが組まれていたが、その教育内容は極めて高い合理性を有していた。この同業組合において徒弟・職人の教育を担っていた親方には高度な技術と経営手腕に加え、優れた人格が求められた。この親方像を念頭に同業組合規約が定められた。職人たちの「栄誉」に関わる固い信念が全体を貫いており、キリスト教信仰を前提としていることと相まって、高い倫理性、合理性が組合規約の底流に流れている。以下に同業組合規約の概要を示す。

修業期間の設定

都市ごと、職種ごとにさまざまであるが、徒弟は二―四年、職人は四―六年、これに遍歴就業が加わる。遍歴修業を強制条件とする職種は必ずしも多くはないが、二―四年としているのが一般的である。通算一〇年程度が設定される。

親方作品の提出

親方に昇進するためには作品を提出して検査に合格することが絶対条件であり、最後の関門である。いわゆる親方試験である。当然職種により異なるが、例えば靴職人の場合、市参事会により選ばれた親方の前で、男性用長靴一組と靴二組、女性用ボタン付きの靴一組の裁断が求められる。

加入金の支払い

加入金の支払いが義務づけられるが、これは親方権取得料の前払いともいえる。

最低資産証明書の提出

親方に昇進したとき、独立した経営を営むに足る財産の保有の証明を求めた。

親方子息および婿入り職人の優遇措置

手工業は小規模で、家内工業であることから、職人から親方への昇進にあたっては、親方子息や婿入り職人が優遇されがちであった。親方未亡人や子女との結婚を願う職人が多く受け入れられた。

親方数の制限

制限をしないのが一般的であるが、不況期には制限が多く見受けられるようになる。

新親方に対する賦課

親方昇進時の支払い義務であるが、親方試験における審査員（宣誓親方）への報酬である。

労働力の均等化

親方一人に対する徒弟と職人の数を職種ごとに定めた。その基本は徒弟一人、職人二人である。目的は親方間の過当競争を回避するためである。

生産用機器の所有制限

あくまでも例外的措置として、親方間の格差是正のため、一四世紀に毛織物業で行われている。

原料の共同購入

羊毛取引や染料である大青毛織物工などにおいて一部例外的に見られるが、当時は自家需要を超える原料購入の禁止や原料購入告知義務を定める規約が見られる。

諸施設の共同利用

毛織物工同業組合における縮絨水車と乾燥用の布貼枠の例が報じられているが、規模の大きなもの、場所が限定されるものなどの例が見られる。

規格の統一

繊維業においては明確に規定されており、製造工程における羊毛の重量規制があり、都市秤量局で検査済みの秤と錘（おもり）の使用が義務づけられていた。完成品の規格化があり、経糸の数と目の詰み具合が指標となっていた。ニュルンベルクでは毛織物の品質を保ち、都市間競争に打ち勝つために、宣誓親方が二度にわたり厳しい検査を行った。

諸資料に目を通す限り、これら手工業同業組合規約の運用は極めて自律的かつ厳格である。しかし、同時に寛容であり柔軟であることも求められた。都市間競争に遅れを取らないように、製品の品質が都市全体の命運を左右しかねなかったからである。

【参照・引用文献】
佐久間弘展『ドイツ手工業・同職組合の研究――14～17世紀ニュルンベルクを中心に』創文社、一九九九年

⑵ 遍歴修業

中世初期における手工業の生産体制は、一言でいうなら家内工業である。徒弟としての手工業者の第一歩は、職人とともに世帯の一員として親方の支配権に属することに始まった。「手工業技術の習得の妨げにならない限り、親方は徒弟を自由に使うことができる」とされており、親方の抱える雑事もこなしながら仕事を習得する仕組みであった。徒弟は手工業者身分に属してはいたが、親方の全面的な家父長的支配下にあり、家の外で職人と行動をともにする自由さえ奪われていた。徒弟は、地域と職種と本人の能力によってまちまちであるが、標準的には三―五年の徒弟期間を経て職人となる機会が与えられる。通常、二つの儀式をもって、めでたく一人前の職人として遍歴修業に出発することとなる。一つは同業組合の徒弟修了式であり、もう一つは職人組合加入令である。徒弟修了式は同業組合の組合長と組合役員出席のもと、修了証書が手交される簡素な儀式である。職人組合加入令は、職人宿の一室に置かれた職人たちの団結の象徴とされている箱の前で行われる。独特の儀式が職種ごとに用意されており、寸劇あり、飲み食いありで、新しい職人を

歓迎し、徒弟修了者に職人としての新しい命を与える。最後に、手工業職人の慣習である遍歴に出発するにあたっての心構えが語られるのが一般的であった。

職人と職人組合にとって遍歴は修業の基礎であった。親方による家父長的支配から脱する職人の第一歩が遍歴修業であった。職人組合の一員として迎えられると同時に、親方の家を出て各地を遍歴する義務を負う場合が多かった。遍歴修業はフランスやイタリア、イギリスの一部においても見られたが、一四世紀以来、職人の遍歴制度の定着とともに、ドイツ語圏は全欧の手工業職人の最も有効な修業の場になった。とりわけ一六―一七世紀には、遍歴修業は職人として自立するための必須の要件になっていった。一八世紀には、ポーランド、スウェーデンなどの職人もドイツの職人宿に姿を見せるなど、顕著な遍歴の増加が見られる。この増加は営業自由に向けて、手工業同業組合（ツンフト）の解体などドイツ手工業の転換期を象徴するものでもあった。遍歴の実態は病気や困窮や失業を伴う厳しいものだった。職人は都市を遍歴し、複数の親方から技術と知識と人格を受け継ぐという建前であったが、その実、都市の同業組合では職人の親方への道がほとんど閉ざされていた時期もあり、職人の親方昇進の調整弁とも、手工業同業組合（ツンフト）の職人追放の手段ともなったと見られる。しかし、ともあれ、多くの場合、徒弟を修了した職人にとっては、希望と夢に満ちた修業の旅であった。

親方の組織である手工業同業組合（ツンフト）が比較的狭い地域の連携にとどまっていたのに対抗して、職人組合は、神聖ローマ帝国の域内にとどまらず、欧州全域に組織の連携を図り、職種ごとに職人独自の自治のための館を持ち、都市間の協力体制も整えていった。遍歴修業がもたらした職人を中心とするネットワークは、後に、社会民主党の設立やワイマール共

Column

◉オート・キャンプ

効果的に西欧を知る方法について、五五年前ウルム造形大学のドイツ人の学生に問いかけたところ、テントと炊事道具を車に積み込み、キャンプ生活に徹するのが最も効率的だと、細かい費用計算をしながら教えてくれた。そのときすでにフォルクス・ワーゲンのケーファー（カブトムシ）の中古を購入済みで、早速この提案に乗った。

最初のキャンプ旅行は四〇日間の北欧めぐりであった。このキャンプ生活は、初めてのこともあって、いろいろな予期せぬ事態に陥ったが、燃料費を含んだ旅行中の費用は通常の生活費より嵩むことはなかった。朝・昼・晩三食自炊で、四回ほどユース・ホステルで憩いをとった。その後、イタリア・スペイン五〇日間の大きな旅行や週末の小旅行もキャンプ場を用いた。二年間で約八万キロの走行距離であった。欧州各地には、当時の共産圏も含め、都市を中心に大小さまざまなキャンプ場がある。都市では一キロあたり一キャンプ場という実感である。デンマーク・コペンハーゲンのキャンプ場では、普段は郊外に住み、夏のひと月を都心のキャンプ場で過ごす老夫婦と親しくなった。秋に入りかけた寒い雨の日、アメリカから故郷を訪れた二組の家族と出会った。閑散とした南ドイツのキャンプ場で、孤独を語った。スペインやイタリアのキャンプ場ではドイツ人が多く、キャンプ場がドイツの街に衣替えしたように思われるほどで、盗難などの心配のない、高いセキュリティが実現されていた。

五〇年後の二〇一七年のドイツ旅行は、主に公共交通機関と徒歩で計画を立てた。車と徒歩の速度の違いがある。諸物に触れ、感じ、考えるには車ではなく、徒歩の速度が馴染む。ただ見たり触れるだけが目的の観光旅行ではなく、思考を楽しむ旅には徒歩が有益な時間を提供してくれる。自家用車利用の場合は好きなところに短時間で到達できるが、事前に下調べがないと見落としが多いように思われる。

デンマーク・コペンハーゲン

フィンランド・ヘルシンキ

フィンランド・ロバニエミ

イタリア・ローマ

イタリア・ラヴェンナ

スペイン・バルセロナ（いずれも1967年筆者撮影）

ベーベルの遍歴修業

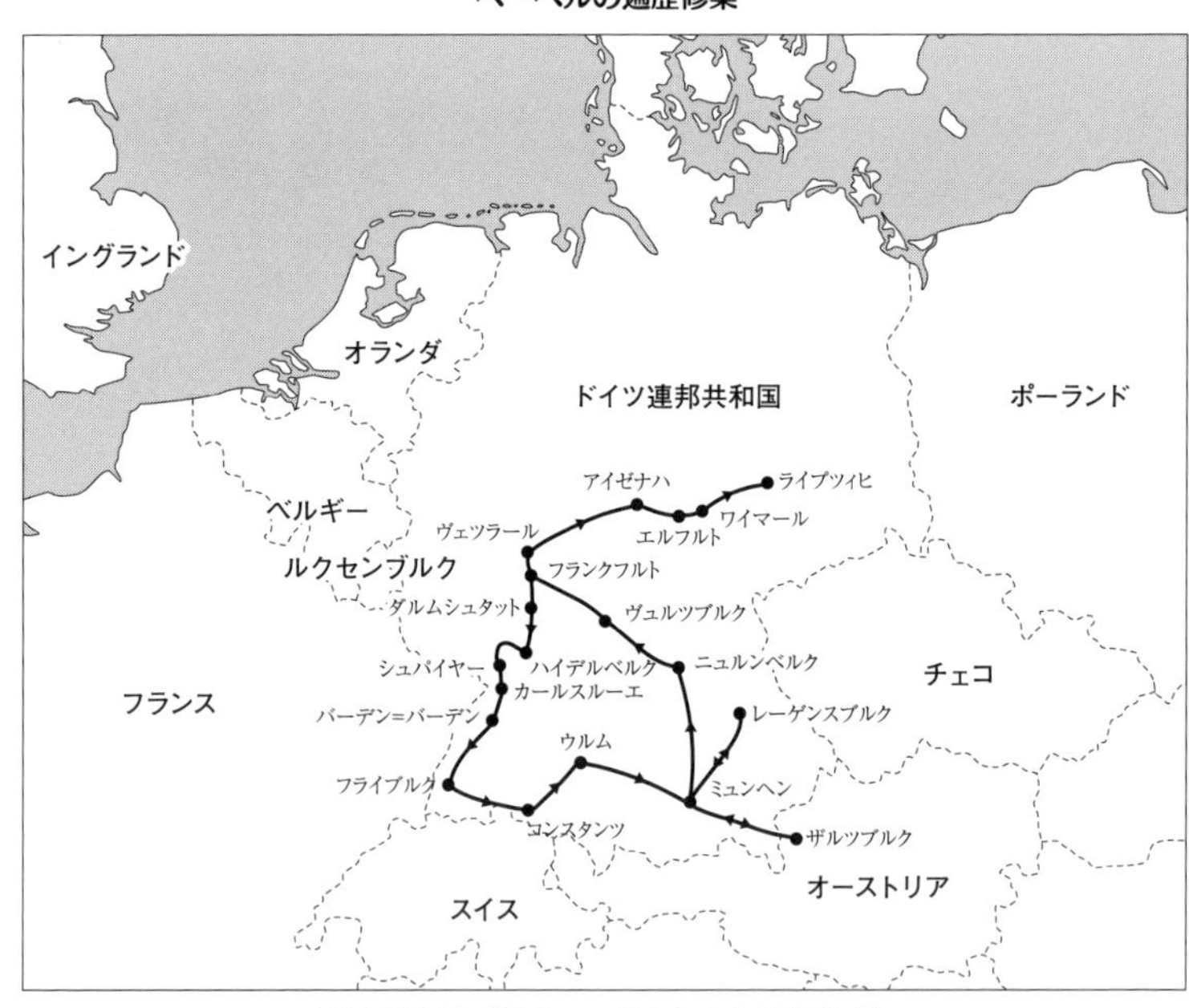

（高木健次郎『ドイツの職人』より筆者作成）

和国建国の原動力にもなった。遍歴修業の期間と地域的広がりを見るために二つの例を記すことにしたい。

アウグスト・ベーベル（高木健次郎『ドイツの職人』より）

一八四〇年生まれ一九一三年没。幼くして下士官であった父を失い、旋盤職人として遍歴修業で各地を渡り歩いたのち、ライプツィヒに定住、労働者教育同盟に加入し労働者教育に専念した。マルクス主義者となり、反プロイセン闘争を展開し、民主的ドイツ共和国の建設に努めた。ザクセン人民党の創立を果たし、一八六七年北ドイツ連邦議会議員の選挙に立候補、当選。一八六八年、アイゼナハで社会民主労働者党（のちのドイツ社会民主党）を創設、初代党首となる（一八三頁参照）。以下の遍歴修業に関する記述は、ベーベル自身の自伝（『ベーベル自叙伝』大鐙閣、一九二一年）によるものである。彼の職人としての経歴は一四歳で旋盤工として身を立てる修業に始まった。三年の修業を経て遍歴への出発となった。出発はヴェツラール（フランクフルトの北六〇キロ）、徒歩と汽車を乗り継ぎシュパイヤーで仕事を得、親方の家の仕事場の一角に寝所を与えられた。仕事は朝の五時から夜の七時まで続き、日曜日も働いた。ここで一年の滞在後、再び旅に出て、フライブルクに落ち着く。すでに手工業同業組合（ツンフト）が廃止されていたので、カトリック系の職人団体に属し、見識と知己を広めた。一七歳になり、三度目の旅に出る。ミュンヘンでは仕事が見つからず、一週間の滞在で北に向かい、レーゲンスブルクで職を得るが、短期滞在に終わる。ザルツブルクに至り、二年間を過ごし、ここでもカトリック系の職人団体の活動に熱心に加わった。一八六〇年の冬、生まれ故郷ヴェツラールに向けての旅に出た。当時まだ鉄道の敷設がなされていなかったのでほとんどが徒歩であった。しかし、生まれ故郷には仕事がなかったので、遍歴途上で得た仲間とともにライプツィヒに入った。ライプツィヒはベーベルを魅了し、彼の定住地となった。ベーベルは六年の遍歴修業ののち、旋盤工の職人として手工業の栄誉の中に生きることとなった。ベーベルの社会民主党党首への道はここに始まるのである。

ルートヴィヒ・フリードリヒ・ヘンゼル（藤田幸一郎『手工業の名誉と遍歴職人』より）

ハンブルクで、左官職人を目指して一八二二年に徒弟となり、一八二七年五月に職人として遍歴修業を開始した。遍歴の旅は一八三一年四月にハンブルクに戻るまでの四年間に及んだ。彼の旅程は広範に及び、北ドイツのコールベルクで三か月、デンマーク・コペンハーゲンで一年、再びコールベルクで六か月、最後にベルリンで四か月働いた。このほかヘンゼルは遍歴期間中にブレスラウ（現ポーランド）、ウィーン（現

ヘンゼルの遍歴修業

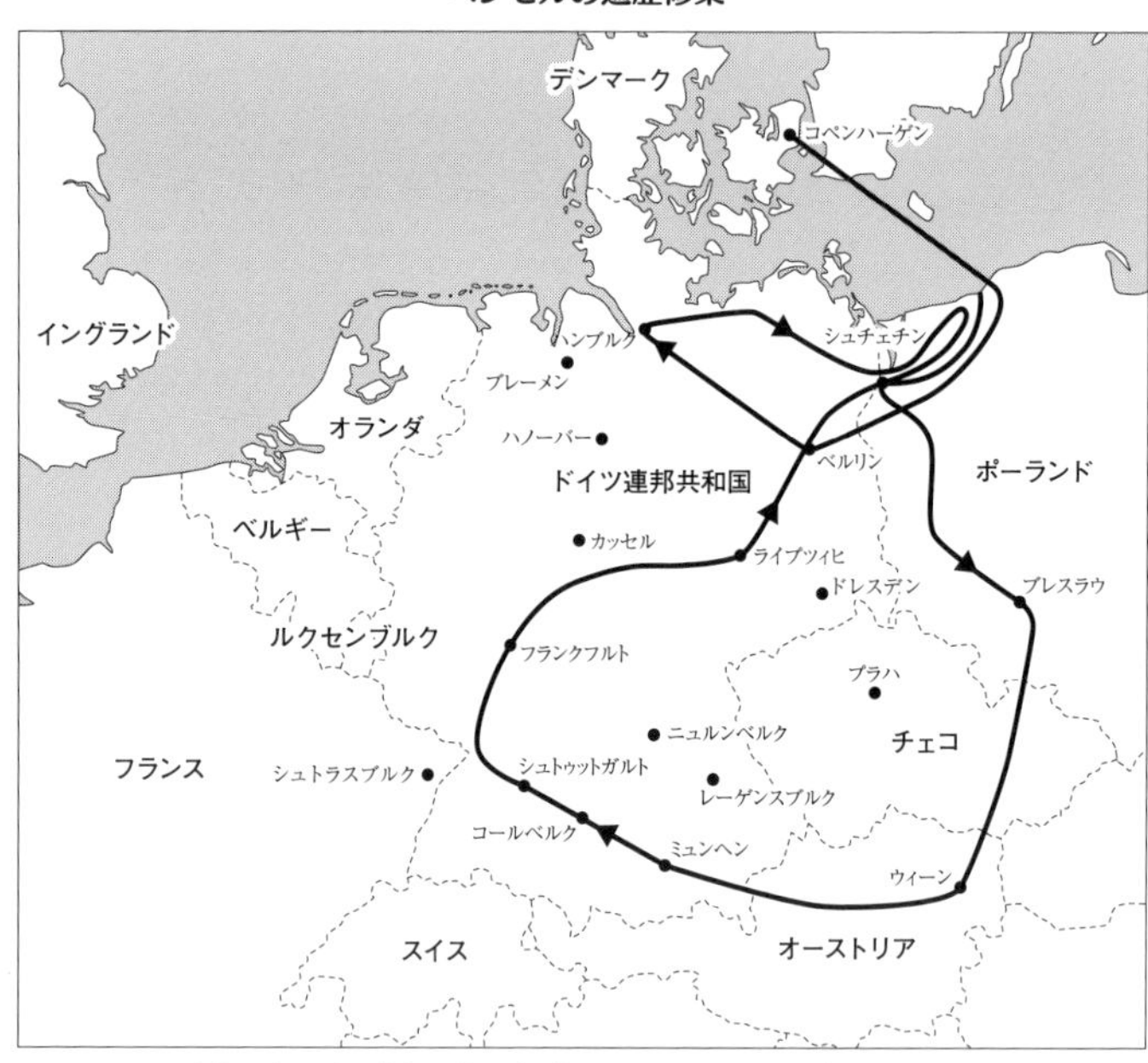

（藤田幸一郎『手工業の名誉と遍歴職人』より筆者作成）

オーストリア）、ミュンヘン、シュトゥットガルト、フランクフルト、ライプツィヒを遍歴している。

これらの例で見るように、遍歴の経路は職人の自由意志で選ばれた。遍歴職人は都市に到着すると最初に職人宿（ギルド館）を訪ねなければならず、仕事に就きたい職人は、職人宿の主人あるいは手工業同業組合（ツンフト）の輪番制の代表幹事の仲介で仕事の斡旋を受けることになっていたが、実際には職人頭が職場を割り当てる権利を掌握している場合が多かった。職人を求める親方はあらかじめ申し込み、順番を待つのが通例であった。労働条件も地域・職種でさまざまであるが、一日の拘束時間は朝四時から夜八時までの一六時間が一般的であった。仕事の斡旋以外にも、無料の宿泊、食事の提供、旅費支給、歓迎酒宴などに加えて、傷病時の扶助が職人組合の最重要な任務として捉えられていた。外来職人が病気になったとき貸し付けを行い、回復後の返済を原則にした。一般に、遍歴職人は謝礼として一定の支払いを行い、この一部が職人組合の金庫に納められていた。この金庫の資金は遍歴職人が仕事を見つけられない場合の旅費、生活費に当てられることもあった。

遍歴はドイツ職人の社会的地位の形成にとってまことに重要な要素ではあったが、一九世紀後半における鉄道網の発達は遍歴修業の持つ夢とロマンを奪い、工場制機械工業との競争にさらされた多くの手工業職種は遍歴を許す余裕を失っていった。

【参照・引用文献】

高木健次郎『ドイツの職人』中央公論社、一九七七年
藤田幸一郎『手工業の名誉と遍歴職人――近代ドイツの職人世界』未来社、一九九四年

(3) 職人組合の誕生――マイスターと職人の軋轢

一三世紀後半から一四世紀前半にかけては、手工業同業組合（ツンフト）の最盛期であった。親方（マイスター）は職人（ゲゼレ）にとっての主人であり、職人の賃金は親方の専権事項であった。職人たちが同業組合の中で発言力を強めていった一四世紀後半からは、職人の家父長的従属性からの脱却など、職人の独立性が高まってきた。一五世紀に入ると手工業同業組合（ツンフト）に加盟する希望者が増え、加入の条件が厳しくなる傾向にあった。一五世紀から一六世紀にかけて、親方の増加を抑え、一人の親方が抱える職人と徒弟（レアリング）の数に制限を加える傾向が多くの職種で見られ、親方資格を得ても他の親方の下で働くような事態も多発し、同業組合の枠外から生まれた職人が親方となっても手工業同業組合（ツンフト）に加入できない状況も常態化した。職人は親方に労働条件の改善、特に賃金の引き上げを要求した。事業主としての親方と従業員としての職人との間には、絶え間ない紛争が続いた。

このような状況の中、諸都市で都市の行政を参事会メンバーとして支配していた親方は、

その権力を背景に職人を抑圧するようになった。この抑圧に対して、職人は組織的な対応を図った。すでに一三二一年にはハンザ同盟を構成してきたリューベックなど六都市の桶職の親方が職人組織に対抗して同盟を結んだのも職人組織の団結と勢力増強への対抗のしるしである。一八世紀のオスナブリュックの手工業同業組合（ツンフト）に対する職人の抵抗は職人蜂起の典型的な例である。一七五一年から一八一〇年にかけて目立つものだけでも九件の職人蜂起・紛争が見られる。職種は皮鞣（なめし）工、大工職人、仕立て職人、指物（さしもの）職人、靴職人など多岐にわたっている。一四世紀から一九世紀まで続いた親方と職人の闘争は、記録に残っている主なものだけでも、以下のように枚挙に遑がない。工業立国を目指した旧プロイセンと早い時期に宗教改革に応じた南ドイツで頻発している様子が窺われる。

一三二九年【ブレスラウ】馬具職人のストライキ
一三六一年【シュレジェン地方】二〇人の仕立職人が手工業同業組合（ツンフト）に対する統一行動を決議
一三八一年【ニュルンベルク】仕立て職人七人が親方をボイコット、一〇年の追放刑
一三九五年【ウィーバリンゲン】仕立屋職人の団結
一三九七年【ブラウンシュバイク】毛織物職人の賃上げ運動
一四〇〇年【アルザス】一四〇〇人の職人集会で親方と市当局は職人に従来慣行の履行を誓わせる
【ヒルデスハイム】パン職人、靴職人、仕立屋などの職人団体結成の禁止
一四〇三年【ウルム】職人蜂起の結果、織物職手工業同業組合（ツンフト）の加入資格の厳格化

主な職人蜂起発生都市の分布

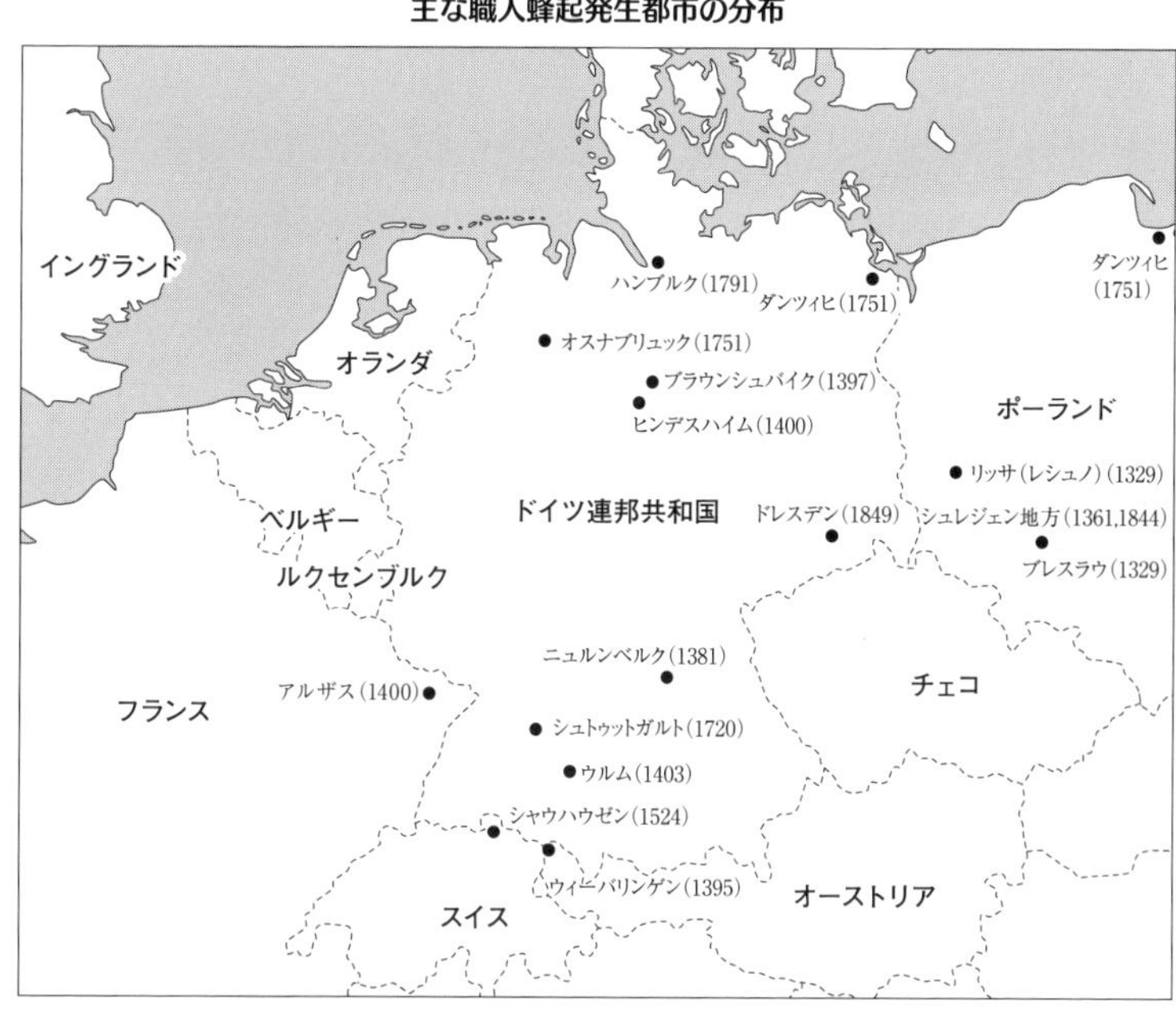

一五二四年【シャフハウゼン】鍛冶職人、仲間の職人のための治療施設を開設
一七二〇年【シュトゥットガルト】靴職人一揆
一七二一年【リッサ】賃下げによる織布職人の擾乱
一七五一年【ダンツィヒ】親方との紛争で指物職人が強制労働の罰
一七九一年【ハンブルク】親方との抗争により錠前職人が同市を去る
一八四四年【シュレジェン】織布手工業の騒擾など織匠一揆
一八四九年【ドレスデン】職人一揆

この経過の中で職人が大切にしたのは、身分的栄誉と身分的自由を守り抜くことであった。その結果、職人の誇りは手工業の誇りとなり、手工業の誇りは市民の誇りそのものとなった。職人組合は組合員から選ばれた少数の役員によって運営された。役員の任期は一か月や半年と短く、民主的に運営されていた。職人組合は、都市別・職種別に独自の施設・ギルド館を保有していた。会員が一堂に会する集会施設を持ち、ここで組合運営に必

要な諸事項を協議し、決した。さらに会員相互の親睦、遍歴職人の受け入れ、また裁きの場ともなった。職人組合は所有施設ギルド館における飲食の行動規制を中心に、組合規約を作成していた。この組合規約は、職人の掟ともいうべきもので、中心を占めているのは、職人の行いに関する罰則であったが、職人仲間の病に関する扶助、職人慣習、遍歴修業の扱いなども定められていた。組合員が多くなると代表者を置いたが、原則として重要な案件の決定は組合員全員参加で行われた。

職人組合への加入は職人にとって必須であって、会費の支払いが義務づけられた。職人組合は独自の金庫を持ち、会費、入会金、規約違反の罰金を財源とした。これらは宴会費用、施設の維持管理費用、貧窮仲間への貸し付け、遍歴職人への支援、埋葬費用などに当てられた。

【参照・引用文献】
高木健次郎『ドイツの職人』中央公論社、一九七七年

⑷　ギルド館の美しさ

職人組合が保有していた施設の代表的なものがギルド館である。職人組合の結成が盛んになる一七世紀頃の建設が多い。多くの場合、組合員の集会所として使用した。職人の集会(ゲゼレ)の開催は一か月に一回が標準で、三か月に一回というのも見られる。職人集会は職人蜂起以来、市当局や参事会から厳しく監視されており、一―二名の親方(マイスター)が参加することが通例であった。ギルド館では、集会の他にもいくつかの行事が予定されると同時に、遍歴

グラン・プラスのギルド館
広場を囲み一四のギルド館が林立する（二〇一七年筆者撮影）。

「ギルド館」（二〇一八年筆者制作）

修業中の職人の受け入れも重要な使命としていた。

ギルド館のほとんどは木造であったので、火災による焼失などにより、建設当時のまま残っているものは少ない。現在の西欧で往時に近い姿を目にすることができるのは、ブリュッセル、ヘント、ブルージュ、アントワープなどのベルギーの諸都市の広場とスイス・チューリヒのリマト川沿いである。いずれも維持管理が行き届き、建物そのものが観光資源としての価値を十分に備えている。ギルド館の階数は地域によってまちまちであるが、現状では、地下と一、二階の観光客のためのレストランか店舗で収益を上げ、上階は今でも職人組合の親方と職人の集会機能を保っている。

ベルギーの首都ブリュッセルの中心にあるグラン・プラスはもともと湿地であったが、一一世紀から一二世紀にかけて一・二メートル程度の嵩上げがあり、現在の地盤が築かれた。広場の近くにあるニコライ教会を取り巻く地域には多くの商人や手工業者が集結した。一二世紀には初めて都市の中心地が形成され、経済繁栄を背景に、同業組合や学生組合が領邦君主から自由を獲得し、都市自らの独立性を高めていった。一四世紀になると、都市はその経済力の証しとして、多くの公的な建造物を生んでいった。このグラン・プラスに立つ市庁舎もその一つであった。

一六世紀にはグラン・プラスでは二つの反対勢力、北には領邦君主勢力として「王の家」が、南には民衆の象徴としての「市庁舎」が座を占めた。グラン・プラスは政治的集合の場で、あるときは文化的、宗教的な祭りの、またあるときは処刑の場となった。一五二三年には二人のプロテスタント教徒の火刑が執行された。一五六八年、フィリップ二世によるスペイン支配に対する蜂起において、指導者エドモンド伯とホールン伯が斬首と

ギルド館の紋章
職種ごとに紋章が誇らしげに語りかける（二〇一七年筆者撮影）。

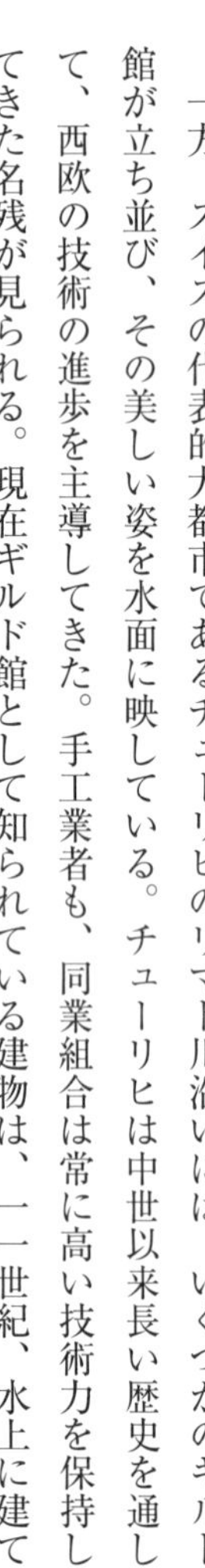

秤の紋章
目方で売買する高価なものを扱う職種を示すことが多い（二〇一七年筆者撮影）。

なったのもグラン・プラスの場であった。一六九五年八月、フランスの軍隊の砲撃により、市庁舎と王の家以外のグラン・プラスを囲むすべての建物は瓦礫の山と化した。建物のほとんどが木造であったためである。

一六九五年の焼失までのグラン・プラスを取り巻く建物は、一五世紀から一七世紀にかけて建てられ、爛熟したバロック様式などのさまざまな様式が入り混じっていた。以後の建物の再建に際して、市の参事会の指導により、グラン・プラスの景観統一が図られた。グラン・プラスは一一〇×六八メートルの方形で、七本の道路が古い街並みに通じている。市庁舎と王の家の他三七の建物で囲まれている。このうち一四がギルド館である。職種別に見ると、パン職人、生活用品取り扱い業者、家具職人、桶職人、射手、川舟職人、食料加工職人、肉加工職人、ビール醸造職人、皮鞣職人、製粉職人、大工・農業用車両製造職人、石工、壁職人、彫刻家、屋根職人、仕立て職人、塗装職人などがギルド館の主である。同業組合のいくつかは協力して一つのギルド館を保有することもあり、また同じ職種が分かれて他の職種と同居することもあった。これらのギルド館は基本的にはバロック様式が採用されているが、ゴシック様式で建てられ、美しく維持保全されている市庁舎の影響が大きい。夏の夜広場で催される民族の祭りでは、踊りと民族音楽とプロジェクション・マッピングが別世界に誘ってくれる。

一方、スイスの代表的大都市であるチューリヒのリマト川沿いには、いくつかのギルド館が立ち並び、その美しい姿を水面に映している。チューリヒは中世以来長い歴史を通して、西欧の技術の進歩を主導してきた。手工業者も、同業組合は常に高い技術力を保持してきた名残が見られる。現在ギルド館として知られている建物は、一一世紀、水上に建て

チューリヒのリマト川沿いのギルド館

ギルド館内の手工業職人の会議室　市長の席も用意されている（いずれも2017年筆者撮影）。

られた木造のものを含め、古いものが大切に保存されており、どの建物も窓枠一つでさえ、時代考証が積み重ねられ、人々に詳しく情報公開されている。ギルド館が建てられた年代がまちまちであるため、さまざまな建築様式が見られるが、後期ゴシック、ロココの様式が細部に至るまで忠実に保存されている。建物の歴史とともに、その所有者もまた度々移り変わっている。数世紀にわたる活発な所有権移転があったものの、現在はギルド館として使用されているものが多い。ほとんどのギルド館は市庁舎に近接しており、中心市街地を構成し、観光客を楽しませている。ギルド館の所有は大工、陶磁職人など特定の職種に属しているものも見受けられるが、職種に限定せず、いくつかの職種の職人組合の共同使用になっている。現存するギルド館はKämel（ラクダ）、Rüden（若き狼）、Safran（サフラン）、Waage（秤）などの名称で訪れる人々に親しまれている。

【参照・引用文献】
L. Chiarenza & V. Paelinck, *the grand place of brussels illuminated*. visual guide, 2013

8　バウ・ヒュッテの職人たち

中世ゴシックの大聖堂の献堂は一一世紀半ばから一四世紀半ばまでの三〇〇年間が最盛期であった。この間、多くの大聖堂は北西欧州で建てられたものである。この大聖堂建設の様子を正確に詳細に記した優れた著書がある。ジャン・ジャンペル著『カテドラルを建てた人々』である。著者のジャン・ジャンペル（一九一八－一九九六）は有名な美術商の三男に生まれ、裕福な環境の中で、第二次世界大戦の活躍で各種の勲章の授与という栄誉に与る一方、ダイヤモンドのブローカーとして生計を立てながら、中世技術史学者として、中世の無名の職人や建築家に重要な価値を置いた人である。本書はフランスだけで一〇万部以上を売り上げ、大聖堂が神の栄光のためだけでなく、中世において最高の建築家や職人によって建てられた技術結晶体であったことを世に知らしめた。ジャンペルの知見を中心に、中世大聖堂建設の場であったバウ・ヒュッテを覗いてみよう。

西欧中世の大聖堂の規模の設定は、中世都市全市民と都市を支える農民をすべて包含できる大きさであったとの記録も残されている。中世の大聖堂ではあらゆる階層の人々が行き交った。教会堂の中は極めて活気に溢れ、ときとして家畜までも持ち込まれ、市場となり、市民の集会所ともなり、場合によっては自治権を持つ都市が市庁舎の代替えとした例も散見される。

建築家
中世の大聖堂建設の経緯の中から誕生。

バウ・ヒュッテとは「建築小屋」といった趣(おもむき)の言葉である。二〇世紀初頭、ワイマール共和国に創立された造形教育機関バウハウスも、命名にあたってこのバウ・ヒュッテが強く意識されている。発祥は修道士の建築仲間の組織であるといわれている。ロマネスクの教会建築を通して発展し、ゴシックの大聖堂建設において組織化された建設推進共同体である。ゴシック芸術の象徴ともいわれる大聖堂の建設にあたっては、聖俗双方から優れた技術者、職人が集められた。この伝統は現在も守られており、大聖堂の維持改修工事にあたってもバウ・ヒュッテが設けられる。修道士、助修士などの修道院から派遣される技術者と、世俗から、建築家*、石工の職人など同業組合の人々が結集して、屋台骨を支えた。中世大聖堂建設のために必要な一連の機能を一つ屋根の下に集めたのがバウ・ヒュッテである。

ゴシック時代のバウ・ヒュッテに用いられる建物は木造で、大聖堂建築の中心となる石工の作業は冬の初めに中断され、春に再開されるのが原則であった。一三八六年のスイス・ジュネーヴのバウ・ヒュッテの例をとると、その大きさは、長さ三〇メートル、幅八メートル、高さ一〇メートルほどの大きさで、細長い二階建ての木造小屋である。屋根は柿葺(こけらぶき)、暖房設備が設けられ、製図版は上階に置かれ、下階でも採光のために多くの窓が設けられた。

【参照・引用文献】
ジャン・ジャンベル『カテドラルを建てた人々』飯田喜四郎訳、鹿島出版会、一九六九年

(1) バウ・ヒュッテの主役たち

通常の教会関連施設を建設するにあたり、計画案の作成や資金調達を行ったのは司教であるとされている。しかし、数十年、数百年にわたる大聖堂の建設工事にあたり設置されるバウ・ヒュッテの運営の頂点に立ったのは参事会（市の参事官とは異なる）である。中世前期の司教は一群の聖職者を抱えていた。この聖職者たちを管理するために参事会が創設された。参事会は聖職者の共同体で、司教の私設顧問団の性格を強く持っていた。参事会は会長を設けることにより、司教に対する独立性を高めた。どの大聖堂でも教会財産を管理したのは参事会である。中世における教会財産の管理とは工事の実施、材料の購入、工事予算の執行など教会堂建設と維持に関するすべての業務を掌握することであった。バウ・ヒュッテに集った主な人々の姿を描いてみよう。

石材関係の人々

石材関係の職業として採石工、石切工、石工、モルタル工、漆喰工が記録されている。採石工は構造用石材を採石場で切り出す重要な役割を担っていた。石切工は石切場に派遣され、指定の寸法に採石工の切り出した石を加工した。石の加工寸法は地域ごとに規格化が進み、合理化が意識されていた。大聖堂の建設の石材には、大聖堂全体の強度上の配慮から、石の同質性が問われ、石切場を特定するため採石工の請印が刻まれた。請印とは別に、石工の組積（そせき）が正しく行われるように、石切工は仕切り役の指示に従って石材に番号を刻んでいる。バウ・ヒュッテにおいては石工や石切工を中心に、これら石材関連の職人たちは同業組合の枠を超えて一つの共同体を形成していた。

自由石工と彫刻家

中世の教会堂建築では彫刻家と石切工とは区別されていなかった。中世も時代が下ると、石切工は使用する石の材質やその仕事の精緻さにより区分されるようになった。石切工の中でも高度な技術を持つ職人は、質の高い石を要求し、彫刻に専念するようになった。教会堂における装飾は、一〇－一一世紀においては、壁画、金彫作品、細密画が中心を占めていたが、教会堂の壁面が解放され、窓が大きくなるにつれ、石の彫刻が壁画などにとって代わり、またのちにはステンド・グラスに移行していった。建築と一体になった彫刻は急速に広まり、一二世紀以後の中心的表現技術となった。教会堂装飾の作成理念は芸術家の発想によるものではないことが、七八七年の第二回ニカイア公会議で明らかにされ、その作成は聖職者の意図により進められた。彫刻家となった石切工は修道院にある貴重な写本から学び、聖職者の要望に応えた。一二世紀になると、石切工は彫刻家として、自らの名前を作品に刻むようになった。ゴシック建築の初期においては、彫刻家はすでに積み上げられた石材に彫刻したが、ゴシック後期においては、良質の石材の枯渇もあって、吟味された良質の石材が用いられ、バウ・ヒュッテで彫刻を施された後に、現場に取り付けられるようになった。瞬く間に壁画にとってかわり、パリ・ノートルダム大聖堂（建設期間一二四一－一二四八）は一二〇〇体、ランス大聖堂（一二一一起工）は三〇〇〇体の彫刻で飾られた。この教会堂における彫刻熱も、ペストの大流行と百年戦争によるヨーロッパ全土に及ぶ疲弊により、一七世紀には次第に鎮静化することとなった。

建築家

一〇世紀以前、修道士が建築設計の職能を負っていたが、中世に入りゴシックの大聖堂が実現する時代に入ると、大聖堂の現場で石工を中心に設計の職能を果たす者が要請され、定着していった。すなわち、建築家の誕生である。パリの国立図書館によって、第二次世界大戦後、一三世紀の建築家ヴィラール・ド・オヌクール（生没年不詳）のスケッチブックが公開された。これにより中世の建築家が備えていた素養、技術の幅と深さを知ることができる。建築家オヌクールは、一二世紀の末、現在の北フランス、ベルギーとの国境に近いピカルディの小村オヌクールに生まれ、生地ヴォーセルのシトー会修道院で、建築家としての教育を受けたといわれている。この修道院の平面図にオヌクールの署名がある。このスケッチブックは羊皮紙三三枚の表裏に描かれたものである。詳細な検討によれば、二一枚の欠落が認められ、オリジナルは六〇枚前後のものであったと推察されている。わが国では『ヴィラール・ド・オヌクールの画帖』で、三三枚裏表、すべてのスケッチが紹介されている。

このスケッチブックの語る中世の建築家は、まず木構造、大工技術に造詣が深かったことが認められる。中世以前における建築物はほとんどが木構造である。大工の親方は石工の親方以上に重要な仕事を担うものとして処遇されていた。ゲルマン民族が木の文化を創造し、育ててきた事実を物語るものである。次に、スケッチブックの内容は「機械」「実用的な幾何学と三角法」「木構造」「建築製図」「装飾作図」「人物・動物作図」「家具・調度」などの八つの広い領域を網羅している点に驚かされる。この中に、中世以前の欧州では見られなかった、ゴシック大聖堂の建築にあたって欠かすことのできない重要な知見が見られる。その最大のものは幾何学に関わるさまざまな技術である。古代人の発明による幾何学は、中世の欧州ではほとんど失われていたにもかかわらず、地中海イスラム文化から移入されたものが、オヌクールのスケッチブックにおいて重要な知見となっている。この頃になると建築家はバウ・ヒュッテの一室の製図室を専用室とし、助手とともに図面を描き、見積もりを作成した。建築家の中には、時代とともに技術者の立場から離れ、かつての高位聖職者のような立場でバウ・ヒュッテの頂点に君臨する者も現れた。同時に、バウ・ヒュッテで育った建築家ではありながら、都市計画、城郭建築、架橋の設計へ転身した者も見受けられた。

【参照・引用文献】
藤木康雄『ヴィラール・ド・オヌクールの画帖』鹿島出版会、一九七二年

⑵ バウ・ヒュッテの運営

バウ・ヒュッテは当時の教会制度と深く結びついていた。三世紀以来、教会は莫大な資産を保有し、しかもその資産を幾何級数的に増大させた。教会の大きな資産と使用権は中世都市においても有効に活用された。教会の支出は新築だけでなく、大聖堂の保守と運用にも向けられた。大聖堂の建物の新設と維持には技術的、組織的、財政的、制度的、行政

的な課題解決を必要とした。キリスト教の大聖堂の管理は現場の管理者や執事によって行われた。建築の契約と資金調達は多面的であり、建設の影響はさまざまである。教会建設現場の管理者の選定は、司教、教区も関わりを持つが、聖堂参事会、修道院、教会管区などによって決められる。建築管理者の任期は短く一年程度である。建築管理者は教会財産の管理が主たる目的であったが、金品の受け取りや教会の設備の設置や清掃なども行った。建築管理者は建築作業員の採用契約、物品の調達や運送、さらに税の減免交渉など、大聖堂建築に必要なことを取り仕切った。建築管理者のもとには見積もりの査定や調整のため建築助手が置かれ、大きな事業の場合には支配人を置いた。

一五世紀も後半になると、大聖堂建築への憧れと熱気は失せ、優れた技術者が姿を消し、資金調達の術も失った。多くの教会は未完成に終わり、その石材は城郭や市壁にまわされた。一七三一年には、神聖ローマ帝国皇帝カール六世によって、バウ・ヒュッテそのものが禁止された。

現存するゴシックの主要なバウ・ヒュッテはベルン（後にチューリヒ）、ウィーン、ケルン、そして中心的存在であるシュトラスブルクに置かれている。これら四大バウ・ヒュッテは、単独のバウ・ヒュッテでは解決できない事柄やバウ・ヒュッテ制度全体に関わる問題について最高レベルの裁定を下してきた。現在も西欧ドイツ語圏にはところどころでバウ・ヒュッテが見られるが、それは維持保全のためである。

第五章　技術の貢献

中世で技術の発展に寄与した人々は、その時代に生きる人々の中でもとりわけ進取の精神に富んでいた。木造を基本技術としていたゲルマン人が組積造(そせきぞう)に変換していった経緯を振り返ってみると、良質の木材の枯渇などの周辺環境の変化や幾何学の習得など新しい技術の進展の機会に恵まれた点なども見逃せないが、それ以上に重要なのは社会全体に進取の精神が横溢していた点である。

中世の人々は、規制や権威に囚われることことなく課題を正確かつ合理的に把握した。とフランスの哲学者エミール・プレイエ（一八七六―一九五二）はその著書『中世の哲学』で語っている。特に教会堂を建てた人々は進歩を受け入れる社会で働いていたので、絶えず改革と改良を目指した。中世の経済と文化の著しい進展は、自由で前向きな合理性の追求の果実であり、これが西欧キリスト教文化の基礎となったのである。

1　エネルギーと基本的発明

発展期の中世においては、水力、風力、馬力が三大エネルギーとされた。その中でも、河川を交通・流通路としていた西欧においては水力利用技術が発達し、水車が幅広く利用された。一二世紀初頭に建設されたシトー会クレルヴォー修道院の水利施設は、水力を徹底して効率的に利用した例として高い評価が与えられている。同じシトー会で開発された水車の回転運動を往復運動に変換する技術により、その活用範囲は大きく広がり、鉄の鍛造、ビールの製造、製紙などにも応用できるようになった。一二世紀になると多数の水車が建設され、潮力水車も見られるようになっている。

ここに紹介するのは、クレルヴォー第二修道院水利施設について一三世紀の初頭に記された記述の抜粋である。手記はまず修道院の立地から始まる。

下方にちょうど適当な平地があり、河の流れも具合がよく、修道院に必要な草原や耕地や果樹園や葡萄山をつくるだけの十分な広さがあり……もしこの豊富な水が正規の水路から溢れ出ると、堰壁によって押しもどされ、その下部を流れ、河下でまたもとの河波に合流する。しかしながらこの門番というべき堰壁が一度水を導入すると、それは激しく流れ入って挽臼を動かし、小麦を砕き、細かな篩（ふるい）を動かして小麦粉と麩をふるいわけるなど、いろいろ忙しく働くのである。この水はまた、隣の場所で、鍋や釜に汲み取られる。……しかしこの水はけっしてとどまることがない。これは、粉挽所において修道士の糧を用意したのと同様に、漂布所に流れ入って、彼らの衣服の世話をする。水は抗うことがない。……水は重い大杵を、いやむしろ鍛造機ともいうべき木の足を上下に動かして……過酷な仕事をはたしてくれるのである。……そしてこの水は速い渦巻きとなって多数の水車を激しく廻し、泡をたててそこを離れ、ひとりでに穏かに静かになるのである。ついで水は製革所に流れ入り、修道士の靴の材料を用意する。この水はさらに小さく別れて、それらを必要とするすべての場所で各種の仕事に従事し、炊事、篩わけ、轆轤細工、砕粉、給水、洗濯、粉挽きと、かいがいしく働く。水はけっして骨惜しみをしない。最後に……水は塵芥を片付け、すべてをきれいにして去っていく。このように水は、与えられた仕事を立派にはたして、ふたたび速い流れとなって河に注ぐ。……いまここでもう一度、この河から分れて草原を蛇行する流れをみてみよう。……この流れは水路に導かれて仕事をした後に、ふたたびもとの河に合流する。いまやアルバ河は、すべての水を併せ、速い流れとなって斜面を下るのである。

（『西ヨーロッパの修道院建築』「XIII　クレルヴォーの記述」）

風力はオランダの風車がよく知られている。一〇世紀イスラム圏で利用が進んだといわれ、これが伝搬し、欧州では一二世紀頃からの活用であるが、あまり記録は残されていない。馬も中世の重要なエネルギーで、建設工事に盛んに使われた。馬と騾馬の繋駕(けいが)法や蹄鉄の改良は、以前に比べ一〇倍も重い荷物の運搬を可能とした。

排水量
船の重量表示。水上に浮かぶ船体が排除した水の総重量、すなわち船体自身の重量。船に働く浮力に等しい。

水利と関連する航海術の革命は近代的な舵の発明により加速した。同時に大型船の建造が盛んとなり、一四、一五世紀にはマストは二本から三、四本に増え、排水量*は倍増した。帆の使用が定常化し、向風航海可能な索具が発明された。一二〇〇年頃には羅針儀、天体観測儀が発明され、遠洋航海に乗り出す準備が整った。運河建設、港湾整備も盛んで、ときとして、市民の力によって事業が進められ、大航海時代の準備も整いつつあった。

【参照・引用文献】

ジャン・ジャンペル『カテドラルを建てた人びと』飯田喜四郎訳、鹿島出版会、一九六九年
ジュヌヴィエーブ・ドークール『中世ヨーロッパの生活』大島誠訳、白水社、一九七五年

2　木から石へ

石材加工の技術と異なり木造技術は中世初期でも十分に充実していた。初期の修道院は概ね木造であった。その主な理由は、石を採掘加工する技術が未発達であったこともあるが、そもそもゲルマン民族は森に住み、木の文化を作り上げ、木に対する親しみと憧憬を生活環境の中に取り込んでいたのである。中世ゴシックの代表作といわれるケルンの大聖堂は石造ではあるけれども、ゲルマン民族の森への憧れを追い求めた結果であるとされている。耕地確保のための開墾伐採や燃料としての乱用などにより枯渇してきた木に代わり、石の活用が求められるようになった。

木の文化を築いてきたゲルマン民族への石造技術の移転は、ローマ帝国の兵士がゲルマ

ニアに駐屯していたときに行われたといわれている。大規模で精緻な石造建造物を可能とするには、イスラム文化が蓄えてきた数々の技術の移入が必要であった。当時行き詰まりを見せていたキリスト教世界の修道士や神学者が、イスラム勢力の活動の拠点コルドバやトレドやパレルモを訪れ、新しい知見を求めてイスラム文化との接触を図った。このイスラムの学問体系の中には石造建築の実現に欠かすことのできない幾何学が含まれていた。幾何学の知識を得てベネディクト派の修道士がロマネスク時代の教会建築を大きく発展させた。シトー会の修道院では修道士のみではなく助修士も訓練を受け、バウ・ヒュッテの重要な役割を果たすべく育っていった。

やがて一二世紀になると、修道院や司教区が建設の営みから離れ、世俗の人々がその中心に座ることとなるが、そのとき教会建築を支えたのは、助修士を含む修道院で育てられた技術者の集団であった。ゴシック時代のバウ・ヒュッテには、さまざまな職種の職人が求められた。統括親方をはじめ、石工・大工・左官・鍛冶・ガラスなどの手工業職人を長期にわたって確保する必要があった。修道院からバウ・ヒュッテに移転された一連の技術は着実に世俗の職人集団に広められたのである。ほとんどすべての大聖堂には、バウ・ヒュッテの開始以来の建設行為に関する資料が残されている。これらの数々の資料は、管理と財政に関するものが中心であるが、技術の進展の記録でもある。一四九五年に制定されたシュトラスブルクの石工の条例は、現在も貴重な資料の一つとして扱われている。

石の利用技術とともに中世技術を大きく発展させたのは鉄の製造・利用技術の発展である。例えば鍛冶工が鉄の強度を高めたことにより、鍛冶工自身が高い生産性を達成するのは当然として、石切工は硬質石材の利用が可能となり、新たに利用できる高い強度の石材

Column

⦿ゴシック大聖堂とオルガン

ゴシック建築様式の大聖堂は一九世紀になって木造の尖塔が付け加えられて現在の形になっているものが多い。パリ・ノートルダム寺院は一一六三年から六〇年ほどかけて建造されているが、二〇一九年四月の尖塔の火災で尖塔と屋根の大半が焼失し、尖塔が木造で一九世紀に増築されたものであることが報道された。

多くのゴシックの大聖堂は中世に造られ、一九世紀に手を加えられた姿を見せているが、フランスの北部からドイツ南西部にかけて分布する。この地域はゲルマン文化の花が開いたところである。ゴシックの大聖堂には、ゲルマン民族が原住した深い森への憧憬が込められているると、多くの歴史家が語っている。ケルンの大聖堂で代表されるように、その外観は大小さまざまな尖塔で覆い尽くされている。ゴシック大聖堂建築は石で造られた大聖堂と思われがちだが、実は、屋根や尖塔の多くは木造である。西欧の建造物は優れた木造技術に支えられている。北から伝わってきた木造技術と南からの石造技術がぶつかり合って発展したのがゴシック大聖堂である。

ケルン大聖堂（13世紀）の裏側
（2017年筆者撮影）

大聖堂の内部もまた森への憧憬に満ち溢れている。フライング・バットレス（飛梁）を支えている長大な柱の数々はわれわれが巨大な森に立つ小人であるかのような錯覚を抱かせる。柱だけでなく、大聖堂には欠かすことのできないパイプオルガンの姿も森の木立を想起させる。

一般に、大聖堂ではいろいろなことが行われた。神を賛美することはもちろん、ときによっては市場となり、鳥や兎が目方で測られ取引された。市役所として使われた記録もある。

ケルン大聖堂のパイプオルガン
(2017年筆者撮影)

ケルン大聖堂内陣
(2017年筆者撮影)

「サン・ユルバン聖堂」(2011年筆者制作)

「ケルン大聖堂」(2021年筆者制作)

Column

◉森の中の木造教会

北欧ノルウェーの要衝ベルゲンから首都オスロに向けての街道沿いにスターブ教会といわれる木造教会が点在し、二〇前後の教会が丁寧に保存されつつ現存する。これらは一二世紀に創建されたものが多く、石造のゴシック大聖堂の最盛期の時期と重なる。直線的で素朴なものから、アジアの造形を想起させる装飾性豊かな造形まで、個性に満ちた姿を見せてくれる。ゴシックの教会はすべて石造と思っていた私たちは、珍しいものを目にした興奮を覚えつつ、次から次へと、夢中になって探し求めたのを思い出す。一九六七年の八月であった。当時の北欧では八月はすでに観光のオフシーズンで、テントの中で寒さに震えて眠れぬ夜を過ごしたこととともに、この木造教会は鮮烈な残像を残し続けている。

森の中に佇むスターブ教会は、実によくノルウェーの自然環境に馴染んでいる。多くは山を背景に林の中に佇んでいる。カウバンゲルの木造教会、ウエルネスの木造教会、ボルグンの木造教会、ゴールの木造教会、ヘッダールの木造教会など、現在も目にすることのできる諸

ロムの木造教会（ノルウェー、12世紀）（1967年筆者撮影）

木造教会の形態と細部の装飾は、決して一定の様式によるものではなく、地域の環境によって多様な形態を示している。創建された時代はほぼ同じであるにもかかわらず、多様性を備えているノルウェーの木造教会群は、ゲルマン民族独特の独立心の強さを示すものとしても、尽きぬ興味を唆るものである。

ロムの木造教会の内部（絵葉書より）

ロムの木造教会の尖塔部
（1967年筆者撮影）

「木の中の木の教会」（2012年筆者制作）

ヘッダールの木造教会（ノルウェー、13世紀）
（1967年筆者撮影）

により、柱を細く、壁を薄く、開口部を大きくとることができるようになった。さらに彫刻家もより精緻な表現が可能となった。また大工も、強化された鉄製工具のおかげで小屋組、仮設の支持材、足場などの改善を進めることが可能となった。こうした技術開発の連鎖は文化文明を幾何級数的に進展させた。

西欧ゴシック大聖堂の分布

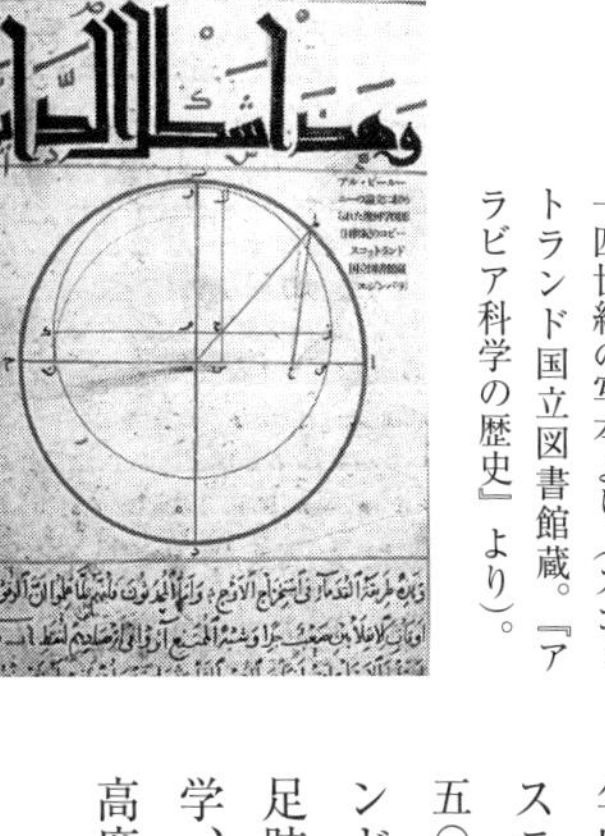

アル・ビールーニー（九七三—一〇四八）の論文に収められた幾何学図形
一四世紀の写本より（スコットランド国立図書館蔵。『アラビア科学の歴史』より）。

3　イスラム文化の移入

キリスト教ゲルマン文化が成立し、中世都市が発展するのに欠かせないのがイスラム文化の導入である。預言者ムハンマド（五七一—六三二）によるイスラム教の成立は六一〇年頃とされ、七世紀の半ばには早くも地中海沿岸地域の大半を勢力範囲に収め、最初のイスラム（サラセン）王朝が成立する。イスラム文化の形成は第二の王朝アッバース朝（七五〇—一二五八）の翻訳事業から始まる。ギリシャ語からアラビア語への翻訳を通し、インドからの知見も取り込みながら、算術と代数、三角法、光学、計算と計測分野に独自の足跡を残した。さらに、生命と物質をめぐる科学分野では、天秤と機械装置、錬金術と化学、人体と病気、薬と食事法、天体の影響といった広範な領域を統合して、極めて特異で高度な文化を形成していた。

一方、木材の枯渇により木から石への転換を迫られていた中世の西欧には、石造建造物の建設に不可欠とされる高度な幾何学の知見が欠如していた。九—一〇世紀、イスラムの学者はギリシャ時代の科学書の主要な部分をアラビア語に翻訳し、アリストテレス（前三八四—前三二二）、プラトン（前四二七—前三四七）、ユークリッド（前三三〇—前二七五）、そしてプトレマイオス（八三—一六八）の学問を熟知していた。ギリシャ・ローマの科学とインドの知見を整理して、その中で科学技術の中心部分の実用化を果たし、幾何学と密接に関わっている三角法を確立した。

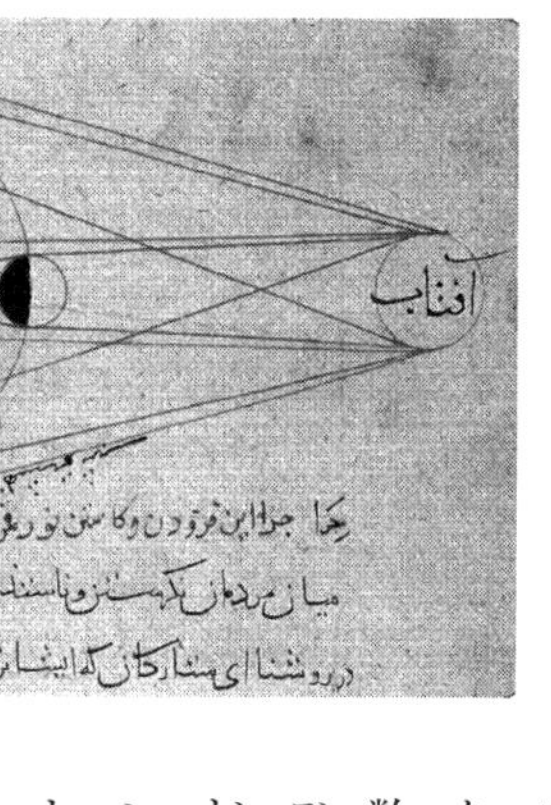

アル・ビールーニーによる「月食図」
月食を測地学に応用しようとしている（『アラビア科学の歴史』より）。

この奥深く秩序ある文化は、十字軍による東方、シチリア、スペインという三つの経路で欧州に伝わった。イスラムの科学を取り入れるためにはまずラテン語を通して知ることが求められた。スペインは八世紀から一五世紀にかけてイスラム勢力の支配を受けていた。スペインでイスラム科学の翻訳を行ったのはカスティーリャ人やカタロニア人ばかりでなく、イタリア人やイングランド人もその中心にあった。各分野で翻訳は盛んであったが、数学と天文学の分野ではアラビア語訳からの翻訳でユークリッドの幾何学要論、アルキメデス（前二八九–前二一二）の円の測定、アポロニウス（前二六二–前一九〇）の円錐論などを手にすることができるようになっていた。またアラビア数学や天文学の書も多くラテン語に訳された。一一–一二世紀には、スペインのイスラムの大学は、差別なく、キリスト教徒やユダヤ人の学生にも開放されていた。一二世紀には、トレドにギリシャとイスラムの書籍をラテン語へ翻訳するための養成学校が存在したとの記録も見られる。

このように、一二世紀中期には、イスラムのおかげで西洋の知識人はギリシャの科学文化にも接する機会を得た。加えて、西欧各地ではラテン語の科学書のうちいくつかのものは現地語に翻訳されるようになり、教会堂の建築工事に携わる技術者の目に触れるようになった。

【参照・引用文献】
矢島祐利『アラビア科学の話』岩波書店、一九六五年
ダニエル・ジャカール『アラビア科学の歴史』吉村作治監修、遠藤ゆかり訳、創元社、二〇〇六年

4　生活環境の改善

ゲルマン民族の生活環境の背景には、強い家族の絆がある。先にも述べたように、古代ゲルマン人は狩猟と戦闘に備え、童貞の期間の長さを尊んだ。夫は妻を大切にし、少ない子供を自ら大切に育てた。彼らは家族間の格差を排除し、平等と自立性を重んじた。彼らは生活環境の改善を着実に進めた。生活環境は職住の形態によって大きく異なった。長い間、多くの職場と住居は、場所も時間も、一体であった。一七世紀以降に職住の分離が明らかに見え始めるまで、中世の生活改善の足取りは着実ではあったが、緩やかであった。

大きな変化が見られるようになるのは中世盛期の一二世紀頃からで、衛生設備と暖房設備が改善され、木造家屋の不燃化が普及した。特に、浴室の整備が各所で見られるようになり、一三世紀から家庭での実用が報告されており、一五世紀にはロンドンで個人用浴室が公認され、一六世紀にはニュルンベルクで更衣室付き浴室の記録を見出すことができる。一四－一五世紀には水道の普及が見られ、西欧各地で水道管敷設の記録が散見される。

一七世紀、プロイセン領邦を中心に職業的な分業が進み、問屋制手工業を経て工場制手工業への進展が見られるようになり、ようやく職住の分離が可能となった。職住の分離は人々の居住環境を大きく前進させた。職住分離が達成され始めると、人々に芽生えたのは個の意識であった。廊下が出現し、個室が独立する。水洗便所が考案される。トイレットペーパーの中国からの移入なども後押しする。こうしてプライバシーの確立が進んでゆく。

プライバシーの確立が流行を生み、産業革命の大量生産への準備を整えた。

さらにこの時期の生活環境に影響を与えた主な技術革新について触れておこう。まず、ガラスの製造技術が進歩し光学の科学的知識が増したおかげでメガネが発明され、視力の欠陥、特に高齢者の視力が矯正されるようになった。メガネは一六世紀までに品質、価格両面で改善が進み、普及を見たガラスの製造技術の進展に支えられ、一七世紀の顕微鏡と望遠鏡の発明につながっている。二点目は印刷技術の発展である。この技術は中国と朝鮮に始まり、ペルシャとトルコをめぐって世界を横断していく一連の伝播の結果、マインツでヨハネス・グーテンベルク（一三九一－一四六八）とヨハン・フスト（一四〇〇－一四六六）によって仕上げられた。三点目は時計である。機械時計は一四世紀に始まるが、機構や時間表示の方法は水時計や遊星の動きと季節の変化を追いかける天球儀で用いられていたものである。時計の発明はあらゆる精密機械の原点となった。

【参照・引用文献】
ルイス・マンフォード『都市の文化』生田勉・森田茂介訳、丸善、一九五五年
ルイス・マンフォード『機械の神話――技術と人間の発達』樋口清訳、河出書房新社、一九七一年

第六章　産業革命と手工業職人たち

イタリアとフランス南部にルネサンスをもたらした経済的繁栄は、ドイツ語圏では様相を変えていた。農民戦争（五七頁参照）やハンザ同盟の没落が示す通り、農村は疲弊し、広域商業の衰退は目を覆うばかりであった。一七世紀に入って農村の荒廃と商業の衰微は一層顕著となった。特に、一六一八年から始まった三十年戦争は、元来、カトリックとプロテスタントの宗教戦争であったが、国際社会を巻き込み、フランスのブルボン王朝、ハプスブルク家とネーデルラント連邦の三者による欧州覇権闘争に拡大した。三〇年にわたる戦いは、ヴェストファーレン条約で幕を閉じた。その結果、ドイツ語圏の人口の三分の一が失われ、経済復興に必要な労働力の調達は思うにまかせなかった。領主は農民から厳しく税を取り立てたため農地からの農民の逃亡が続き、これを防止するため農民を再び土地に拘束することとなった。このため都市の手工業は職人、徒弟の人材確保に困難をきたし、生産力は減退した。手工業は都市における存立基盤を弱め、都市の自治権を放棄し、領邦君主に主権を渡すことも多く見られるようになった。こうして都市の政治や行政は少数の特権階級に託されることとなった。都市の議会を支配する領邦貴族とともに、問屋制企業家、商人、富裕な親方などが都市政治を牛耳った。ドイツの経済は一八世紀まで下降線を辿るが、親方の多くは誇りを捨て商業資本の支配に屈する親方も多くなった。こうして手工業同業組合は存立基盤を弱めた。

1　「営業自由」と手工業

一六世紀の初めには、手工業同業組合の権利濫用が目立ち始め、神聖ローマ帝国や領邦からの手工業同業組合に対する制約が課せられることが多くなった。一八世紀末までには、しばしば立法や布告により手工業同業組合に対する牽制が繰り返された。この頃に登場したのは絶対主義国家である。プロイセン*の主導のもと、三十年戦争後に帝国議会から独自の産業構造構築の権限を与えられた領邦君主は、従来の手工業同業組合の動きを牽制しながら、工場制手工業の育成に力を入れ始めた。三十年戦争で働き手を失った手工業の隙間を縫うようにして、問屋制家内工業*や工場制手工業*の企業家が根を下ろし始めた。これまでの手工業同業組合に制約を加えると同時に税制改革などの関連立法を成立させ、「営業自由」を中心に営業政策を組み立てたのである。

「営業自由」導入の長い歴史は、フランスにおける一六八五年のナントの勅令*の廃止に始まる。これによりフランスでの居場所を失ったカルヴァン派信徒（ユグノー）が神聖ローマ帝国に流入した。このときの流入者は約二万人、このうち六〇〇〇人がベルリンに集中した。神聖ローマ帝国大選帝侯*フリードリヒ・ヴィルヘルム（一六二〇—一六八

プロイセン
現ドイツ連邦北部からポーランド西部を領土とする領邦国家。ドイツ統一の中核となった。

問屋制家内工業
商人から原材料の前貸しを受けた小生産者が自宅で加工を行う工業形態のこと。それ以前の手工業家内工業と技術的な差はないものの、工程ごとの分業が可能になったことで生産性が向上した。

郵便はがき

料金受取人払郵便

銀座局
承認

4307

差出有効期間
2024年2月
29日まで

104-8790

628

東京都中央区銀座４－５－１

教文館出版部 行

◉裏面にご住所・ご氏名等ご記入の上ご投函いただければ、キリスト教書関連書籍等のご案内をさしあげます。なお、お預かりした個人情報は共同事業者である「(財)キリスト教文書センター」と共同で管理いたします。

●今回お買い上げいただいた本の書名をご記入下さい。

書名

●この本を何でお知りになりましたか

１．新聞広告（　　）　２．雑誌広告（　　）　３．書　評（　　）
４．書店で見て　５．友人にすすめられて　６．その他

●ご購読ありがとうございます。
本書についてのご意見、ご感想、その他をお聞かせ下さい。
図書目録ご入用の場合はご請求下さい（要　不要）

教文館発行図書 購読申込書

下記の図書の購入を申し込みます

書　名	定価(税込)	申込部数
		部
		部
		部
		部
		部

ご注文はなるべく書店をご指定下さい。必要事項をご記入のうえ、ご投函下さい。

お近くに書店のない場合は小社指定の書店へお客様を紹介するか、小社から直送いたします。

ハガキのこの面はそのまま取次・書店様への注文書として使用させていただきます。

DM、Eメール等でのご案内を望まれない方は、右の四角にチェックを入れて下さい。□

ご氏名　　歳	ご職業

〒　　　　　　　)
ご住所

電話
書店よりの連絡のため忘れず記載して下さい。

メールアドレス
(新刊のご案内をさしあげます)

書店様へお願い　上記のお客様のご注文によるものです。
着荷次第お客様宛にご連絡下さいますようお願いします。

ご指定書店名	取次・番線
住　所	

(ここは小社で記入します)

工場制手工業
独立した多数の手工業者を一つの仕事場に集め、同一資本の管理下で賃金を支払って生産に従事させること。マニュファクチャーともいう。

ナントの勅令
一五九八年、フランスでのカルヴァン派信徒（ユグノー）にカトリック信徒と同じ権利を与えるという勅令。

大選帝侯
ブランデンブルク選帝侯フリードリヒ・ヴィルヘルムの異名。軍事・官僚国家としてのプロイセンの絶対王政への道を開いた。

八）は、ユグノーの中の手工業者を既存の手工業同業組合（ツンフト）に束縛されない自由親方として積極的に受け入れた。既存の手工業同業組合（ツンフト）の親方（マイスター）は激しく抵抗したものの、大選帝侯は一六八八年、領邦に初めての手工業法令を定め、ユグノー出身の自由親方に既存の手工業同業組合（ツンフト）の親方（マイスター）と同等の権利を与えることを定めた。この一連の動きが、営業自由を神聖ローマ帝国・プロイセン領邦での政策課題として取り上げるきっかけとなった。

プロイセン領邦の動きに対して、手工業同業組合（ツンフト）は親方（マイスター）資格の制限強化をもって対抗したため、一六九九年にはプロイセンの新領土において、手工業勅令を発し、外国人手工業者に対する差別の禁止、親方資格取得費用の軽減、農村手工業親方の手工業同業組合（ツンフト）への加入などを定めた。プロイセン領邦は自ら工場制手工業の経営に乗り出したり、民間の工場制手工業の助成を試みた結果、都市では問屋制家内工業や工場制手工業の企業家が定着し、農村では低賃金、内職、幼少年労働と悪条件の重なる家内工業が広まった。一七世紀後半から一八世紀の間の生産力の向上は、手工業同業組合（ツンフト）には期待できず、半封建的問屋制家内工業と分散マニュファクチャー（工場制手工業）の形態をとっていた農家の労働力に頼る傾向が強く見られるようになった。

この状況の中、一七三一年の神聖ローマ帝国議会における「帝国手工業法令」の議決は、手工業政策の大きな転換点となった。これまで中世都市の中で営々として築いてきた手工業者たちの牙城が揺らぎ始めたのである。これらの議決に加わったのは諸領邦や帝国諸都市の支配層であった。その序文において「手工業者一般、特に手工業職人および徒弟などに蔓延（はびこ）る悪弊の除去」を目的とすることが明記され、すべての手工業者たちを規制の対象とした。以後、この法令は神聖ローマ帝国で働く人々を組織的に抑圧するための手立てとなった。まず、手工業者がもっとも誇りにしていた「栄誉」を悪弊として捨て去るように強制した。次いで、手工業職人の共同体が重要視してきた親方資格の取得に対する制限を緩和した。手工業同業組合に対しては、価格協定の禁止、身分証明制度の実施など官憲の監督権を強化した。職人に対しては、一七二〇年代に頻発した職人蜂起を厳禁すると同時に、職人集会を許可制とした。親方への対抗行為やストライキ、一揆を禁じ、これを犯した職人は死刑を含む厳罰に処すことにした。これまで職人組合の権利として認められていた裁判権は最終的に完全に廃止した。

しかし、この法令の目的は職人運動の抑圧であって、手工業同業組合制度を改変する効果は果たしたものの、手工業同業組合制度そのものの廃止を企図したものではなかった。この法令を成立させた神聖ローマ帝国皇帝と領邦君主にとって、手工業同業組合制度は当時の社会基盤である封建制の一部を支えており、全面的禁止は封建制そのものの危機となることを恐れたのである。

一七三一年以後、帝国手工業法令をはじめ帝国と領邦の産業立法が相次ぎ、プロイセンでは一七三二年から一七三五年にかけて大担な産業立法が行われた。これにより手工業同業組合に関わる親方と職人の制度を改革し、手工業同業組合の持つ諸権限を国家に移すことに成功した。一八世紀の前半から増加を見せた手工業同業組合に属さない親方への独立営業の許可や新しい機械と動力を備えた工場の出現は、手工業同業組合の専横の時代の終焉を告げ、衰退する手工業同業組合体制と問屋制家内工業・マニュファクチャー（工場制手工業）との並走の時代となった。

【参照・引用文献】

高木健次郎『ドイツの職人』中央公論社、一九七七年
藤田幸一郎『手工業の名誉と遍歴職人――近代ドイツの職人世界』未来社、一九九四年

2　帝国における手工業同業組合(ツンフト)

手工業は一九世紀に入ってからも、業種や地域によって異なるものの、基本的には同業組合体制を保っていた。同業組合体制が大きな影響を受けたのは営業条例であった。営業条例は営業自由を基調とし、手工業同業組合(ツンフト)の持っていた営業の独占的な権限を縮小し、中世を通して都市を支配してきた手工業者の牙城を崩すことを目的としたものであった。さまざまな領邦によるさまざまな営業条例が乱立し、営業自由実施の日付もまちまちであった。ナポレオン戦争（一七九九―一八一五）以来、神聖ローマ帝国は有名無実となり、プロイセンの主導のもと国家経済の発展を目指すことになる。営業自由に関する政策もプロイセンの手により進められることとなった。プロイセンはまず農民の解放を目指し農業改革を行った。手工業においては、営業自由の導入により、手工業同業組合(ツンフト)体制によって親方資格の取得を阻まれていた職人を親方(マイスター)に引き上げ、生産品の価格の引き下げを図った。営業自由の政策が法制的措置をほぼ終えたのは一八四五年のことである。押しなべて職人は、これを条件つきながら歓迎したが、手工業同業組合(ツンフト)の親方(マイスター)たちは特権の喪失を眼前にして抵抗した。このときすでにフランスでは、一八世紀の革命以来、営業自由が完

全に定着していた。一八四五年の法改正では、手工業同業組合に代わる同業組織の任意設立を奨励し、特別に指定した四二職種についてだけ営業資格を認めた。加えて重要な点は、徒弟の養成に不可欠な資格証明の権限を手工業同業組合から切り離し、インヌング*の持つ審査機関に委ねたことである。

　一八四八年の三月革命*では、手工業者たちはその中心的役割を果たしたが、営業自由を阻止するという過激な運動に走った。同じ年の七月のフランクフルトで開催された手工業者会議（親方中心の会議）の決議が示すように、親方を中心とする手工業に関わる人々は窮状に立たされていた。プロイセン政府をはじめとする領邦政府は、手工業者の窮状の放置は手工業者をプロレタリア化の道へと追いやるという危惧を抱くに至っていた。手工業者たちの巻き返しの結果、一八四九年に定められた営業条例の修正においては、六〇の最も重要な職種について、業種別手工業同業組合に代わる強制インヌング制と資格証明制が採択された。これにより手工業の独立営業開始にはインヌングに加入するか、インヌングの審査委員会で資格証明を得ることが求められるようになった。同時に、職種の境域・領域の明確化や親方と職人の審査の厳格化が規定された。

　手工業者運動は、産業革命が進展する三月革命後も継続していたが、ドイツ第二帝国成立後二年目の一八七二年、ドレスデンの手工業者全国大会で、営業自由への強硬な抗議と手工業組織の復活が叫ばれた。これ以後、手工業者の運動は活発に行われ、手工業立法が拡充されることになった。その後の三〇年間に、帝国営業条例の修正・補充のための改訂が大小三〇あまりに及んだ。一九〇〇年にはこの営業条例は再編され、一九一一年までにさらに一一の法律で修正と変更が加えられた。この間の成果はインヌング制の確立とイン

インヌング
広域職種別同業組合。中世末から手工業同業組合制度を掌握してきたが、一八世紀後半より統制力を強める。

三月革命
フランスの二月革命の影響下、一八四八年三月、ドイツ各地で起こった市民革命。一八四八年革命とも呼ぶ。ウィーン体制への反発、プロレタリアートの不満などを背景にしたが、フランクフルト国民会議は成立したものの、保守派の台頭を許し、革命は失敗に終わった。

ヌングより広域にわたる手工業会議所の設置である。インヌングは職種ごと、地域ごとに設けられ、独立している手工業者の組織で、加入が義務づけられた。インヌングには徒弟制度委員会、職人委員会、職人制度・宿泊制度委員会、仲裁廷などが設けられた。手工業会議所はインヌングより広い地域にわたり、すべての職種を包含する手工業全体の組織で、政府の立法行為に対して手工業の利害を代表し、手工業者の自治のために働く機関であった。手工業会議所の会員はインヌングなどから選挙で選ばれる仕組みで、手工業会議所の最も大きな仕事は職人と親方の審査の管理であった。インヌングも手工業会議所もともに公益法人で、インヌングは各種の協同組合やインヌング学校の経営にもあたった。これらの手工業者運動により成立した手工業立法により

・親方と職人および徒弟の関係が近代法に基づいて確立されたこと
・親方と徒弟との養成契約における双方の権利、義務が確認されたこと
・徒弟を補習学校（のちの職業学校）へ通わせる親方の義務が確立されたこと
・徒弟を雇用できる親方の資格が設定されたこと

などの成果があがり、その後の手工業の発展に資するものとして注目された。

このように取り巻く環境の激しい変化にもかかわらず、手工業者たちが頑なに、その連携・連帯の保持に執着する根底には、手工業的栄誉が流れている。彼らは、工場制機械工業の増進により機械工業と手工業の区分が不明確になりつつあるのにもかかわらず、自らの職場を手工業のものとして、工場制機械工業とは異なるアイデンティティを主張しようとした。彼らは手工業の存在を規模ではなく、その質によって維持しようとした。手工業者にしてみれば、工場制機械工業では専門的技術訓練は可能であるが、普遍的道徳教育と

人格の形成は不可能で、これこそが手工業企業の特質であると主張し続けた。営業条例の数々の修正は、この彼らの主張を盛り込んだものであった。以後、ドイツ語圏の工場制機械工業でも、働く者の訓練にあたって手工業の教育体制が取り込まれるようになった。

ゲルマン社会においては、長い歴史の中で、手工業の概念規定や定義について繰り返し厳格な議論が積み重ねられてきたが、明確な定義は定められていない。手工業は、どのような時代や場所にあっても、中心的な存在であることを失わない柔軟な存在であることが求められている。手工業をどのように定義するかは、経済や技術の変化に対応する実践的問題であるとともに、人間的本質に関わる文化的、哲学的問題と捉えられている。

【参照・引用文献】
高木健次郎『ドイツの職人』中央公論社、一九七七年
谷口健治「一八四八年革命期の手工業者運動」同志社大学人文科学研究所編『社会科学』三八、一九八七年

3　産業革命到来

一八世紀、欧州における工業化は表現に窮するほど急激に訪れた。特にイギリスの産業の進展は急速であった。そこで「産業革命」という新語がフランスの経済学者ジェローム・アドルフ・ブランキ（一七九八―一八五四）によって生み出され、一八四四年フリードリヒ・エンゲルス（一八二〇―一八九五）によって広められ、歴史学者アーノルド・ト

西欧の人口推移

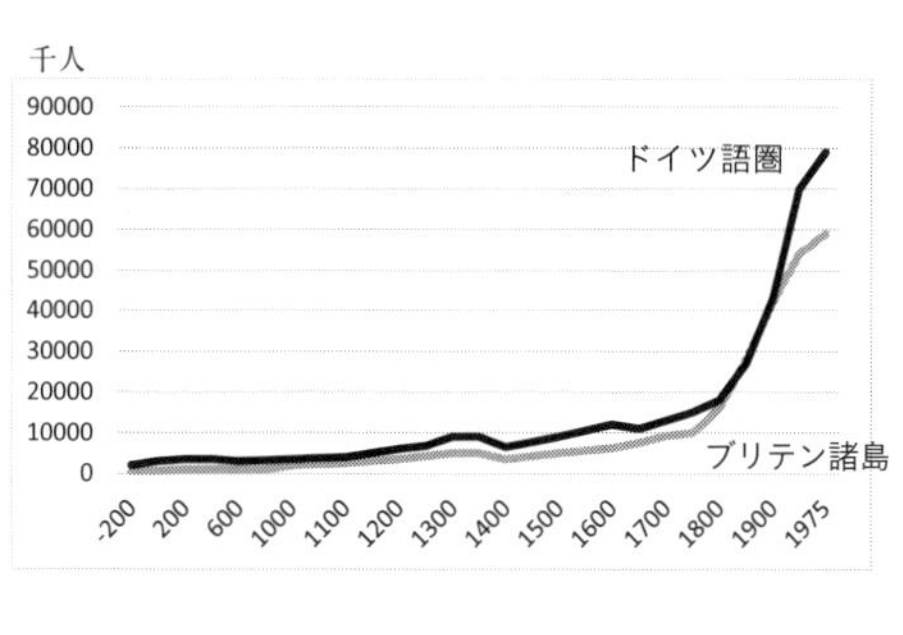

McEvedy&Johnes による推計（一九七八年）より

食料事情の改善　菜類の普及によって家畜の飼育法に改善が見られ、新鮮な肉の供給が可能となったこと、小麦の普及、野菜の消費量の増大など。

インビー（一八八九―一九七五）の使用によって定着した。産業革命はまずイギリスで一七六〇年代から一八三〇年代にかけて進展した。さまざまな制度や技術の革新により、織物工業から始まり、製鉄、燃料、運輸などの分野に至るまで著しい合理化が達成された。こうした産業革命を可能とした背景に、さまざまな社会構造の変化が見られた。

まずは人口の急激な増加である。ドイツ人の経済学者・社会学者であるヴェルナー・ゾンバルト（一八六三―一九四一）によれば、六世紀にヨーロッパの歴史が始まってから一八〇〇年に至るまでの一二世紀間に、ヨーロッパの人口は一億八〇〇〇万人を超えたことは一度もなかったが、一八〇〇年から一九一四年の間に、つまり一世紀あまりの間に、一億八〇〇〇万人から一挙に四億六〇〇〇万人に増大したのである。ウラル山脈以西のヨーロッパでは、一四世紀のペストの大流行による人口減少以後、一四世紀から一八世紀にかけての小氷期を経て、気温の上昇とともに人口増が始まり、一八世紀初頭から産業革命をはさむ二〇〇年間に人口はおよそ三・五倍に達した。産業革命の発祥地イングランドおよびウェールズでは四・五倍、ドイツ語圏では三・三倍と顕著な増加を見せた（西欧の人口推移図参照）。この人口増加の主因は、出生率の増加ではなく、主に死亡率の低下によってもたらされた。死亡率の低下を支えたのは、農業の合理化による各種食料事情の改善*、石鹸の発達や木綿下着の普及、そして住宅用材料（煉瓦、スレート）の開発による衛生環境の改善、職住分離による家庭の快適度の増大、舗装や排水による都市環境の整備、加えて医薬環境の充実などであった。

イギリスではこの人口増加と並行して、耕地面積の拡大が進み、土地の囲い込みによる馬鈴薯*などの新しい作物の栽培、畜産の合理化などが図られ、商品の価値水準の向上が見

馬鈴薯（じゃがいも）
南米アンデス山脈原産とされ、大航海時代に欧州に持ち込まれた。ドイツ語圏では一七世紀の三十年戦争での壊滅的な打撃を機に、プロイセンで普及が図られた。フリードリヒ大王は自ら率先して馬鈴薯を食し、畑を厳重に警備させて高級品に思わせることで、大衆に行き渡らせたという小咄が今でも語られている。

られた。同時に資本の蓄積が進み、土地貴族は耕地の開発に、商人は市場の開拓に、工業生産者は労働の拡充に努めた。寛容というキリスト教的道徳が活かされ、各種の産業規制が緩和され、個々人に至るまで、創意工夫の道は開かれていた。

産業革命の爆発的進展を可能とした今一つの要因は、それぞれの産業の熟度である。分業が進展し、専業化が高度化して、人々が単一の生産物や工程に集中できるようになることが、新しい技術革新の出発点となっていた。この時期、発明家、考案家、工業生産者、企業家などがいろいろな階層から現れた。既存の社会構造による規制の枠から解放され、新しい世界を探求するエネルギーが迸り（ほとばし）始めた。産業革命が、西欧を覆い尽くす大きなうねりとなったのは、土地・労働・資本の供給増加が同時に起こったことに起因している。石炭と蒸気が大規模製造工業の燃料と動力を準備し、低い利子率や物価騰貴や高利潤への期待が活気を与えた。大航海時代に開かれた新しい市場の出現も、大きな力となった。海外地域との貿易の拡大である。産業革命はイギリスに始まったが、約一世紀遅れて、ベルギーやドイツでも大きなうねりとなった。イギリスでは織物工業に端を発したが、ドイツでは鉄道の敷設が産業革命のきっかけとなった。ドイツの産業革命が「第二産業革命」とも呼ばれる所以は、運輸、鉄鋼、燃料などの重工業に始まった点にある。ドイツ語圏の産業革命は、後発の利点を活かし、石炭、製鉄業、自動車工業と重工業を中心に効率的に展開した。技術革新も金融制度の合理化も、瞬く間にイギリスを追い抜き、現在隆盛を極めるティッセンクルップ、ダイムラーなど大企業創業の時となったのである。

産業革命は明暗取り混ぜてさまざまな影響を社会に及ぼした。プロレタリアートの誕生がその一つである。新しく資本家に雇用された労働者の多くは、単なる労働する身体だけの提供者で、技術を身につけていない農村の出身者が多かった。他国や他都市からの流れ者とともに零落した手工業者も工場で働く者となった。こうした人々は従来の知織と技術と栄誉を備えた手工業者の群れとは異なる新しい階層を形成していった。一七世紀末、比較的大きな工場経営が領邦政府によって起業されていったが、ここで雇われた賃金労働者の多くは、資本家（ブルジョアジー）に賃金と引き換えに肉体労働を提供する人々の群れとなり、プロレタリアートを形成した。プロレタリアートは、古代ローマにおける最下層を意味するラテン語プロレタリウスが語源である。

【参照・引用文献】
T・S・アシュトン『産業革命』中川敬一郎訳、岩波書店、一九七三年

4　手工業職人のもう一つの道——職人プロレタリアートとともに

一八四八年の三月革命の勃発前に共産主義や社会主義の洗礼を受けたプロレタリアートとは別に、手工業職人は新しい社会体制を目指して活発な活動を開始していた。彼らは国外から持ち込まれた啓蒙主義や民主主義を受け入れ、教育団体に加入し、教育運動に走った。手工業職人は、三月革命に際して、親方（マイスター）中心の手工業者会議を回避して、独自に職人会議を設けた。この会議に集結した職人の要求は、古い手工業同業組合（ツンフト）の独占体制を破棄して、新しい職業分野をすべて包含し、万人にその能力に応じた営業領域を保証するような新しい同業組合の実現であった。一つの階層として、資本家との対抗を使命として自

第一インターナショナル　国際労働者協会ともいう。ヨーロッパの労働者、社会主義者により一八六四年九月二八日にロンドンで創立された世界最初の労働者の国際組織。マルクスが創立宣言を起草、労働者の団結と解放を目的とした。一八七六年七月に解散。

覚した手工業者の中に、自営の道を頑なに守る者ばかりでなく、技術を手にしながら積極的に資本家のもとで工場労働者の群れの先頭に立つ者もあった。彼らは職人プロレタリアートの中に積極的に入り込み、職人プロレタリアートを統率するリーダーとなり、新しい階層の創出の中心に立った。こうした手工業者の働きが、ドイツの社会主義労働運動に手工業の伝統を送り込む結果を生んだのである。

一八四八年の三月革命で保守勢力に対峙したのは手工業者の急進部分であった。プロイセンを中心とする保守勢力の反動の前に目的の達成は果たせなかったが、反動時代をしばらく潜行して教育活動に努め、一八六〇年代に備えたのは手工業職人たちの思慮深さであった。従来の手工業職人を取り巻く諸制度の再構築に知恵を絞る一方で、手工業職人が工場の中に入り込んで職人プロレタリアートの先頭に立ったのである。一八六四年に創設された国際労働者協会（第一インターナショナル*）の中央委員会のドイツの委員のほとんどは手工業職人であった。一八六三年に創立された社会民主党（ＳＰＤ）の中枢を占めた人々の多くも、手工業職人の経歴を持つ指導者であった。一九一八年に建国されたワイマール共和国で大統領や大臣などの要職を務めた手工業出身者は十指に余り、いずれも手工業職人として修業の道を歩んだ人々であった。

このように、中世以来の手工業の伝統が欧州ドイツの労働運動、社会主義運動を少なからず主導し、新しい工場制機械工業の労働環境に対しても、その成就に寄与したといえる。

【参照・引用文献】

高木健次郎『ドイツの職人』中央公論社、一九七七年

第二インターナショナル　社会主義者の国際組織。一八八九年創立、一九一四年解散。直接行動でなく議会進出による労働条件改善を目指す。正式には国際社会主義者大会という。

5　社会民主党（SPD）の設立

現在の社会民主党（SPD）は一八六三年を創立の年としている。この年、プロイセン王国の社会主義者フェルディナント・ラッサール（一八二五―一八六四）がライプツィヒにおいて全ドイツ労働者協会を設立した。これに対抗して、イギリス亡命中の社会主義者カール・マルクスの支持者ヴィルヘルム・リープクネヒト（一八二六―一九〇〇）とアウグスト・ベーベル（一八四〇―一九一三）らは一八六八年に社会民主労働者党を創設し、ともに勢力を伸ばしつつ、一八七五年に合同し、ドイツ社会主義労働者党と名乗った。そして、一八九〇年改名し、現在の党名「社会民主党（SPD）」となった。初代党首アウグスト・ベーベルは旋盤職人から這い上がってきた指導者であった（一四〇頁参照）。一八九一年にマルクス主義によるエルフルト綱領を制定し、第二インターナショナル*の中心となった。一九一四年、第一次世界大戦の勃発に際して戦争を容認する方針を示したが、この方針が極左勢力と袂を分かつ結果となった。

一九一八年一一月のワイマール共和国の建国にあたっては、党首フリードリヒ・エーベルト（一八七一―一九二五）が政権を掌握、初代大統領として国民会議を招集し、当時世界で最も民主的といわれた「ワイマール憲法」の制定を成し遂げた。社会民主党は、第一次世界大戦後のドイツ再建を担うことになるが、共和制の期間を通し、一九三二年の総選挙でナチスが勝利するまで、第一党であり続けた。ワイマール共和国では過半数の議席は

授権法
全権委任法ともいわれ、近代ドイツ史においてナチスに全権委任を許した特別法。正式には「民族及び国家の危機を除去するための法律」といわれる。

獲得できなかったが、常に連立政権において主導権を握った。ただ、左の社会主義政党と右の民族主義政党の挟み撃ちにあい、連立政権内の政策調整に手間取り、手工業者たちの要求を十分に受け止めることができなかった。その結果、次第に青年を中心とする手工業者の支持を失い、一九三二年の国民議会選挙では第一党の座をナチ党に渡し、ヒトラーの政権の成立、授権法*への道を阻むことができなかった。

社会民主党は第二次世界大戦後、一九四九年の西ドイツ連邦議会選挙において第二党の地位を得て以来、中道左派政党として西ドイツの連邦議会においてキリスト教民主同盟と二大政党を形成し、一九六六年にはキリスト教民主同盟との連立政権に参加するなど、西ドイツ復興の一役を担った。現在のドイツ連邦共和国における職業教育制度の確立や企業経営における共同決定法の導入はワイマール共和国時代に芽生えたものを引き継いだが、これらは中世以来手工業職人たちが生み、育んだものを、ナチス政権と第二次世界大戦の敗戦を経たのち、手工業職人が創立した社会民主党の手で結実したものとして多くの感動を呼んだ。東西ドイツ統一後の経済危機を救った「アジェンダ二〇一〇」も社会民主党政権の手によるものであった。現在もドイツ連邦共和国政府にあって政権与党の中核に座っている。

6　工場制機械工業と手工業——教育機能と合理性

手工業にあっては、中世以来、親方と徒弟の家父長的教育関係の中で職業教育が積み重ねられてきた。ドイツの全産業的な基盤として、歴史を通して絶え間なく手工業的教育機能の強化が図られた。これに対して工場制機械工業においては、一九世紀に入っても独自の教育制度の進展は見られなかった。手工業においては親方の現場教育に加えて、さまざまな形で教育への投資が進んでいた。一九世紀初頭という早い時期からベルリンにおける工科学校の開設、一般工業のための自然諸科学講座の開設、産業勤労工場協会の設立、ミュンヘンにおける建築手工業学校、手紡工の学校の開校など、手工業者の手によって開設された諸領邦での教育機関は枚挙に遑がない。手工業にとっては、一八六〇年以後全面的に導入されようとした営業自由の原則は、徒弟制度の教育的機能の根幹を揺さぶるものとして認識された。手工業に関わる誰もが強力な手工業身分を維持するためには、徒弟をできる限り注意深く訓練することが重要であるとの認識が行き渡っていた。そこで、創立直後の社会民主党への働きかけを通し、営業自由で毀損された徒弟制度再建のための立法への動きを強めたのが、一八七七年のことであった。手工業における徒弟制度の再構築は、労働手帳の受け渡し、後見義務、親方の徒弟指導の資格、徒弟の補習学校通学義務、徒弟と親方との紛争裁定に関する制度などの形で具体化された。

一八七〇年以後、手工業徒弟は多様な環境に置かれることとなった。徒弟という身分は手工業の伝統的訓練を離れて存在し得なかったが、この訓練は工場制機械工業の時代が訪れると、職種間の置かれた環境による違いが顕著となり、徒弟は異質多様な環境に置かれることとなった。中世以来続いた同質単純なモデルはあり得なくなった。例えば、紡績業では徒弟に代わって大量の若年労働者が出現した。網製造業、製靴業、時計手工業などは中年と老年の職人だけの職場となった。裁縫業では大量の家内工業が出現し、徒弟制度は崩壊した。これに対して建設関係の屋根葺き、塗装、左官などの職種、パン・菓子製造業、錠前職などでは、これまで通りの訓練を維持しつつ、さらに必要な改善を行うことができた。この経過の中で、個々の職種ごとに新たな体制立て直しに力を注いだのはインヌングであった（一七六頁参照）。インヌングはその会員に徒弟養成の責任を持たせ、彼らに職人作品を提出させたり、徒弟に補習学校に通う義務を負わせたりした。さらに進んだ訓練を、インヌング自ら設立した専門学校で行う場合も稀ではなかった。多くの職種で徒弟教育の衰退、消滅が進む一方で、徒弟の教育に社会の再構築を託す手工業者も絶えることがなかった。ワイマール体制になって、徒弟身分の保護は強化され、教育・養成関係における親方ないし雇い主と徒弟との権利義務は改善され、対等に近づく傾向にあった。

一八七〇年代に始まった手工業の再編成に当たって、広く社会全般は手工業の徒弟（レアリング）・職人（ゲゼレ）・親方（マイスター）という身分制度の維持や再建・強化を願った。産業革命の進展過程で営業自由の導入が急務と思われたが、マイスター制度の後退を主張する帝国の政策変更では、ドイツ産業が必要とした有能な熟練労働力の確保育成には不十分であるとの強い合意があった。一八七一年に創建された第二帝国政府が営業条例の改正に応じたのは、手工業の身分制度を残し、ドイツ産業の教育制度を柱とする社会的合意を受け入れたものである。営業条例修正立法は、手工業の親方の教育上の地位と権威を高めていった。親方と徒弟の関係は教育的関係を強め、資本制工業における労使関係とは異なるものとなった。一九世紀末から二〇世紀初頭にかけて、手工業の教育体制は補習学校通学義務が法定化されるなど、暫時整備されてきた。ワイマール体制の初期に補習学校が職業学校*として拡充されたのに伴って、商業、工業、手工業、農業、鉱業と産業全般において親方による教育制度が拡充

職業学校
現在の職業教育制度（デュアル・システム）の中核である職業学校につながる。

された。これは職業教育全般に手工業の伝統である身分制度が導入されたことを物語っていた。

高木健次郎は『ドイツの職人』において次のように深い洞察を述べている。

> ヴァイマール体制のもとでも手工業者は、手工業的労働が人間の品位を高め、人間を人間たらしめる労働であり、手工業的教育は人格教育であり、手工業者の栄誉ある職業は本質的に営利活動ではありえないことを改めて確認した。

手工業は工場制機械工業との分野区分の棲み分けを展望しながら、制度的整備を着々と進め、一方、工場制機械工業は手工業から取り込んだ工業マイスター制度を確立した。工場制機械工業は、ワイマール体制下、自らの地位を確立しつつ発展した。一九世紀半ばから本格化したドイツの産業革命は、自給の道を選ばざるを得なかった。産業革命で先行したイギリスは熟練工の移住や機械類の輸出を禁じていたため、ドイツは自ら近代基幹産業である機械産業、金属工業を創出発展させなければならなかった。手工業者の中から、工場制機械工業に飛び込み、機械製作に携わる企業家となった者が数多く見られた。錠前職、指物職、大工職、時計職それぞれの職種の有能な職人や親方が資本家としての活躍の場を開拓した。現在ドイツの経済界で大企業として君臨しているボッシュ、ツァイス、ティッセンクルップなどの創業者は手工業者であった。ドイツの機械製作工業に関わる専用機の精度の向上、機械設備の体系化などの技術は驚異的発展を遂げ、一世紀に及ぶ出遅れを取り戻し、産業革命の先進国イギリスを凌駕した。このために必要とされた工業的熟練労働の基幹部分は、手工業から供給された。

ワイマール体制下の一九二四年、インフレーション収束後、経済復興が軌道に乗り、産業の合理化が喫緊の課題となったとき、巨大な産業を先頭に、生産原価の低減に邁進した。これを担ったのは手工業の世界から志を持って飛び込んだ工場制機械工業の工業マイスターであった。工場制機械工業の企業レベル、職場レベルの合理化のために、一九二〇年代には合理化の総合指導機関としての経済性全国評議会、経済的生産委員会、作業研究連盟、経済的事務委員会などの有力な専門機関が続々組織された。一九二〇年代の合理化運動は、当時高度に発展したすべての資本主義国で展開されたが、ドイツの合理化運動は他に例を見ないほど厳格に実施された。大企業の合理化運動は組織をあげて実施されたが、知識人の大多数も労働組合も、労働条件強化排除の条件をつけて、支持した。工場制機械工業においては合理化専門スタッフの出現により、工場マイスターの役割にも変化が見られ、工程管理や品質管理など一部は研修を受けた専門スタッフに委ねられることとなった。

現在のドイツ連邦共和国で公式に認められている産業に関わる親方(マイスター)は、手工業マイスターと工業マイスターの二つである。手工業マイスターは第二次世界大戦後の一九五三年に制定された手工業秩序法により手工業の独立営業の資格者として定められ、手工業会議所が親方(マイスター)、職人(ゲゼレ)の認定を行っている。これに対して工業マイスターは、営業条例の中で、工場制機械工業で働く有資格者としての位置づけで、商工会議所の所管である。工業マイスターは職員労働組合に所属し、州単位で使用者団体と産業別労働組合との間で結ばれる労働協約によって、複数の階層に区分されている。工業マイスターも含め、マイスター制度のドイツ的特性は企業の管理制度であると同時に、それ以上に教育的な性格を持っている。

【参照・引用文献】
高木健次郎『ドイツの職人』中央公論社、一九七七年

7　ワイマール共和国からナチス政権へ

ワイマール共和国の誕生の立役者は手工業職人である。既述のように、手工業職人たちは社会民主党を創設し、これを育て、選挙では帝国議会の第一党とし、ワイマール共和国が誕生する流れを作った（一八三頁参照）。ワイマール共和国政府の重要ポストを占めたフィリップ・シャイデマン（一八六五－一九三九）など多くの社会民主党の重鎮は、手工業職人として産業革命の時代を生きてきた人々であった。社会民主党は他の左翼政党を束ねる立場にあったが、第一次世界大戦の敗戦による賠償問題を抱え、激しい左翼政党の突き上げとナチ党などの右翼政党の勢力拡大という左右両翼からの攻勢の前に次第に統治能力を失い、一九三三年にはナチスに政権を譲ることとなった。しかし手工業職人たちが護り抜き、第二次世界大戦後に引き継いだ遺産は多い。「社会民主党」も含め、「共同決定」と「職業教育制度（デュアル・システム）」、そして「モダニズム」は二一世紀にまで届いた。手工業者たちが千年紀をつないできた勤勉・禁欲による合理性の追求の成果がワイマール共和国で花開き、第二次世界大戦後を経て、二一世紀の現在においても輝いているのである。

(1) 戦後賠償とインフレの克服

一九一八年一一月九日にベルリンでドイツ革命により、領邦プロイセンに主導されたドイツ帝国が倒れ、ワイマール共和国が誕生した。これまでのドイツ帝国は憲法を持ち、普通選挙による議会もあったが、政府が議会から独立して構成されていた。首相以下の大臣は、議会と関係なく皇帝から任命され、議会にではなく、皇帝に対して責任を負っていた。大臣はもっぱら官僚から選ばれた。こうした君主制が革命によって共和制に衣替えして、議会に基礎を置く政党政治が初めて現実のものとなったのである。

ワイマール共和国を支えたワイマール憲法は、政治家であり弁護士であったフーゴー・プロイス（一八六〇―一九二五）によって起草され、一九一九年七月、ワイマールで開催された憲法制定国民会議において評決され、翌月の社会民主党のフリードリヒ・エーベルト大統領の署名により制定された。ワイマール憲法は国民の参政権などの公民権を保障するなど、生存権や労働権の保障、青少年や家族の保護など福祉国家の基本を取り込み、当時最も民主的な憲法と呼ばれた。中でも、労働者の団結権などの社会権の保障を明記し、労働者に賃金や労働条件の決定に参加する権利を認めるなど、第二次世界大戦後のドイツ社会の根幹部分をすでに内包していた。

一九一四年に開戦された第一次世界大戦は終始ドイツ帝国優勢の中で展開された。一九一八年に入り、東西両戦線の膠着に続き、西部戦線の大攻勢の失敗がドイツ帝国に突然の劣勢をもたらした。ワイマール共和国は創立と同時に、休戦協定に引き続き、ヴェルサイユ条約においてロンドン会議（賠償委員会）の敗戦処理を背負わされた結果、ドイツ国民所得の二・五倍という多額の賠償金と極端なインフレという二つの重荷を背負うこととなった。一九二三年のドイツ通貨の破局的下落の主因は、戦時中の膨大な軍事支出である。ドイツの通貨は一九二一年一ドル七六・七マルクが一九二三年一〇月には四兆二五〇〇億マルクまで暴落した。このインフレーションの克服に寄与したのは、最も大きな影響を被った固定所得の生活者である中小の市民階級の忍耐であった。経済の安定のために国土の中の土地を実物担保とする新通貨が発行され、三〇万人に近い官吏の解雇、鉄道および郵便への補助金の削減などが実施されて、この難局を乗り切った。一方、長期の債務契約を結んだすべての関係者には大きな恩恵があった。経済の安定が見え始めると、海外主要都市の金融業者がドイツへの投資を進めるようになった。ドイツ経済への信頼が回復するに至ったのは一九二三年末のことであった。通貨問題の総仕上げは金の裏づけのあるライヒスマルクの発行を、イギリスの金融界の支援を得て実行したことである。

ドイツの通貨問題で足踏みをしていた賠償問題は、一九二四年、アメリカ主導による調整の結果、一応の決着を見たが、その賠償額が一九二九年までの四年間の共和国予算全体に占める比率は三％、国民所得の二・四％に過ぎなかった。

【参照・引用文献】

林健太郎『ワイマル共和国――ヒトラーを出現させたもの』中央公論社、一九六三年

リタ・タルマン『ヴァイマル共和国』長谷川公昭訳、白水社、二〇〇三年

⑵ 束の間の繁栄

インフレ克服後、アメリカ資本の大量の流入とアメリカ系企業の繁栄に刺激され、共和

国の企業経営者は設備機械の更新、研究開発の促進などの近代化と国際的な水準を上回る合理化により、企業収益の増大を実現した。戦前に他国の追随を許さなかった科学、電気、工学といった分野で再び世界一の座を占めるようになった。

しかしながら、俸給生活者の労働条件は必ずしも恵まれた状況にはなかった。報酬は賃金調整のおかげで、どうにか戦前の水準を取り戻すことができたものの、労働時間に関しては、一日八時間の建前は維持されていたものの、九時間、一二時間に延長されることが通例であった。一九二四年には実質的労働時間の延長をきっかけにゼネストが頻発したが、労働組合の組織率は必ずしも高まらず、ドイツ労働組合総同盟が社会民主党への帰属を撤回し、産業全体の合理化に伴う失業への危惧の拡大、御用組合の存在など労働界の混乱が続いた。共同経営（労働者の経営参加）の基本が確立され、企業経営に関与することとなった労働組合が、国の経済的、財政的均衡を最優先課題とし、権利闘争よりも経営者との協調を重んじる方針に転じるようになり、共和制の末期には「ドイツ産業連盟」「ドイツ労働力提供連合」「業種別組合」が中心となり、労使協調路線が強化された。

ドイツ経済の最大の弱点は農業部門の低い生産性にあった。外国貿易にも弱点があったが、貿易赤字の最大の要因は食料品の海外依存である。農業こそは、常に潜在的危機の状態に置かれており、最後までドイツ経済の弱い部門であり続けたものの、一九二四年から一九二九年までの間に、金融を中心に経済の再建が着実になされたおかげで、ドイツは賠償問題にも対処し、自国の産業の再建を果たし、経済の基盤整備を進めることができた。しかし、その先には共和国にも国民にも過酷な運命が待ち受けていた。

【参照・引用文献】
林健太郎『ワイマル共和国――ヒトラーを出現させたもの』中央公論社、一九六三年

(3) 世界恐慌からナチス時代へ

一九二九年一〇月二五日に世界恐慌は突然到来した。このとき、ワイマール共和国では、連合国側による新しく提案された賠償計画に対する統一国民戦線が創設され、民族主義の台頭が著しかった。この年の地方議会議員選挙では、伝統的右翼政党に代わり国民社会主義ドイツ労働党（以下、ナチ党）の躍進が目立った。一九三〇年に入ると、ナチ党の政権参加が各州において真剣に討議されるようになった。

国家財政の悪化から脱却を図るべく、一九二九年には大連立内閣（社会民主党、民主党、中央党、人民党の連立）が登場した。この時点で失業者は三〇〇万人を超え、大連立内閣を引き継いだ内閣も予算審議の行き詰まりで、一九三〇年九月に解散総選挙となった。この総選挙でナチ党の得票数は、前回選挙の八一万票から六四〇万票（総投票者数の一八・三％）へと激増し、社会民主党に次ぐ第二党に躍進した。社会民主党の支持を得ながらも安定感を欠く内閣に対してハルツブルク戦線*が結成されるに及んで、右翼と極右勢力との連携は一気に強まった。失業者の増加に歯止めがかからない中、ナチ党は各州の議会選挙で着実に勝利を積み重ねていった。

六〇〇万人の失業者を抱えて、一九三二年三月には任期切れの大統領選挙が行われることになった。ドイツ国籍を手中に収めたばかりのオーストリア出身のアドルフ・ヒトラー（一八八九―一九四五）も大統領選に参戦した。結果はパウル・フォン・ヒンデンブルク

ハルツブルク戦線
ナチ党、国家人民党などを中心に一九三一年に結成された極右・反民主的政治同盟。

（一八四七―一九三四）が再選したが、ヒトラーの得票率は三七％であった。

大統領選挙後も右翼勢力の攻勢は続き、一九三二年七月の新内閣による総選挙の結果は、ナチ党が第一党で全六〇五議席のうち二三〇議席、社会民主党は一三三議席であった。政局は安定せず、さらに一九三二年一一月、一九三三年三月と総選挙が続き、最終的にナチ党が投票総数の四三・九％、二八八議席を得た。一九三三年一月ヒンデンブルク大統領はナチ党党首ヒトラーを首相に指名し、組閣を委ねることとしたのである。

手工業者の多くは、共和国創立当時は自らが樹立した社会民主党を支持したが、次第にドイツ民衆党、ドイツ国民党などの中間政党の支持にまわり、一九三〇年の総選挙ではナチ党へ投票する者が大量に出た。手工業者や工場労働者の若い労働者たちは、ともに雪崩を打つように右寄りの青年組織に傾斜していった。

【参照・引用文献】
林健太郎『ワイマル共和国――ヒトラーを出現させたもの』中央公論社、一九六三年
リタ・タルマン『ヴァイマル共和国』長谷川公昭訳、白水社、二〇〇三年

(4) ナチス政権の中の手工業

ナチス政権の産業政策は、資本主義的大工業の発展を背景に「健全な中間層」の維持を掲げた。健全な中間層の中心部分を占めたのが手工業者であった。したがって手工業者とナチス政権は親和関係にあった。手工業の実態を企業数と就業者数の推移で追いかけると、一八九五年第一次世界大戦以前の二六〇万人、ワイマール期の一九二六年で一三〇万社、三七一万人、ナチス政権下の第二次世界大戦直前には一七〇万社、五〇〇万人以上と

の報告である。ナチス政権下の手工業は工作機械を中心に機械装置を整えた小工場の形態をとっていた。一九三三年一一月のドイツ手工業暫定構成法と一九三四年六月の同施行令などにより、手工業も工業と同様に地域ごとに改めて組織が強化された。各経営体は強制加入のインヌングのもと職種ごとに組織化を進めた。全国的な帝国インヌング連盟、帝国手工業団という構成が整えられた。これに並行して、地域ごとに手工業会議所とその上部機関のドイツ手工業・営業会議が整備され、全体としては帝国手工業集団とともに最上部組織であるドイツ手工業帝国総体のもとに、強い統制を受けることとなった。

ナチス政権は一九三六年に開始された四か年計画により、実質的な戦争準備に入り、一九三九年九月の戦時経済令によって本格的に戦時体制となる。戦時体制における手工業者には大きな役割が課せられた。戦闘力、軍需産業の労働力、生活関連物資の流通・生産者、軍需関連生産サービスの従事者の四つの役割が明確に設定された。ナチス政権は主要労働力を召集や徴用で拠出した手工業の経営者に対して、救済支援金の給付など経営の継続や再開のための施策も用意した。一九四〇年の戦時経済調査によれば、手工業の総生産の二五％が軍発注によるもので、この割合は一九四二年には三五％にまで高まった。手工業の業種別に見ると、建設業、金属加工業、木工業の三業種は過半の発注を軍部から受けていた。一九四三年には手工業の総就業者数約三四〇万人のうち一二〇万人が直接軍事に関わる労働に従事していた。

手工業技術を土台にし、小型機械を活用した小経営体は、環境の変化への柔軟な対応が可能であった。しかし、一般に手工業は規模が小さく、大量生産に対応する能力は欠いていた。この状況に対し、手工業の組織であるドイツ手工業帝国総体がとった方法は、個々の手工業を組織化し、製品の大量供給や大規模な建築の発注に対応できる共同的、組合的機構を作り出すことであった。複数の手工業経営者の有する労働力と機械を集約して規模の大きな経営体を作り、大口の軍需発注に対応するという労働協同体は、のちに強く要請される手工業の合理化策の中核を占めるものであるが、この構想は手工業組織の上層部が発想したものであった。

ナチス政権の合理化措置は、ワイマール共和国の一九二〇年代に行われた大規模で徹底した合理化運動に次ぐもので、一九三六年の帝国経済相の指令をもって始まった。それはドイツ帝国の経済界に経済効率と最大業績を求めるもので、戦争遂行に欠かせないものであった。帝国手工業集団は個別企業に生産の合理化と企業会計の改善を求めた。生産の合理化は規格化に始まり、労働の時間効率の追求、全工程におけるロスの排除、これらを達成するための組織の強化などが実行された。企業会計の改善は、一九三七年、帝国経済相と帝国価格監理官の布告により始められたが、一九三九年には原価計算に関する一般原則が示された。中小零細企業が支配的な手工業に対しては、すべての登録企業に簿記の作成を義務づけ、手工業の職種別組織である帝国インヌング連盟は、職種別単式簿記便覧を作成した。現金出納帳、顧客・仕入先帳簿などの作成を義務づけたもので、帝国インヌング連盟により公表された簿記便覧は一九四二年までに五二職種に及んだ。これらの簿記・会計様式の採用整備は軍需関連の公共発注の価格算定方式と軌を一にするものであった。手工業において一定の簿記、会計方式の義務化は手工業の合理化を促進するものであったが、同時に原料、エネルギーそして労働力の配分の統制も目的としていた。

一九四一年に兵器・軍需省が設置され、総力戦体制がとられた。ここに始まる合理化政策は一段と厳格さが増した。手工業に対する合理化手段に二つの具体的施策があった。一つは手工業の不要不急部分の経営閉鎖（一九四三年）であった。対象となったのは高級服仕立業、宝石加工業、楽器製造業などであったが、この措置はナチズムの健全な中間層の維持という理念と相容れないとされ、約半年で中止された。今一つは、自動車修理業の合理化である。自動車修理業の合理化については、戦時末期の戦場における自動車修理の需要の高まりを受けて、召集や外国人労働者の帰国などに起因する圧倒的な人材不足に対して、不要不急部門の経営閉鎖、部品の集中管理、機械・装置の動員などで対応し、個別経営の統合、労働協同体の創出が企図された。ナチス政権の監視機能と指示命令の強化が進む中、一九四四年、手工業の代表が軍需省管轄機関の下部組織に加わり、手工業の経営などを査定し、労働力の動員に関与する任務を負った。手工業の代表は手工業ガウ（ナチ党の事実上の地方行政区画）、経済会議所、地域の専門委員会、帝国インヌング連盟、帝国手工業供給センターと連携し、発注統制に対応することとなった。このように手工業はナチス政権の戦争遂行にあたり、極めて多様で有効な働きを示した。この間にナチス政権は手工業の全組織を末端まで掌握し、職人一人一人に至るまでその能力と性格を把握して、経営統合などに当たり、そのために必要な組織の改変を次々に積み重ねた。

一九四五年のドイツの敗戦の結果、ナチス政権の国家社会主義の原理に基づく手工業体制は崩壊し、一九三三年以前のワイマール体制における手工業関連法のみの適用が原則とされた。ただし、ナチス政権時代の一九三五年に制定された大資格証明制だけは戦後の新体制に引き継がれた。大資格証明制とは、当時ナチス政権によって採用された手工業名簿への登録を親方試験合格者のみに限定し、この名簿登録者のみが手工業の独立経営認可と徒弟指導権限を付与されることを定めたものである。これはいくつかの紆余曲折を経て、マイスター制度の根幹として、一九五三年の手工業秩序法に引き継がれることとなった。こうして手工業者たちは、中世以来の伝統である手工業の独占的仕組みを守ったのである。

【参照・引用文献】

柳澤治「ナチス・ドイツの戦時経済体制と「手工業」の合理化」社会経済史学会『社会経済史学』八〇（四）、二〇一五年
鎗田英三『ドイツ手工業者とナチズム』九州大学出版会、一九九〇年

8　ワイマール共和国の文化

ワイマール共和国は、思いがけないドイツ帝国の敗戦をきっかけに、ロシア革命を反面教師としながら、旧支配体制を一気に市民の世界に、大衆の世界に塗り替えようとした。敗戦、インフレ、世界恐慌、共産主義の先鋭化、右翼全体主義の躍進などいい尽くせないほどに多様で未曾有な出来事を、薄氷をふむ思いで乗り越えながら、アメリカ合衆国をはじめとする国際社会からの雑多な民族と文化を受け入れたのである。ここにモダニズムが芽生え、モダニズムの潮流は世紀を跨いで二一世紀にも引き継がれている。子供の玩具箱のように、雑然とした何でもありのワイマール文化はナチス・ドイツによって多くのものが否定されたように見えたが、どっこい生き続けたものは多く、しっかり戦後社会を主導している。

(1) 宗教とユダヤ人

当時のワイマール共和国内の新旧キリスト教の勢力分布は、一五五五年の宗教改革を受けたアウグスブルクの和議により各領邦の君主により新旧の選択が行われてきたが、プロテスタント三分の二、カトリック三分の一となっていた。プロテスタント、カトリック両派とも共和制政府に対して警戒心を拭えなかった。共和国以前の既得権益が侵されるのを恐れたからである。にもかかわらず、憲法で保障された教会財産を保持し続け、教会税と称する個人献金を行政機関を介して徴収し、国と州から多額の補助金を得ていた。

従来領邦君主のもとにあったプロテスタント教会は、共和制への移行にあたり領邦が廃止され主人なき群れとなっていたが、一九二二年に伝統的な階級構成を守っていくことを保障する教会憲章が採択され、領邦君主たちの持っていた権限を新しく設けられた教会元老院が引き継いだ。一方、神聖ローマ帝国時代、権力者とのつながりが薄かったドイツ・カトリック教会は、ワイマール憲法によって、一九世紀を通して求め続けてきたプロテスタントと対等の立場に立つことができた。一九一九年、ワイマール共和国政府とローマ法王庁の間に外交関係が成立したことも幸いした。こうした堅固な基盤を背景に、カトリック教会はドイツ中央党の支援も得て、教会、修道院、孤児院、学校、聖職者養成施設などの建設を積極的に行った。

ユダヤ人社会におけるユダヤ教信徒は、ユダヤ人そのものの出生率が低下しつつあったことと、ドイツ人との同化を望みキリスト教に改宗*する者やドイツ人の異性と結婚する者が多く出たことから、全人口に占めるユダヤ教徒の数は減少傾向にあったが、東欧系ユダ

キリスト教に改宗したユダヤ人　詩人ハインリヒ・ハイネ（一七九七―一八五六）、作曲家フェリックス・メンデルスゾーン（一八〇九―一八四七）など。

ヤ人の移民流入によって補われた。ワイマール共和国は「ユダヤ人最後の楽園」ともいわれるように、ユダヤ人活躍の場となった。元来、ユダヤ人は紀元一世紀の新約聖書の時代に祖国を失い、流浪の民となり、キリスト教徒による差別に晒され、蔑視され、迫害されてきたにもかかわらず、経済に、科学に、芸術に優れた才能を静かに確実に発揮してきた。

ワイマール共和国でユダヤ人の活躍が際立ったのは、ドイツ社会では初めてといわれる政治の世界での活躍があったからである。この土壌はフランス革命に始まったユダヤ人の解放にある。その後、ナポレオン一世（一七六九―一八二一）はゲットー（ユダヤ人居住地）のユダヤ人を次々に解放したが、ナポレオン失脚後のウィーン会議で、ドイツ連邦におけるユダヤ人の処遇や諸権利は、領邦国家や自由都市の裁量に委ねられることになった。ワイマール共和国創立直前のドイツ一一月革命において、当時最も保守的なカトリックの国といわれた南ドイツのバイエルン王国で共和国宣言を行い、初代の首相に選ばれたのはユダヤ人社会主義者クルト・アイスナー（一八六七―一九一九）であった。アイスナーは革命の犠牲となったが、社会民主党（ＳＰＤ）左派のローザ・ルクセンブルク（一八七〇―一九一九）、ワイマール憲法の起草者フーゴー・プロイス、共和国政府の外務大臣の職にあったヴァルター・ラーテナウ（一八六七―一九二二）などユダヤ人が堂々と政治の中心の一角を占めた。

共和国の政権は必ずしも安定していなかったが、新しい憲法に支えられた近代化を進めようとする前衛的空気が横溢していた。この空気に押し出されるように、ユダヤ人も各方面で活発な活動を展開した。その他の代表的なユダヤ人としては、社会学者のカール・マンハイム（一八九三―一九四七）、エーリヒ・フロム（一九〇〇―一九八〇）、哲学者のエトムント・フッサール（一八五九―一九三八）、科学者のアルベルト・アインシュタイン（一八七九―一九五五）、建築家のエーリヒ・メンデルゾーン（一八八七―一九五三）、作家のフランツ・カフカ（一八八三―一九二四）、画家のワシリー・カンディンスキー（一八六六―一九四四）、作曲家のアーノルト・シェーンベルク（一八七四―一九五一）、指揮者のブルーノ・ワルター（一八七六―一九六二）、ピアニストのアルトゥール・ルービンシュタイン（一八八七―一九八二）と枚挙に遑がない。一九〇一年に創設されたノーベル賞受賞者のうち、ワイマール共和国末期の一九三二年までの受賞者一六五名中、ドイツ人三三名、ドイツ国籍のユダヤ人はアインシュタインを筆頭に一一名である。

【参照・引用文献】
リタ・タルマン『ヴァイマル共和国』長谷川公昭訳、白水社、二〇〇三年

(2) 教育・科学・芸術

共和制における教育制度は、全体的な原則を定める権利を政府が握り、各州にその原則を実行に移す権限が与えられていた。六歳から一四歳までの初等教育は無償とされ、さらに必要があれば一八歳までの就業を可能とする上級教育機関が設けられていた。中等教育は二種類の教程が用意された。一つは実科学校（レアルシューレ）と呼ばれ、初等教育修了者を対象とし、一六歳になると卒業証書を授与し、技能の習得を完了したものとして労働市場に送り出された。この教程は現在の職業教育制度（デュアル・システム）の原型を示している。いまひとつの教程は高等教育に進むためのもので、八―九年の課程（ギムナジウム）を終えた者に大学入学資格（アビトゥーア）を与えた。高等教育の中心的地位を

ヴァルドルフ学校の一つゲーテアヌム（精神科学自由大学）
スイス・ドルナッハ（knaurs lexikon der modernen architektur より）。

カイザー・ウィルヘルム研究所
第二次世界大戦後の一九四八年にマックス・プランク研究所に改名。

占めていた大学も含め、すでに、現在の連邦における教育制度の根幹が形成されている。自由な教育の探究は公式の学校教育制度とは離れた場でも展開された。一九一八年に共和制が宣言されると、国内のあちこちに反権威主義の教育を標榜する動きが彭湃（ほうはい）として興った。シュトゥットガルトの神秘思想家、哲学者、教育者ルドルフ・シュタイナー（一八六一―一九二五）のヴァルドルフ学校*などがその例である。国内の大都市には州政府の補助金で運営される養成機関が設けられ、政界や労働界の中堅幹部を目指す若者たちはそこで労働法や憲法などの手ほどきを受けることができた。一方、若者を政治に向けさせようとする動きも強く、社会民主党を中心に政党が独自に青年組織を編成した。共和国末期においては、左翼系に比べ、ヒトラー青年団などの右翼系が遥かに強く青年を引きつけるようになった。

ワイマール文化を価値あらしめたのは、首都ベルリンに集中して登場した担い手たちの質の高さにあった。アメリカからの資本投下による経済の繁栄を背景に、外国との文化交流の道が開かれたことがワイマール文化に大きく貢献していた。

自然科学の領域においては、一九一一年に設立されたカイザー・ウィルヘルム研究所*が、その国際的名声により、多くの優れた研究者を集めていた。その活動範囲は広く、化学、物理学、生理学・医学などで、相対性原理のアインシュタインなど一五人がノーベル賞受賞の栄誉に浴している。特に化学の分野はドイツの独壇場で他国を圧倒し、一九一八年から一九三一年の間にドイツ全体で六人のノーベル賞受賞者を出している。

人文科学の領域では、ドイツ哲学の活発な活動が続いたが、多くの流派に分かれているのが特徴である。新カント学派*と新ヘーゲル派*が何の不思議もなく共存していた。マ

新カント派
一八七〇年代から一九二〇年代にドイツで起こったカント的な認識論復興運動。

新ヘーゲル派
一九世紀末から二〇世紀前半においてヘーゲルの学説に近づこうとした一群の欧米の哲学者。

ルティン・ハイデガー（一八八九―一九七六）、ヴァルター・ベンヤミン（一八九二―一九四〇）、エトムント・フッサール、カール・ヤスパース（一八八三―一九六九）など哲学者たちの饗宴は、展望の開けない学生たちを熱狂させた。

社会科学の分野では、心理学に新しい光が当てられた。一九三〇年代に心理学の主流となる形態心理学は一九二〇年代の早い時期に種が蒔かれた。ウィーンとブダペストから引き継がれて、ベルリンで花開いた精神分析は、各方面の批判を浴びながらも、一九二〇年に開設された精神分析診療所で多くの精神分析医を育てた。社会科学の新しい各学派の中心にあったのは社会研究所（後にフランクフルト学派と呼ばれる）である。社会研究所は、マックス・ヴェーバーらが先鞭をつけた文化批判を追求し続けたが、マルクス主義的人道主義を標榜したところに特徴があった。このマルクス主義的人道主義という共通基盤が、フロイト＝マルクス主義を成立させ、幅広く精神分析学者、哲学者、芸術社会学者、法学者、経済学者、政治学者などが協力関係を作り上げていた。

ドイツの国民芸術とも呼ぶべき音楽は、ベルリンにある三つのオペラ劇場でアルバン・ベルク（一八八五―一九五三）やイーゴリ・ストラヴィンスキー（一八八九―一九七一）の新作歌劇が一般大衆に届けられた。現代音楽にもオペレッタにも多くの聴衆が集まった。アメリカナイズされた文化の潮流に乗って、ジャズが熱狂的に迎えられた。ジャズは多方面に影響をもたらしたが、劇作家で共産党員のベルトルト・ブレヒト（一八八九―一九五六）の『三文オペラ』などにも顕著な影響が窺われる。アメリカから来た音楽や踊りが華やかにもてはやされたのは、一九二八年にフランクフルトでロサンゼルスの娯楽会社が催した耐久ダンス・パーティーが頂点であった。

「民衆劇場」は一八八九年に社会民主党員らの支持で創立された大衆芸術の協会で、一九二〇年には協会員八万人、一九二七年には五四万人を数え、ドイツ全土に劇場網を張りめぐらせていた。これに対し、プロテスタント系のブルジョア家庭に生まれ、第一次世界大戦終了後共産党に入党したエルヴィン・ピスカトール（一八九三—一九六六）は、一九一九年にプロレタリア劇場を目指して活動を開始した。一九二七年には劇団「ピスカトール劇場」を旗揚げし、これを引き継いだのがベルトルト・ブレヒトである。一九三三年にはナチスによりブレヒトの著作は刊行禁止を命じられ、一九三五年にはドイツ市民権を奪われ、アメリカ合衆国に亡命することとなる。二〇一七年、ギリシャ・アテネとドイツ・カッセル共催のドクメンタ14で、ナチス時代の発禁本一〇万冊によりパルテノン神殿が再現された。かつてナチスによる焚書が行われたカッセルのフリードリヒ広場がその会場となった。そこにはブレヒトによる著書が多く集められていた。アルゼンチンのアーティスト、マルタ・ミニュージン（一九四三—）の企画である（二〇六頁コラム参照）。

【参照・引用文献】
リタ・タルマン『ヴァイマル共和国』長谷川公昭訳、白水社、二〇〇三年

(3) モダニズムの萌芽

革命に伴う混乱の時期と終戦直後の生活苦の時期を経て、一九二三年以降、ベルリンはモダニズムの拠点となった。当時のベルリンは人口四五〇万人、その六割が就業し、全国の民間資本の四分の一が集中し、娯楽・遊興施設にも恵まれていた。ベルリンはニューヨーク、ロンドンに次ぐ、世界第三の都市としての地位を確立し、諸外国、特に欧州各地

から才能のある若者たちを惹きつける存在となった。

歴史の重みから逃れて、いろいろな分野でモダニズムなる現象が蔓延した。モダニズムは啓蒙思想の流れを汲み、過去の権威を排除して大衆化を目指す一種の社会運動ともいえる性格を強く持っていた。特に造形美術の分野ではモダニズムの確実な足跡を残すことができた。この分野での特徴は作家の群雄割拠と作品の多様化である。アカデミーも美術館も個人のコレクションも外国の前衛作品を躊躇なく受け入れるようになった。一九一八年ベルリンで旗揚げした「一一月団」はベルリンの画家、彫刻家、建築家、詩人、音楽家を糾合した。この集団は地方の同種の集団とともに芸術労働評議会という上部団体に加盟し、民衆と一体になった芸術を目指した。ソ連から持ち込まれた構成主義はハノーファーに拠点が置かれ、ダダ運動もパリとの連携のもと活動が繰り広げられた。共和国と同時に創立された国立の造形教育機関「バウハウス」は、欧州各地に芽生え始めた造形美術の新しい潮流を糾合し、モダニズムの流れを確かなものとした。

【参照・引用文献】

リタ・タルマン『ヴァイマル共和国』長谷川公昭訳、白水社、二〇〇三年

Column

⦿ドクメンタ14

二〇一七年ドクメンタ14という国際芸術展でアルゼンチンの作家と二つの都市カッセル市（ドイツ・ヘッセン州）・アテネ市の協業により、ナチスによる発禁本を一〇万冊集めてパルテノン神殿を創り上げた。展示場所はかつてナチスが実際に焚書を行ったカッセルのフリードリヒ広場で、アルゼンチンの女性アーティストのマルタ・ミニュージン（一九四三－）の企画演出であった。集められた本の多くはブレヒトの著作であった。一九三三年にはナチスによりブレヒトの著作は刊行禁止となり、ブレヒト自身は一九三五年にはドイツ市民権を奪われた。

そもそも、ドクメンタはナチスにより退廃芸術の烙印を押されたモダン・アートの名誉回復を願って、一九五五年、東西ドイツの接点にあるカッセルで開催されたのが始まりである。以来、五年ごとに開催されている。定められたテーマをもとに先端的活動を続ける作家を世界に紹介することを方針としている。一人のディレクターにテーマと作家の選定を一任し、全責任が委ねられる。各回選ばれているディレクターの出身地は、西欧を中心に、インドネシア、ナイジェリア、ポーランドなどと多岐にわたっている。来場者は一九五五年の第一回の一三万人から着実に増え、ドクメンタ14ではアテネ会場約三四万人、カッセル会場約八九万人、総計一二三万人と世界でも有数の美術展に発展している。ドクメンタ15は、二〇二二年にカッセルで開催されたが、ディレクターにはインドネシアのルアンルパ（インドネシアのアート・コレクティブ）が選ばれ、テーマは「ルンブン」（共同体が共有するコメを貯蔵したり、仲間や困窮者の緊急支援のために使用する共同倉庫）である。

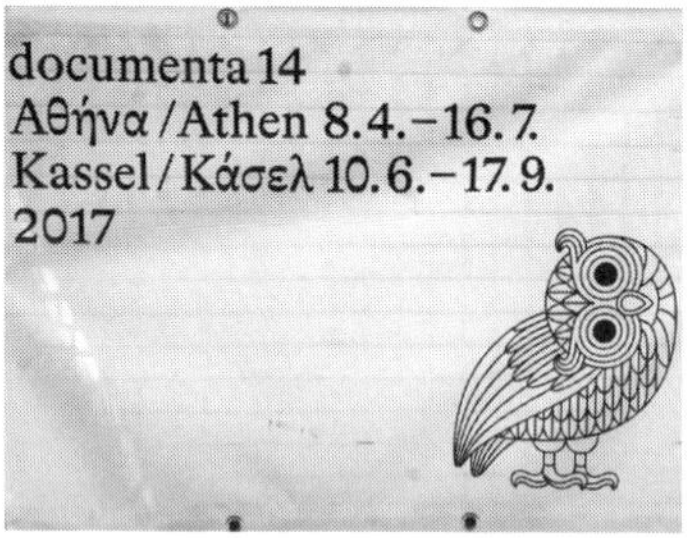

案内パンフレット

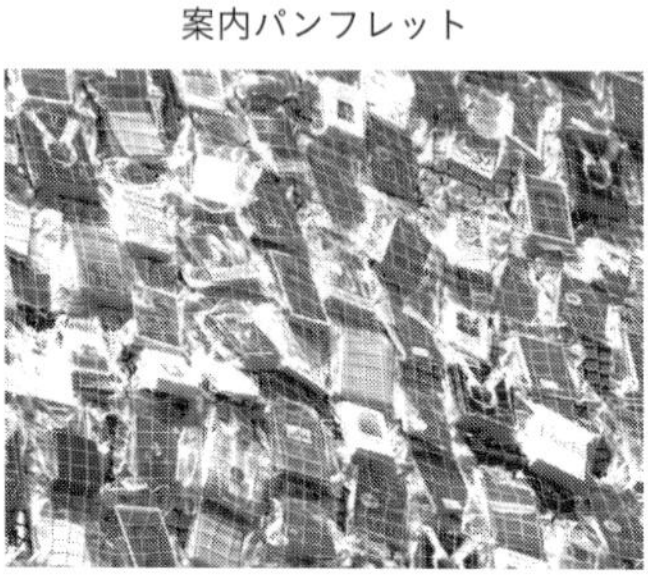

カッセル会場（集められた本の数々）

集められた発禁本によるパルテノン。カッセル会場

アテネ会場（写真はいずれも2017年筆者撮影）

III　モダニズム

ウルム造形大学校舎（2017年筆者撮影）

第七章　デザインと手工業職人

二〇世紀初頭、ワイマール共和国の誕生と時を同じくして創立された造形に関する国立教育機関バウハウスの初代校長で建築家であったヴァルター・グロピウス（一八八三―一九六九）が、バウハウスの設立宣言で明らかにしたのは、「すべての芸術の建築への統合」と「デザインと技術の一体化」の二つの主張である。なぜ、ヨーロッパ各地で彷彿として湧き出た生活環境改善運動がワイマールのバウハウスに集約されていったのか、その答えはナチスの出現により第二次世界大戦後（東西ドイツの統合まで）に持ち越されたが、二一世紀の現在、明確に理解することができる。もしバウハウスの出現がなければ、われわれを覆う諸物の品質などの生活環境の劣化は、人々の肉体も精神をも蝕むことになったであろう。バウハウスはデザインという世界を創出し、伝統の手工業技術に込められた倫理性と合理性を近代的工場・大量生産技術の革新に結びつけることにより、諸物の品質を向上させ、価格を低減させ、二〇世紀以後の人々（大衆）の生活を充実させたのである。バウハウスで教え学んだ人々は、ナチスに追われ、主にアメリカ合衆国に活躍の場を移したが、欧州大陸はいうに及ばず、アジア、アメリカさらにアフリカの諸大陸に広くモダニズムの精神を伝搬したのである。世界が自由と平等を求めて一つにつながろうとする若者の希求はこのバウハウスに始まるといっても過言ではない。

1　生活環境改善とデザイン

産業革命による工場生産、大量生産を支えたのは、資本家の成長、人口増による労働力の増大、エネルギーや生産などの技術革新などに加え、この時期に進んでいた生活環境の著しい変化を忘れてはならない。この時代の居住環境の変化は激しく、力強い。工場の出現による職住の分離をきっかけとして、個人の生活空間の充実が達成され、個人生活（プライバシー）が確立された。プライバシーの確立によって、誰もが自らの個性を意識し、自らの世界の構築を願うようになった。多くの大衆が、これまでの王侯貴族のように、自らの欲求を満たすことを願うようになった。個人生活の確立による欲求の増大こそが流行の源泉であった。流行が大量生産を支えたのである。さらに忘れてならないのは、結果としての負の遺産である。工場大量生産による製品の劣化とそれを使用する人々のモラルの低下である。

産業革命による生活環境の劣化を救うことは容易なことではなかった。生活環境改善のためイギリスで起こったアーツ・アンド・クラフツ運動からバウハウスのデザイン教育に至るまでの約五〇年間、欧州各国各地域でさまざまなデザイン運動が展開された。工場大量生産が行きわたるにつれて、日常を取り囲む品質の劣化が際立ってきた。工業製品を中心に品質向上の要求が、大量生産品の消費者となった大衆から沸々と湧き上がってきた。これに答えようとしたのが、ウィリアム・モリス（一八三四―一八九六）であり、アンリ・ヴァン・デ・ヴェルデ（一八六三―一九五三）である。こうした人々は、かたや職人が長い歴史を経て積み重ねてきた技を基礎に活かしながら、新しい生産技術によって生活環境を構成する身近なものを美しいものに置き換えていった。ここに日常生活に用いられる諸物の生産過程に、使いやすさと美しさ、経済的合理性を付与するデザイナーが誕生し、職人とデザイナーの分業と協業が始まった。一九世紀後半から二〇世紀前半に至る新しい生活環境創造のデザイン運動は、ウィリアム・モリスのモリス商会を起爆剤として、一八六〇年代以降にパリ、ブリュッセル、ウィーン、ミュンヘン、ベルリン、そしてダルムシュタットでも彷彿として湧き上がった。

ウィリアム・モリスは聖職を志したが、美術評論家でパトロンのジョン・ラスキン（一八一九―一九〇〇）に触発され、中世の精神に目を見開かせられることとなった。産業革命の進展とともに出現し、手工業にとって代わった安易な大量生産への否定から始まったウィリアム・モリスは、建築事務所に弟子入りして建築を学び、一八六一年にモリス・マーシャル・フォークナー商会と名づけた工房を設立し、壁紙、家具、金工、ステンドグラスなど室内装飾を営むこととなった。ウィリアム・モリスが攻撃の対象にしたのは、産業革命がもたらした生活環境の劣化とともに、創る側の喜びを奪った工場大量機械生産であった。日々の労働が創造の喜びに満ちていた中世の復活を願い、社会主義者を任じ、政治活動に身を投じるほどであった。この間のイギリスの動向に積極的意味を見出したのはドイツの建築家ヘルマン・ムテジウス（一八六一―一九二七）であった。

ヘルマン・ムテジウスは一四歳のとき、石工であった父のもとで徒弟修業を始め、職人の道を歩みだした。この修業でデッサンやデザイン理論を学び、技術と知識を身につけ、実科学校*を優秀な成績で卒業すると同時に、プロテスタント教会の牧師の指導により、ラテン語、フランス語、オルガン演奏などを身につけることができた。実科学校卒業後、ザクセン＝ワイマール大公の後ろ盾により、ベルリンの大学を経てシャルロッテンブルク工科大学で四年間にわたり建築を学び終え、プロイセン王国の公務員職である政府建築監督研修員を名乗ることが許された。一八九六年から一九〇三年までの七年間、ムテジウスはプロイセン商務省から派遣されロンドン大使館に赴任した。ロンドン滞在中の任務は、イギリスの技術と文化両面の動向と評価をプロイセンの商務省と建設省に報告することであった。ムテジウスはアーツ・アンド・クラフツ運動の中にイギリスの伝統を見出し、イギリスの工芸教育や工芸産業の組織化を検証し、手工業職人たちに芸術的な教育を施すことの経済的効果を報告している。イギリスのアーツ・アンド・クラフツ運動の中で、特にドイツ帝国に必要と思われたのは、ロンドン・カウンティ・カウンシル*による中央学校設立の事例であった。この学校の教育には先進的で実験的な方法が導入されており、プロイセン商務省の一連の工芸改革に取り入れられると同時に、ドイツ工作連盟結成に結びついた。

ベルギーの建築家アンリ・ヴァン・デ・ヴェルデは画家を目指しパリに学んだが、ウィリアム・モリスに刺激され、工芸家、建築家に転身し、ヴィクトール・オルタ（一八六一—一九四七）とともにアール・ヌボー*を主導する。ヴァン・デ・ヴェルデは、二〇世紀初頭、ドイツ帝国ザクセン大公に招かれ、ワイマール工芸学校を設立し、ドイツ工作連盟に参加した。ワイマール工芸学校は、美術学校との合併により、一九一九年ワイマール共

実科学校
中等教育機関。一〇歳から一六歳を対象とする。

ロンドン・カウンティ・カウンシル
一八八九年に発足し、一九六五年グレーター・ロンドン・カウンシルに取って代わるまで、初の直接選挙による一般自治体として機能した。当時のイギリス自治体の中で最大かつ最も野心的であった。

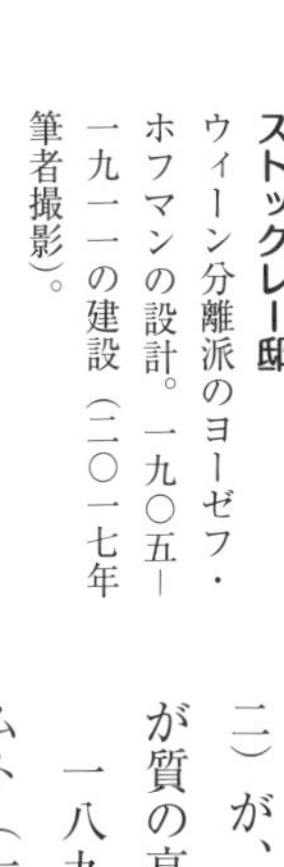

アール・ヌボー
一九世紀後半から二〇世紀前半、ベルギーに生まれフランス、イタリア、スペインなど欧州各地に伝搬したデザイン運動。

ストックレー邸
ウィーン分離派のヨーゼフ・ホフマンの設計。一九〇五―一九一一の建設（二〇一七年筆者撮影）。

和国の誕生とともに国立バウハウス・ワイマールとなり、これを機にヴァン・デ・ヴェルデは校長職をヴァルター・グロピウスに委ねた。ちなみに、バウハウス・ワイマールの校舎はアンリ・ヴァン・デ・ヴェルデ、バウハウス・デッサウの校舎はヴァルター・グロピウスの設計である（二二〇頁参照）。アール・ヌボーはオルタの傑作タッセル邸のあるベルギー・ブリュッセルで先行し、パリでは建築家エクトール・ギマール（一八六七―一九四二）が、フランスの古都ナンシーではガラス工芸家エミール・ガレ（一八四六―一九〇四）が質の高い作品を残した。

一八九七年、ウィーンで結成されたウィーン分離派は初代会長を画家グスタフ・クリムト（一九六二―一九一八）が務め、画家、彫刻家に加え二人の高名な建築家が参加した。ウィーン分離派は過去の様式からの分離、独立を主張した。一八九九年、ヘッセン大公エルンスト・ルートヴィヒが企画したダルムシュタット芸術村コロニーの建設にあたっては、ウィーン分離派の建築家ヨゼフ・マリア・オルブリッヒ（一八六七―一九〇八）がウィーンから招かれ、今も、ウィーン分離派の作品として美しい町並みがわれわれを楽しませてくれる。ここではドイツの工芸家ペーター・ベーレンス（一八六八―一九四〇）設計の自邸も一角を構成している。これに対しもう一人の建築家ヨーゼフ・ホフマン（一八七〇―一九五六）は一九〇三年にウィーン工房を設立し、アーツ・アンド・クラフツ運動に倣い、職人技術の復活を目指した。ベルギーの首都ブリュッセル郊外に、白いノルウェー産の大理石をまとって、妖しく、美しく佇んでいるストックレー邸がホフマンの作品である。

ユーゲント・シュティール*は、一八九七年、ミュンヘンで手工業芸術連合工作所の設立をもって活動が開始された。家具を中心とした美術工芸品を生産販売する会社として発

ユーゲント・シュティール
一九世紀後半から二〇世紀前半、ドイツ語圏で展開されたデザイン運動。ウィーンにおけるウィーン分離派も包含され、アール・ヌボーと地域を分けて対比されることが多い。

トリスタン・トゥザラの家
アドルフ・ロース設計、一九二六年（knaurs lexikon der modernen architektur より）。

足した。モリス商会にあやかっての船出であった。このとき、ペーター・ベーレンスは画家・工芸家としての参加であったが、建築家に転じ、次節で詳述するドイツ工作連盟にも加わり、電機メーカーAEGのデザイン顧問となり、工業製品のデザインを手がける一方、同社のタービン工場の設計者となった。これがモダニズム建築初期の代表作となり、ル・コルビュジエ（一八八七－一九六五）やヴァルター・グロピウス、ルートヴィヒ・ミース・ファン・デル・ローエ（一八八六－一九六九）などに先駆けモダニズムの基礎を提供するほどの存在となった。ペーター・ベーレンスはベルギー出身のアンリ・ヴァン・デ・ヴェルデとともに、この時代のデザイン運動を近代のモダニズムに橋渡しする重要な役割を演じたのである。

一方、こうした各地でのアーツ・アンド・クラフツ運動に端を発する諸運動を痛烈に批判したのが、建築家アドルフ・ロース（一八七〇－一九三三）であった。アドルフ・ロースは自らモダニズムの作家として優れた作品を残しているが、一九〇八年に「装飾と罪悪」という一文において、これら一連の運動による装飾を犯罪者や変質者の刺青と酷評した。装飾は病であるのみならず、罪悪であると主張した。このロースの指摘は、時代に耐えうる生活環境の質を維持するためには中世以来の手工業だけに頼ることの限界を示すもので、手工業技術につきまとう装飾の虚構の排除を主張した。こうしたデザイン運動への反撃は、生産とデザインの分離、生産とデザインそれぞれの質の向上、そして生産とデザインの融合というプロセスを経て初めて達成できる課題解決の原動力となったと見ることができる。さらに、モダニズムのあるべき姿を示唆したものとして、国立教育機関バウハウスにも大きな影響を与えた。

モダニズムの原点といわれるAEGタービン工場
一九〇八—〇九年、ペーター・ベーレンス設計（knaurs lexikon der modernen arcitektur より）。

【参照・引用文献】
柏木博『デザインの20世紀』ＮＨＫ出版、一九九二年
小野二郎『ウィリアム・モリス』中央公論社、一九七三年
ジョン・Ｖ・マシュイカ『ビフォー ザ バウハウス』田所辰之助・池田祐子訳、三元社、二〇一五年

2　ドイツ工作連盟とバウハウスへの集結

モダニズムの誕生の遠因は産業革命にある。産業革命でもたらされた劣悪な生活環境の改善のため、アーツ・アンド・クラフツ運動、ユーゲント・シュティール、アール・ヌボー、ドイツ工作連盟などの活動は生産効率と美の両立を最大の目的とした。ドイツ工作連盟は一九〇六年、ドイツ・ドレスデンで第三回ドイツ工作展が開催されたのを機に、芸術家を保護する新組織として一九〇七年にミュンヘンで結成された。設立総会へは約一〇〇名の芸術家、企業家、手工業者が招待された。発起人に名を連ねたのは一二名の芸術家と一二の企業であった。一二名の芸術家にはプロイセン政府の建築家であったヘルマン・ムテジウスをはじめ、アンリ・ヴァン・デ・ヴェルデ、ヨゼフ・マリア・オルブリッヒ、ペーター・ベーレンス、ヴァルター・グロピウス、ブルーノ・タウト（一八八〇—一九三八）などの建築家に加え、図案家、陶芸家が名を連ねた。一二の企業の多くは芸術家によって興された工房であり、銀細工業、出版業、活字製造業などを営む実業家の経営体であった。設立にあたっての基本的理念は、考案者と制作する芸術家は一つの利益共同体へと統合されなければならないというものであった。芸術家、建築家、経営者、専門家の

連合として社団法人ドイツ工作連盟の発足総会では以下の活動方針が確認された。

・作品の品質向上のための美術、産業、手工業の生産的協力
・商工業者と芸術家の国家に対する一致した行動
・青少年の職業教育への働きかけ
・商業への影響を強めるための商品展示会組織の編成

一九〇七年に発表された綱領報告書では、特に模範的な商品の展示機能を高め、購買者に対して製品についての情報を提供することにより品質向上に資することを目指していた。

ドイツ工作連盟主催の展示会として開催された一九一四年の「一九一四ドイツ工作連盟展ケルン」では、副題として「手工業と商工業における芸術および建築」を掲げ、展覧会場となった建物はドイツ各地から招かれた四八名の建築家により、設計された。ここで生じたのが「規格化論争」である。規格化を肯定推進する立場のムテジウスは「規格化の一〇箇条」を掲げたのに対し、ヴァン・デ・ヴェルデらは反対を唱え、この規格化問題はドイツ工作連盟を二分する議論へと発展した。これは造形に関わる者は誰でも知る論争で、工業技術を造形に導入するきっかけとなる重要な出来事であった。一九二七年にドイツ工作連盟が主催したシュトゥットガルト住宅展（ヴァイセンホーフ・ジードルング）は、モダニズムの旗手を標榜するグロピウス以下一七名の建築家が参加し、ルートヴィヒ・ミース・ファン・デル・ローエ主導のもとに開催され、モダニズム建築確立の場となった。ドイツ工作連盟に集約された企業家の多くは各方面に影響をもたらしたが、特に国立造形教育機関「バウハウス」の設立とその後の活動とは緊密な連携を保った。ドイツ工作連盟そのものは、ナチスによる統制などにより一九三八年に解体されたが、第二次世界大戦後の

一九四七年には再興され、現在も建築やインダストリアル・デザインなどの諸課題の解決に当たたっている。

【参照・引用文献】
針貝綾『ユーゲントシュティルからドイツ工作連盟へ』九州大学出版会、二〇一七年

3　バウハウスの活動

ドイツ工作連盟の理念と活動方針を具体的に展開したのが「バウハウス」である。バウハウスは国立の造形教育機関として、ヴァルター・グロピウスを筆頭に、デザインにおける機能と生産の合理化の追求、モダニズムの創生と普及に努めた。一般に、グロピウスと並んで、ル・コルビュジエ、フランク・ロイド・ライト（一八六七―一九五九）などがモダニズムの旗手とされてきたが、モダニズムの誕生も成長も、実は欧州の北西部を中心に展開されてきた。産業革命による生活環境の劣化の広がりは全欧州に及んでいた。その改善を目指すイギリス、オーストリア、ベルギー、オランダ、フランスで各所別々に芽生えたデザイン運動は、これまで見てきたように、お互いに刺激し合いながら、ドイツ工作連盟を経て、バウハウスへ結集することとなった。

バウハウスは、ワイマール文化の代表ともいうべき総合芸術を最も華々しく象徴する存在であった。一九一九年、バウハウスは国立教育機関としてワイマールで誕生した。バウハウスの初代校長である建築家ヴァルター・グロピウスは、第一次世界大戦中にベルギー

ワイマール・バウハウス校舎
アンリ・ヴァン・デ・ヴェルデ設計、一九一九年竣工（二〇一七年筆者撮影）。

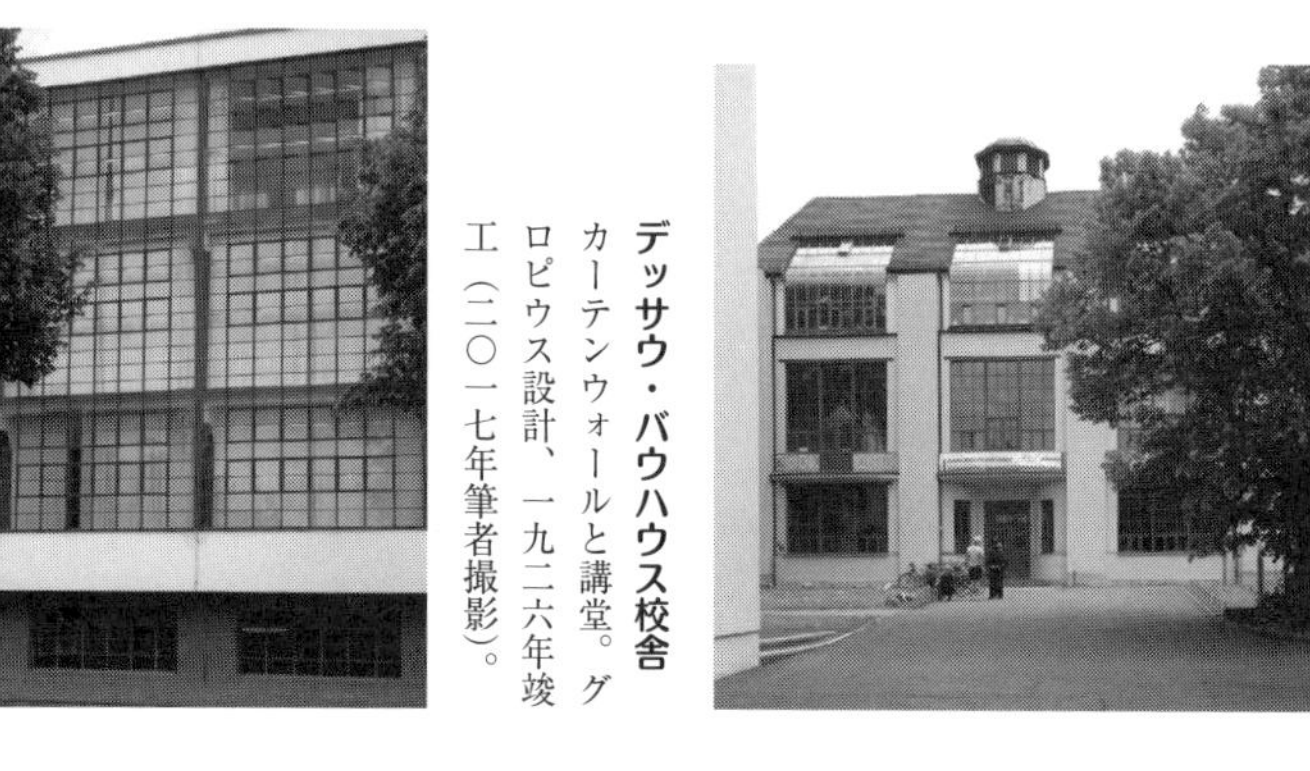
デッサウ・バウハウス校舎
カーテンウォールと講堂。グロピウス設計、一九二六年竣工（二〇一七年筆者撮影）。

人のアール・ヌボーの建築家アンリ・ヴァン・デ・ヴェルデからワイマールにあった国立工芸学校の校長の座を引き継いだ。この引き継ぎはドイツ工作連盟で展開された前述の「規格化論争」の結果、ヴァン・デ・ヴェルデがドイツ工作連盟を去り、スイスに活動の場を移したことに関わりを持っていた。グロピウスは一九一九年の創立にあたって多様な領域や国と地域から創造的な人材を集めて、家庭用品から住宅団地に至るまでの居住環境全体の水準を引き上げようとした。芸術に機能性を求め、芸術家の職人芸と新しい素材に支えられた工業技術との結合を狙った。バウハウスが目指したものは全き新しき生活様式の探究であった。

教授陣には、ワシリー・カンディンスキー（一八六六―一九四四）、オスカー・シュレンマー（一八八八―一九四三）、ライオネル・ファイニンガー（一八七一―一九五六）、パウル・クレー（一八七九―一九四〇）ら近代画壇の巨匠たちも肩を並べていた。陶芸家、家具デザイナーなどに加え、忘れてならないのは彫金科の主任でありながら舞台装置や絵画・写真・映画を手がけていたラースロー・モホリ＝ナジ（一八九五―一九四六）の存在である。彼は、今日の情報技術の進展によるネット社会の到来を予測していたと思われる。また、非常勤講師としてバルトーク・ベーラ・ヴィクトル・ヤーノシュ（一八八一―一九四五）やイーゴリ・ストラヴィンスキーなどの音楽家たちも近代音楽の手ほどきをしていた。しかし、バウハウスはワイマールでは国立教育機関として六年間、デッサウ市立教育機関として七年間、さらに私立造形大学として一年間、ミース・ファン・デル・ローエの手で閉校となるまでの一四年の短い存在であった。校長はグロピウスが九年間、ハンネス・マイヤー（一八八九―一九五四）が二年間、ミース・ファン・デル・ローエが三年

間と建築家から建築家へのバトンタッチであった。

(1) 手工業の重要性――グロピウスのマニフェストとプログラム

一九一九年四月、開校にあたり初代校長グロピウスの名で最初に世に打ち出したのがバウハウス・マニフェストとバウハウス・プログラムである。バウハウス・マニフェストはライオネル・ファイニンガーの有名なケルン大聖堂を表したとされる版画とともに、多くの人の心に刻まれている。「バウハウス」の名称は、中世の大聖堂建設に際して設けられた「バウ・ヒュッテ」（大聖堂の建築現場小屋）に由来するといわれている。すでに述べたように、発注者から末端の職人まで多様な関係者のすべてが、聖俗合わせ、対等な立場で、一つ屋根の下に集結し、大聖堂建設を進めた。バウ・ヒュッテは大聖堂の建設にあたると同時に、周辺地域の教会堂と建築の世界も統制した。手工業職人の技術の粋を真中に置き、参事会、修道士、助修士、職人の集団がそれぞれの主張を明確にしながら、心を一つにして大聖堂建設に励んだバウ・ヒュッテの姿が、ヴァルター・グロピウスの心を捉えたのである。

マニフェストとプログラムには、随所に「手工業」「手工業職人」の言葉が繰り返されている。ある場合は建築家・彫刻家・画家が目指すべき目標として、ある場合は共存すべき仲間として語られている。そして次のようなマニフェストの表現の中に、造形の世界において手工業に関わる諸要素の取り込みによる理想像の創出を目指している姿を見出すのである。――「芸術は、高められた手工業である」「手工業者の新しいギルドを結成しよ

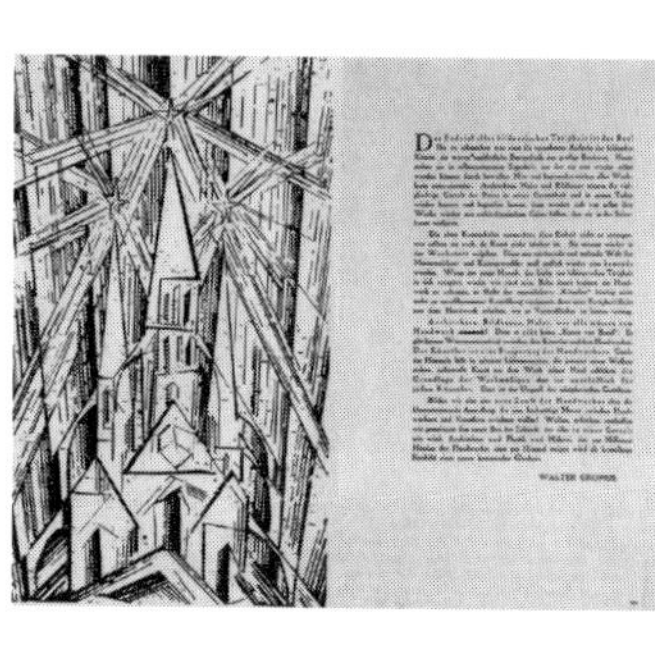

バウハウス・マニフェスト

バウハウス・プログラム

（Magdalena Droste, *bauhaus 1919-1933*, TASCHEN, 2006より）

う」。マニフェストに比べあまり多くの人の目に留まっていないが、マニフェストを具体的に教育計画として裏づけているのがプログラムである。ともにグロピウスによって打ち出されている。プログラムにおいても、随所に、手工業技術の習得が奨励されている。プログラムの「バウハウスの目的」において、一体となるべき芸術分野として彫刻、絵画、工芸に続き手工業の創作領域を指定し、

> 建築家、画家、彫刻家を有用な手工業者あるいは自立性と創造性に富む芸術家に育てることを目指す。（筆者訳）

と記されている。建築家、画家、彫刻家を本質的に手工業職人であるとし、教育の三段階としてバウハウスの教育を徒弟段階・職人段階・若き親方段階とし、手工業社会における身分的仕組みを踏襲している。一九世紀半ばからのバウハウスに至るデザイン運動の流れの中で、手工業技術への依存は顕著であった。欧州各地で展開されたデザイン運動は、いずれも、ウィリアム・モリスのモリス商会が典型的な事業モデルとなっていた。すでに述べたように、この一連の運動の成果に対して冷水を浴びせたのがオランダの建築家アドルフ・ロースであった。

アドルフ・ロースの批判にもかかわらず「手工業」を前面に打ち出したグロピウスの意図に触れておきたい。グロピウスがここまで手工業に拘泥する理由には、中世以来、手工業が重んじ、育んできた「栄誉」と「訓（おしえ）」の理念がある。ゲルマン民族は長子相続が原則であったため、嫡出子の次男・三男が手工業職人の中心部分を占めた。彼らは、発展して

行く中世都市において、ゲルマン民族伝統の営みをとおして、同業組合と徒弟（レアリング）・職人（ゲゼレ）・親方（マイスター）の身分制度を整えていった。手工業者たちは共同体加入のための条件を厳しく定めた。キリスト教信仰を背景に、嫡出子であること、品行方正であること、そして共同体の定住民であることに加え、自らの意思によって独立した職業を営むことであった。この規範を固く守ることを「栄誉」とし、手工業者たちの身分の確立を図った。手工業は「栄誉」を重んじ、自らの規範を守ることによって、高い倫理性と合理性を達成することができた。「栄誉」は手工業者に自由と安定と繁栄を約束する社会的地位をもたらせた。仕事に対する職人としての存在を保証してくれるのは、終局的には「栄誉」だったのである。さらに、徒弟（レアリング）・職人（ゲゼレ）・親方（マイスター）の身分を基幹とするマイスター制度における「訓（おしえ）」のシステムは、職人に必要とされる技術、知識、人格の伝承のためには最も効果的であるとの幅広い合意が形成されてきた。

この手工業の教育システム（マイスター制度）は、中世以来、手工業同業組合（ツンフト）が、どのような劣勢に立たされようとも、幅広く国民的支持を得てきたもので、グロピウスにとって、幅広い合意を得ているこの手工業の持つ特質は、バウハウスの運営に欠かせないものであった。ただ、グロピウスは手工業の技術に拘泥していたわけではない。例えば、ハウス・アム・ホルン実験住宅やテルテン住宅団地においては、工場生産部品の活用に積極的である。グロピウスは手工業の底流にある「栄誉」と「訓（おしえ）」の伝統をバウハウスの基礎に置こうとしたのである。

【参照・引用文献】

Magdalena Droste, *bauhaus 1919-1933*, TASCHEN, 2006

⑵ モダニズムの拠点

産業革命は権威の所在をキリスト教勢力や王侯貴族から資本家と大衆に移し、本格的な民主主義と資本主義の時代の到来をもたらした。まさに自由と平等が実現可能な時代となり、啓蒙思想の流れに乗って、過去の権力者の仮面が剝ぎ取られたのである。生活環境のさまざまな情景に新しい息吹が吹き込まれてきた。建築や造形の領域にも大きな変化が訪れた。ギリシャ時代のデモクラシーと啓蒙思想の親和性を背景に、ギリシャ・ローマの古典様式を模範としてきた新古典の時代が崩壊し、造形の基本理念が様式から機能に転換し、モダニズムの誕生へと進んだのである。

「モダニズム」という言葉が初めて語られたのは一九世紀末、キリスト教カトリックの改革運動においてである。その後、二〇世紀に入り幅広い領域で起きた改革思想を意味するようになった。ワイマール共和国ではさまざまな領域で用いられた言葉である。モダニズム建築は建築家ペーター・ベーレンスによるＡＥＧタービン工場（一九〇九）に始まるといわれる（二一七頁参照）。構成主義*、合理主義、機能主義の影響を受けつつベーレンスのもとで学んだグロピウスは、バウハウス叢書の第一号『国際建築』（一九二五）で、本格的なモダニズムの世界的展開を印象づけた。グロピウスは過去の時代の建築芸術を鑑賞的、審美的、装飾的な形式主義と断じ、建築形態は機能から生まれるべきであると主張し、統一的世界像を念頭に、個人、国家、人類を包含する「国際建築」を提唱した。グロピウスはバウハウスのハウス・アム・ホルン実験住宅に始まり、バウハウスのプロジェクト、テルテン住宅団地やマイスター住宅への展開を実現させ、モダニズム（建築）への道

構成主義
第一次世界大戦後のソ連に興り、西欧に広まった抽象芸術の流派。機械的または幾何学的形態の構成によって力学的な美を創造しようとするもので、建築・彫刻・絵画・工芸・舞台美術・宣伝美術など、さまざまな造形部門で展開された。

バウハウス・デッサウのマイスター住宅
グロピウス設計、1926年（2017年筆者撮影）

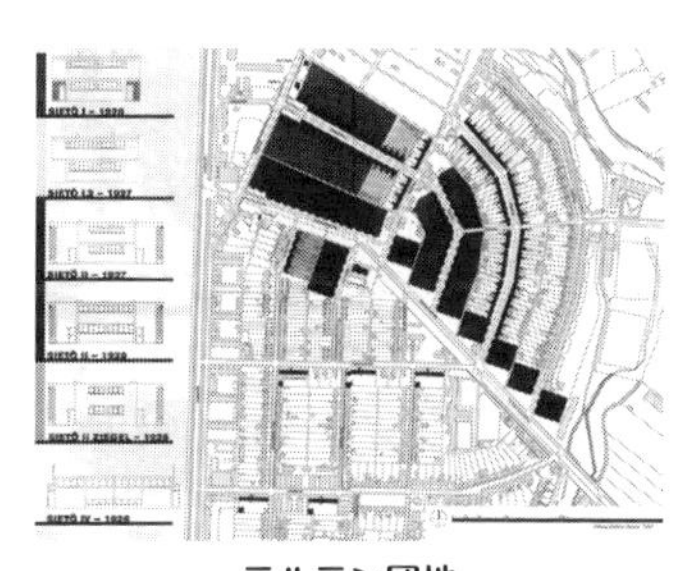

テルテン団地
グロピウス設計、1926年（現地パンフレット2017年より）

程を確かなものにした。

前述したように、一九二七年、ドイツ工作連盟の手で開催されたシュトゥットガルト住宅展はモダニズム建築実践の場となった。この住宅展ではルートヴィヒ・ミース・ファン・デル・ローエのもと一七名の建築家が競演した。主な出展者はヴァルター・グロピウス、ル・コルビュジエ、ハンス・シャロウン（一八九三–一九七二）、ブルーノ・タウト、ヤコブス・ヨハネス・ピーター・アウト（一八九〇–一九六三）など、名実ともにその後もモダニズム建築を担い続けた建築家たちであった。ドイツの建築展は、建築物そのものを展示物とするもので、ドイツ独特の展覧会方式である。国際建築展ＩＢＡ（international-bauausstellung）と称し（二八六頁参照）、一九〇一年、ダルムシュタットで開催されたのが第一回で、第二回がこのシュトゥットガルト住宅展である。特筆すべきは、一九五七年に実施された第三回目のＩＢＡである。ベルリンのハンザ地区で行われた住宅地区開発で「インターバウ」と呼ばれている。インターバウにはグロピウス、ル・コルビュジエ、アルヴァ・アアルト（一八九八–一九七六）、ヤコブ・バケマ（一九一四–一九八一）、アルネ・ヤコブセン（一九〇二–一九七一）、オスカー・ニーマイヤー（一九〇七–二〇一二）、ハンス・シャロウンなど世界の名だたる建築家二五名が参加し、事実上、モダニズム建築を第二次世界大戦後につなぐ格好の場となった。

バウハウスが近現代芸術と建築に直結していることは、第二次世界大戦後、それほどしっかり認識されてこなかった。それはバウハウスが活動の拠点としたワイマールもデッサウも旧東ドイツで静かに佇んでいたことが大きく影響している。東西ドイツの統合を果たし、二一世紀を迎え、バウハウス創立一〇〇年（二〇一九年）にあたって、改めてその歴史的価値が脚光を浴びている。EUのウルズラ・フォン・デア・ライエン（一九五八―）委員長が、バウハウスの名に肖（あやか）って、新バウハウス・プロジェクトとして世界の環境を救う五つの事業の展開を世界に訴えている。

【参照・引用文献】
Magdalena Droste, *bauhaus 1919-1933*, TASCHEN, 2006
「50 jahre bauhaus」展カタログ、württembergischen kunstverein、一九六八年
「BAUHAUS experience, dessau」バウハウス・dessau 展カタログ、印象社、二〇〇八年

ハウス・アム・ホルン実験住宅（外観と内観（居間））
ゲオルク・ムッヘ、バウハウス建築科設計、一九二三年（二〇一七年筆者撮影）。

⑶ ハウス・アム・ホルン実験住宅

バウハウスは一四年間の存続期間中、総合芸術としての建築に関しても輝かしい実績を残し、いくつかの金字塔を打ち立てた。その一つに、いわゆるモダニズム建築の原点を確立し、その展開を見事に実現したことが挙げられる。その中でも最も歴史的な意味を持つものが、一九二三年の国際バウハウス展で発表された「ハウス・アム・ホルン実験住宅」である。設計はゲオルク・ムッヘ（一八九五―一九八七）とバウハウス建築科、建築指導はアドルフ・マイヤーとヴァルター・マルヒ（一八九八―一九六九）で、実現にあたっては快適な生活を保証する将来の住宅の持つべき機能が徹底的に探求された。同時に集合住宅も含めた住宅計画への多様な展開の可能性も追求された。施工にあたっては伝統の手工業技術のみでなく、工業技術を導入することにより生産の合理化を図り、価格の低減、工期の短縮が目標となった。必要機能を満たすべき部品・部材の適切な分割のもと、新規に部品・部材が考案され、分担工房が協力して実験住宅を作り上げていった。ハウス・ア

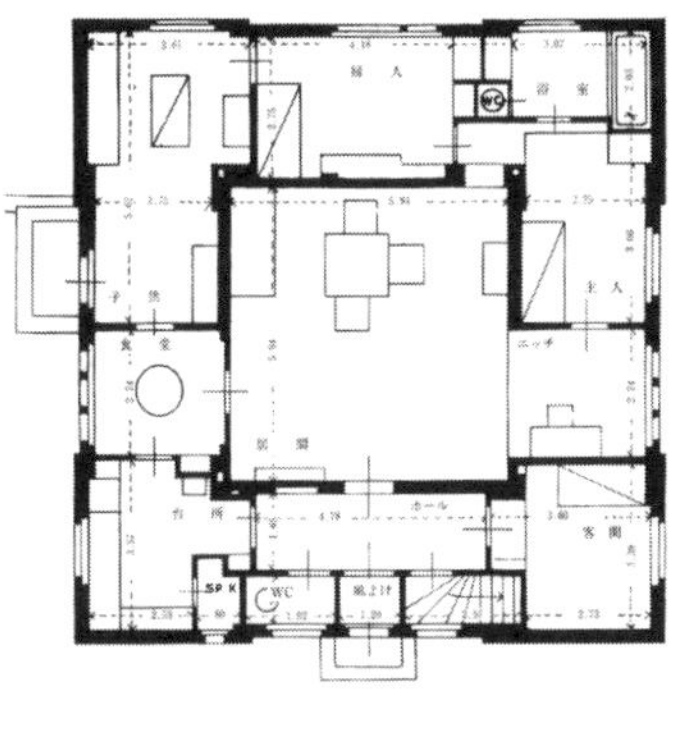

一階平面図（『バウハウスの実験住宅』より）

ム・ホルン実験住宅は、機械化された工場生産にふさわしい合理的で効率的な実験住宅である。このたった一つの住宅が多くの高名な芸術家とワイマール・バウハウスの工房との協働で建設された。

この実験住宅は三つの点でこれまでの建築を大きく進展させた。まず、大衆の新しい生活像のもと、住宅としての機能を徹底して探究し、近代市民の住まいの原点にふさわしい主張と斬新さを備えている。その背景には産業革命とともに領邦君主やキリスト教勢力から富と権力を奪いつつ主張を強めていった大衆化の波がある。スペインの哲学者オルテガ・イ・ガセット（一八八三―一九五五）は『大衆の反逆』の中で、

> 大衆が社会の前景に進み出ることを決意し、かつては少数者のみのものであった施設を占領し、文明の利器を用い、楽しみを享受しようと決断した……。

と記したが、ハウス・アム・ホルン実験住宅はまさにその肯定的実像である。第二に、住宅工業として住宅生産全体の合理化を達成するため、部品分割とその規格化を徹底した。第三に、実験住宅の中に場を占めた装置の数々は、手工業技術を工場生産技術に置き換えながら、バウハウスの工房によって考案され、デザインも機能もこれまでにない高い質を達成した。これにより価格の低減、工期の短縮、品質の向上が達成された。この実験住宅はグロピウスの設計によるデッサウのマイスター住宅やデッサウ郊外のテルテンの勤労者住宅団地に展開され、その優れた合理性を証明した。

【参照・引用文献】
アドルフ・マイヤー『バウハウスの実験住宅　新装版』貞包博幸訳、中央公論美術出版、二〇一九年
オルテガ・イ・ガセット『大衆の反逆』神吉敬三訳、筑摩書房、一九九五年

(4) 活動の変遷

バウハウスの教育カリキュラムは基礎教育*・工房活動・建築教育の三段階構成であった。このうち多彩なカリキュラムで広く知られているのは基礎教育である。しかし、バウハウス教育の主体は工房における制作活動にあった。工房活動における共同制作によって新しい時代に相応しい製品を生み出していった。工房の製品販売による収入は、これまでのパトロンとしての領邦君主による支えを期待しえなくなっていた当時、バウハウスの財政面を支える貴重な財源であった。そのため、工房で制作された製品の販路をナチスにより断たれたことがバウハウス終焉の要因の一つであるといわれている。バウハウスには九つの工房と建築活動の場がある。工房活動は三年後の職人試験で修了することを原則とし、各工房ごとに随時、造形理論の補完が行われた。そこで、次にバウハウスの活動の概要を把握するために工房に着目し、その変遷を辿ることにしたい。

　バウハウス開設の一九一九年に、グロピウスはアカデミーの教育に携わっていた画家のヨハネス・イッテン（一八八八―一九六七）、画家のライオネル・ファイニンガー、彫刻家のゲルハルト・マルクス（一八八九―一九八一）を招聘した。イッテンの推薦もあり、表現主義*の画家ゲオルク・ムッへも招いた。以後、運営組織である評議会は一九二〇年には画家のパウル・クレー、オスカー・シュレンマー、一九二一年には舞台工房開設のために

基礎教育
基礎教育は予備課程と授業で構成された。予備課程の名称はイッテンの主張が採用されたもので、イッテン、アルバース、モホリ=ナジの基礎教育に用いられた。クレー、カンディンスキーなどのは授業と呼ばれた。

表現主義
二〇世紀初頭から第一次世界大戦後まで、ドイツの社会矛盾を反映した文学・芸術思潮。自然主義・印象主義に対する反動から作者個人の強烈な主観を通して対象を極度に変形・歪曲する。文学ではカイザー・ヴェルフェル、絵画ではムンクやコルヴィッツを先駆としてカンディンスキーら、彫刻ではレーンブルックら、建築ではタウトら、音楽ではシェーンベルク、ウェーベルンらがその代表。

ローター・シュライヤー（一八八六―一九六六）、一九二二年には画家ワシリー・カンディンスキーなどをマイスターとして次々に招聘した。一方、工房の整備には困難が伴ったが、開校と同時に開設された工房は陶器工房（マルクスの担当）、織物工房（ムッヘの担当）、版画工房（ファイニンガーの担当）の三工房、翌年に金属工房（ラースロー・モホリ＝ナジの担当）、家具工房（グロピウスの担当）、壁画工房（カンディンスキーの担当）の三工房、舞台工房（シュライヤーの担当）は一九二一年に形を整えた。そのほか、クレーはステンドグラス、シュレンマーは石彫、木彫も受け持つことになった。多彩なジャンルから集まった教授陣には、芸術ジャンルの越境が奨励されており、画家ムッヘが建築設計に関わったり、建築家グロピウスが三月革命記念碑の巨大彫刻の作成にあたったり、シュレンマーがさまざまな芸術ジャンルを舞台において一体化したりした。このように、組織体制は徐々に整えられていった。

その後、バウハウスでは一四年間の存立中、大きく捉えると、グロピウスとイッテンの路線論争後、デッサウ移転時から校舎完成時、そして二回の学長交代時に、四度の変革が行われた。これはワイマール共和国の揺らぎやすい政治体制や経済状況など外部環境の変化に大きく揺すぶられたことと、内部的には教育路線をめぐって論争が絶えなかったことに起因する。この論争には学生が加わることも多かったが、この討議論争の中にこそ活力を醸成する源があった。バウハウス理解に欠かせないのはこの論争と変革で、バウハウスを固定的に捉えることは困難な上、それでは正しいバウハウス理解にはつながらない。バウハウスはさまざまな態様で、さまざまなときに、軋轢に晒されることとなった。

最初に転換点が到来したのは、初期のグロピウスと予備課程を考案したイッテンの路線

三月革命記念碑 グロピウス設計（二〇一七年筆者撮影）。

をめぐる対立である。この論争は一九二二年のイッテンの転出によって決着したが、その論争のきっかけになったのは外部からの請負仕事の諾否にあった。請負仕事によってバウハウスを開かれた共同体と位置づけ、経済活動の中に地位を確立しようとするグロピウスは、芸術性に重点を置くイッテンと、路線を異にした。イッテンの転出後、予備課程をヨゼフ・アルバース（一八八八―一九七六）とラースロー・モホリ＝ナジに委ね、グロピウスは一九二四年の「バウハウス生産の諸原則」で、以下のような基本路線を明確にした。

・進歩する技術や新しい素材、新しい構造の発見と絶えず接触を保つことによってのみ、造形活動を行う人間は、対象を伝統との生き生きとした関係のうちに見出し、そこから新しい工作観を発展させていく能力の取得
・機械と乗り物による活気ある環境との断固とした関係
・物事を、固定の法則に従って、ロマンティック化せず、遊びなしに造形すること
・典型的で、誰にでも理解できる基本形態・色彩への限定
・多様性の中の単純さ
・空間、材料、時間、資金の無駄のない利用

（一條彰子訳）

以後、バウハウスの工房は、工業的大量生産のための標準型を開発する実験室になり、目指す路線が明確に示された。

次の転換点となったのがデッサウへの移転から新校舎完成までの時期である。一九二四年の地方選挙で右翼勢力が進出したテューリンゲン政府は、バウハウスに対して全教授陣

バウハウス工房活動の推移（筆者作成）

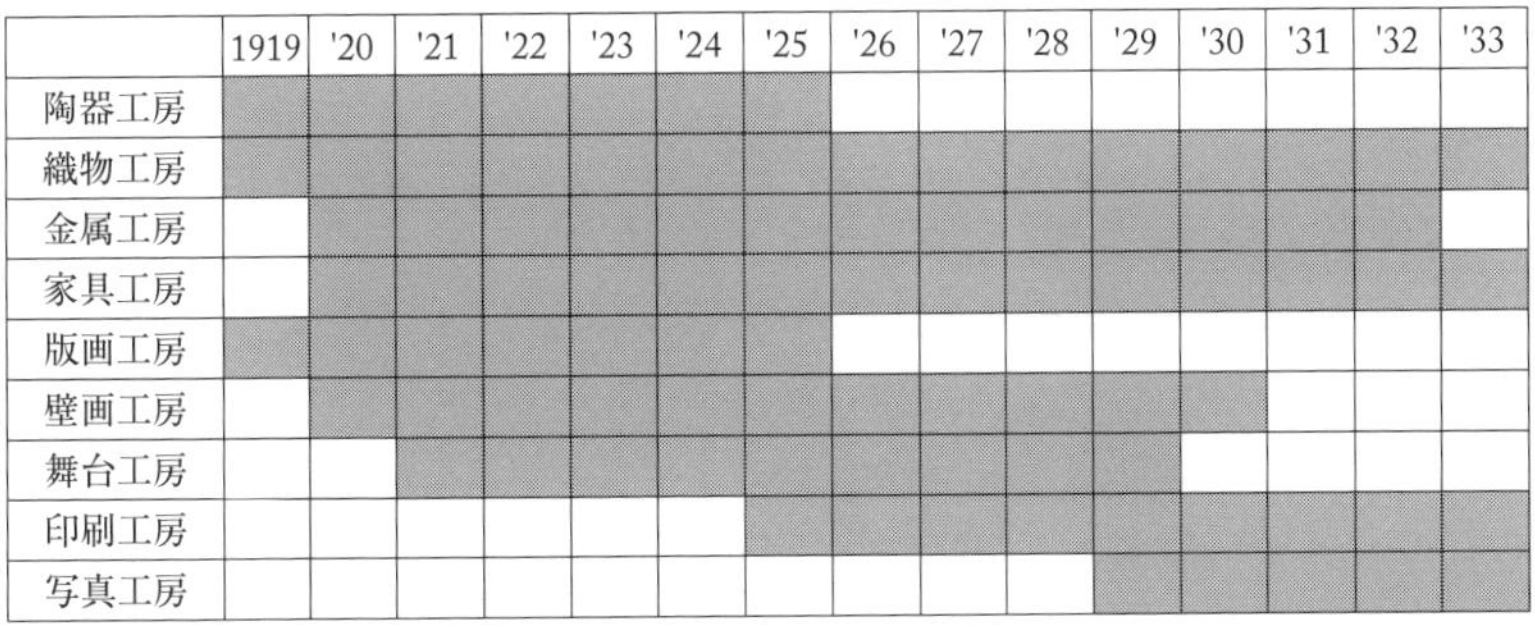

	1919	'20	'21	'22	'23	'24	'25	'26	'27	'28	'29	'30	'31	'32	'33
陶器工房	■	■	■	■	■	■	■								
織物工房	■	■	■	■	■	■	■	■	■	■	■	■	■	■	■
金属工房		■	■	■	■	■	■	■	■	■	■	■	■	■	
家具工房		■	■	■	■	■	■	■	■	■	■	■	■	■	■
版画工房	■	■	■	■	■	■	■								
壁画工房		■	■	■	■	■	■	■	■	■	■	■			
舞台工房			■	■	■	■	■	■	■	■	■				
印刷工房							■	■	■	■	■	■	■	■	■
写真工房											■	■	■	■	■

の解雇と補助金の減額を通告してきた。そこへ手を差し伸べてきたのが新興工業都市デッサウであった。デッサウ移転を機に、一九二五年の移転時と新校舎竣工時の二度にわたり、徹底した改編が行われた。財政的理由で陶器工房と石彫・木彫・ステンドグラスは活動を停止した。部制が採用され、建築・内装部に家具、金属、織物、壁画の諸工房が組み入れられ、協業促進の具体策となった。次期校長となる建築家ハンネス・マイヤーが建築部長として就任し、建築・内装部の体制が整えられた。建築教育は一九二〇年に始まったとされるが、その当時の実態はグロピウスやアドルフ・マイヤーの私的な設計事務所で行われていた。ここにようやく、バウハウス本来の建築部門が活動できる素地が固められた。印刷工房は印刷・広告工房となり、自由絵画教室として、クレーとカンディンスキーの二つの教室が独立した。舞台工房は一九二一年にバウハウス評議会から要請を受けたシュトルム*の画家で舞台芸術家のローター・シュライヤーによって開設された。しかし試演に失敗、早々に退任し、一九二三年四月からは正式にオスカー・シュレンマーが舞台工房を指導していた。このときの改変で、舞台工房は建築と並んで表舞台に立つこととなった。一つの工房に二人のマイスター（形態と工匠）が配されてきたが、これを改め一人とし、名称も教授と改められ、親方・徒弟に代わり教授・学生と呼ばれるようになった。そして工房で制作される作品の本格的販売のため、従来から模索していた会社の設立が実現することとなった。グロピウス念願の教育機関としての肩書きに「造形大学」*が付与され、事業体としてのバウハウスは徐々に活動の基盤を固めつつあった。

次の改変は、グロピウスが去り、校長にハンネス・マイヤーが就任した一九二八年であった。ラースロー・モホリ＝ナジ、マルセル・ブロイヤー（一九〇二—一九八一）など

シュトルム
一九一二年から一九三二年まで続いた文芸雑誌『DER STRUM』。

造形大学
ドイツ国内で「唯一」の造形大学の意が込められている。バウハウス－ウルム－オッフェンバッハとつなぐ。

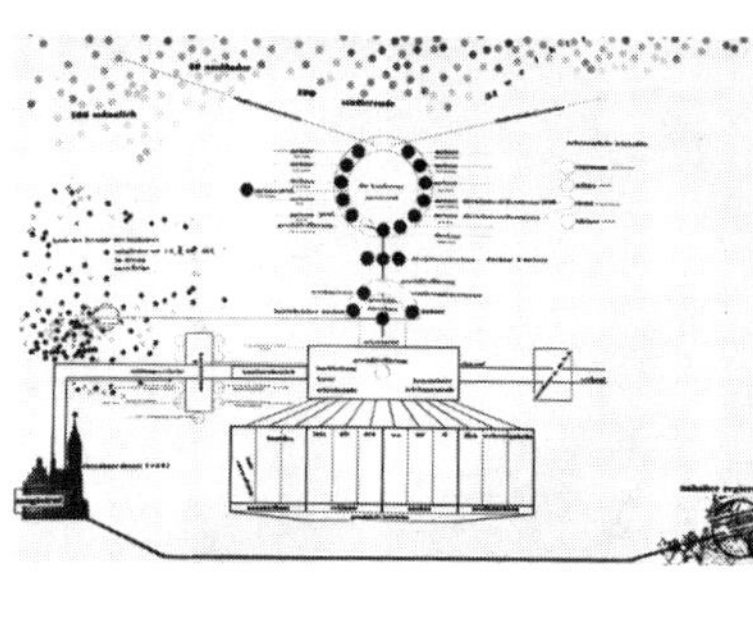
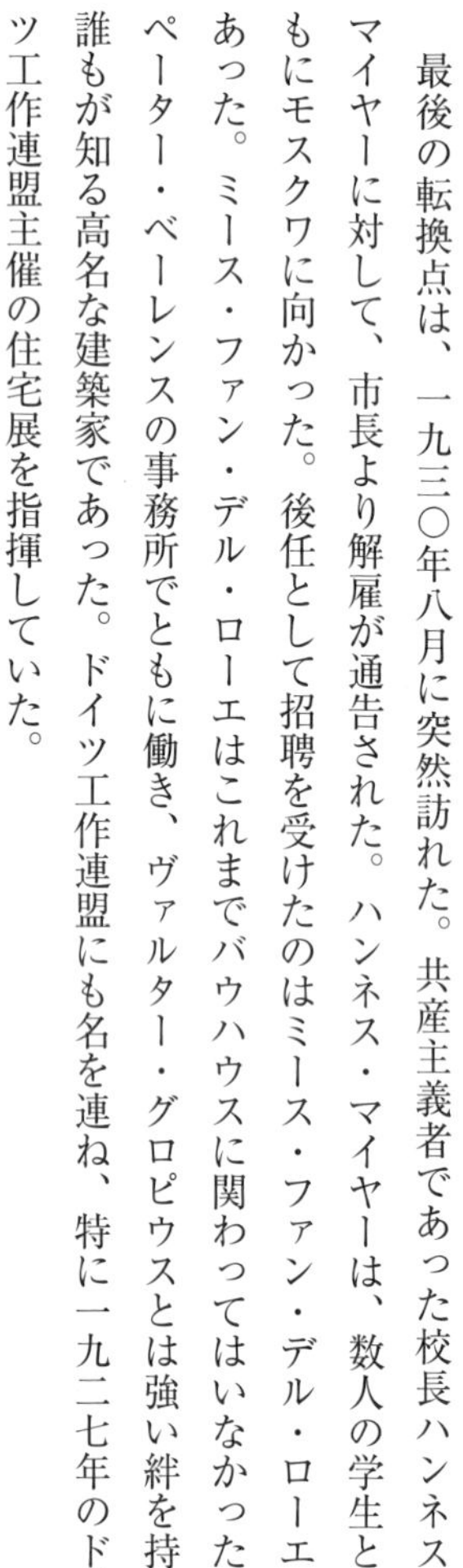

二代目校長ハンネス・マイヤーの描いた組織図
（クロード・シュナイト『ハンネス・マイヤー』より）

もグロピウスと行動をともにした。ハンネス・マイヤーは校長に就任するや、直ちに内部構造改革に関する討論会を開催した。この討論には学生も参加して、数週間にわたって続けられた。新たに、工房に関する「経済性の追求」「各工房の自治」「生産教育」の三つの方針が示された。金属、家具、壁画は内装工房として一つにまとめられ、民衆の家具調度の制作に励むことになった。広告宣伝関連では、印刷、広告、展示、写真がまとめられ、広告部門の拡充が図られた。一九二九年以来建築学部は建築理論科と建築科に分かれ、建築理論科では構造、設備、建材などを教え、建築科では具体的な計画を立案処理するとともに、学生の卒業制作や自主的制作を行った。ハンネス・マイヤーの代表作ベルリン郊外の全ドイツ労働組合総同盟（DBG）の研修施設の設計にあたっては、学生は協力者として参加した。舞台工房は活発な活動を展開し、バウハウス・ダンスを中心とするプログラムを持ってドイツ、スイスの巡回公演で大きな成果を挙げた。この成功に合わせるように、シュレンマーはかねてから検討されていたブレスラウからの招聘を受け、バウハウスを去ることとなり、校長ハンネス・マイヤーは経済的事情を考慮して舞台工房を閉鎖した。

　最後の転換点は、一九三〇年八月に突然訪れた。共産主義者であった校長ハンネス・マイヤーに対して、市長より解雇が通告された。ハンネス・マイヤーは、数人の学生とともにモスクワに向かった。後任として招聘を受けたのはミース・ファン・デル・ローエであった。ミース・ファン・デル・ローエはこれまでバウハウスに関わってはいなかったが、ペーター・ベーレンスの事務所でともに働き、ヴァルター・グロピウスとは強い絆を持つ誰もが知る高名な建築家であった。ドイツ工作連盟にも名を連ね、特に一九二七年のドイツ工作連盟主催の住宅展を指揮していた。

ハンネス・マイヤーの代表作 DBGの研修施設
ベルリン郊外ベルナウ（一九二八―一九三〇）（クロード・シュナイト『ハンネス・マイヤー』より。下写真二〇一七年筆者撮影）。

新校長としてミース・ファン・デル・ローエが着手した変更の主眼点は、これまで以上に建築中心の教育機関にすることであった。内装工房と織物工房は維持されたが、広告部から写真科を独立させ、自由絵画とともに独立した学科とした。これまでバウハウスの根幹であった基礎教育が必須でなくなり、希望する学生は工房実習なしに建築の授業に進むことができるようになった。教育の期間は六学期に短縮され、建築教育が中心に据えられ、授業は三段階に分けられ、第一段階は技術的な基礎知識、第二段階はルートヴィヒ・ヒルベルザイマー（一八八五―一九六七）による都市建築ゼミナール、第三段階でファン・デル・ローエ自身の指導が予定された。なお、ヒルベルザイマーは建築家・都市計画家で、カールスルーエ工科大学を中退後、ペーター・ベーレンスなどの事務所に勤務し、一九二九年、ハンネス・マイヤーによりバウハウスに招聘された。しかしナチスの監視を受け、一九三八年には米国に渡り、ミース・ファン・デル・ローエとともにイリノイ工科大学で都市計画の教鞭を取った。

一九三一年と一九三二年のデッサウ市の議会選挙では

ナチスはさらに勢力を強め、一九三二年九月にバウハウス解体を決定した。バウハウスはこの一〇月にベルリンの空き家に引っ越し活動を再開したが、翌一九三三年四月、ゲシュタポの手で封鎖された。ナチスの示した学校再開の条件は、カンディンスキーなど非アーリア人の教授の解雇と、何人かの教職員のナチスへの入党であった。同年七月、教授会は最後の会議を開き、全員一致で自らバウハウスの解散を決定した。

【参照・引用文献】
ミハエル・ジーベンブロート『バウハウス一九一九―一九三三――ある美術学校の歴史』一條彰子訳、一九九五年（セゾン美術館におけるバウハウス展図録「bauhas1919-1933」一九九五年開催）
Claude Schnaidt, *Hannes Meyer: Bauten, Projekte und Schriften*, Verlag Arthur Niggli AG, Teufen AR, 1965

4　バウハウスとともに――モダニズム住宅

モダニズム建築の潮流を生み出したバウハウスのハウス・アム・ホルン実験住宅に匹敵する同時代の優れた住宅作品は多い。いずれもモダニズム建築の定着、発展に寄与し、現存する珠玉の作品である。しかも揃って一九二〇年代の設計である。産業革命により技術が発展し、家内工業が工場生産に移行し、そこで誕生した新しい素材が用いられている。技術革新により生活環境の改善の可能性が高まり、個の確立が進み、大衆の自覚覚醒が謳われ、新しい欧州を作り上げようとするときでもあった。次に紹介する三つの住宅は、バウハウスのハウス・アム・ホルン実験住宅とともに、時を超えて輝きを増し続け、揺らぐ

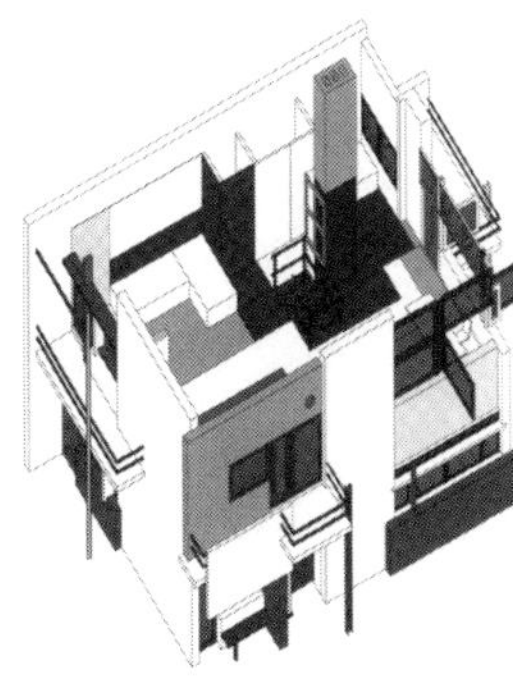

シュレーダー邸
リートフェルト設計、一九二五年竣工。イソメトリー（奥佳弥『リートフェルトの建築』より）。

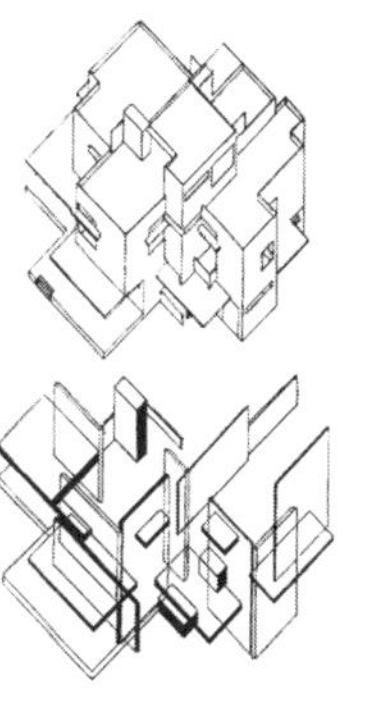

ドゥースブルフによる住宅のための習作
(knaurs lexikon der modernen architektur より)

ことなくモダニズム建築として存在を主張し続けている。

(1) シュレーダー邸

一九一七年にオランダ・ライデンに集結したグループ「デ・ステイル」は画家ピエト・モンドリアン（一八七二―一九四四）の新造形主義の理念による活動を展開した。活動の中心にはテオ・ファン・ドゥースブルフ（一八八三―一九三一）の活動があり、建築家、画家、彫刻家、都市計画家など能力と実績のある人々が集った。ヘリット・トーマス・リートフェルト（一八八八―一九六四）もその一人であった。ドゥースブルフやリートフェルトはバウハウスには加わらなかったが、密接な関係を保った。特に、ドゥースブルフは住まいをオランダ・ライデンからドイツ・ワイマールに移し、バウハウスの枠外で、一九二二年に「ステイル講座」を開設し、ドイツ表現主義からの脱却を図った。この講座にはバウハウスの学生二五名が参加していた。リートフェルトは、オランダ・ユトレヒトに生まれ、父により家具職人として育てられ、二三歳にして自前の家具工場を持った。代表作シュレーダー邸は、一九二三年に夫を亡くしたシュレーダー夫人（一八八九―一九八五）の住宅である。シュレーダー夫人は三人の子供とともに住まいをロッテルダムの郊外に求めたが、設計に当たったリートフェルトとは旧知の仲で、旧弊を改め、新しい生活様式を求めるシュレーダー夫人の意欲は設計者には十分に理解されていた。木と鉄と煉瓦というありきたりの素材を縦横に駆使して、機械のように機能的で精緻な住まいを作り上げている。一九六六年四月、まだ存命中のシュレーダー夫人が自ら可動間仕切りを操作して、豊かな住まい方のバリエーションを演出したことが忘れられない。

【参照・引用文献】
奥佳弥著、キム・ズワルツ写真『リートフェルトの建築』TOTO出版、二〇〇九年
宮本和義写真、栗田仁著『シュレーダー・ハウス――建築家リートフェルト』バナナブックス、二〇〇五年

⑵ サヴォア邸

サヴォア邸
コルビュジエのスケッチ（Le Corbusier, *1929-Feststellungen zu Architektur und Städtebau* より）

サヴォア邸は保険会社を経営していたピエール・サヴォア氏の週末住宅として、一九二八年に設計が開始され、一九三一年に竣工した。パリ郊外のポワシーに、ル・コルビュジエの設計によって建てられた。ル・コルビュジエが、ちょうどこの時期に提唱していた近代建築の五原則「ピロティ*」「自由な平面」「自由な立面」「独立架構体による水平連続窓」「屋上庭園」のすべてを見事に実現した住宅である。この五原則は、モダニズム建築の形態的な側面を、直裁に、単純に示したものとして、建築に関わる多くの人々がモダニズムを理解し、実践するのに役立った。外観上は、コンクリートという単一の材料によって構成され、ル・モデュロール*が美しいプロポーションを作り出している、おおらかな建物で、装飾性を一切排除し、機能の追求に徹した住宅である。多くの人々がモダニズム建築の代表作と考えている。コンクリートによる白い箱が浮いているのが印象的である。

【参照・引用文献】
Le Corbusier, *1929-Feststellungen zu Architektur und Städtebau*, Ullstein, 1964
スタモ・パパダキ編『ル・コルビュジエ作品集』生田勉訳、美術出版社、一九五三年

ピロティ
二階以上の建物において柱を残して外部空間とした建築形式。

ル・モデュロール
ル・コルビュジエが黄金比を取り込み考案した寸法基準(knaurs lexikon der modernen architektur より)。

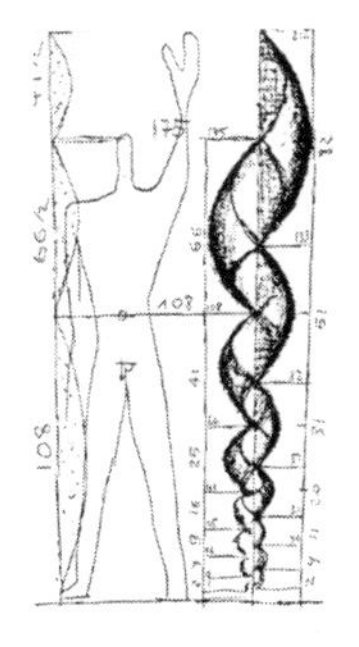

(3) ダルザス邸

産婦人科医師のダルザス博士は診療所付きの住宅を建てるために建物を取得した。その場所は、オスマン男爵（一八〇九―一八九一）が一八五三年から一八七〇年まで一七年にわたって大規模なパリの都市改造を実行した一角に位置する。このとき、広い大通りと街区の内側の緑豊かな中庭が整備された。一九二八年から一九三一年にかけて作られたこのダルザス邸は、建物の三階の賃借人が現状維持を望んだので、三階と屋根を残しての二階以下の新設である。これまでの石造の二階分を鉄骨の構造体で三階分に置き換え、ガラスブロックで大きく覆ったファサードとなっている。最新の優れた材料を最高の技術で造形した珠玉の傑作である。オスマン風の重々しくも単調な街並みの中にあって、奥ゆかしく、しかし、キリッと光り輝く佇まいは強い衝撃を与えている。内部空間も素材が見事に活かされ、新旧の家具とも調和が図られ、ガラスブロックによる柔らかい光のリズムが、心を和ませる。

設計者とされているピエール・シャロー（一八八三―一九五〇）はフランスの家具デザイナー、インテリアデザイナーとして知られているが、このダルザス邸の設計にあたっては、オランダの建築家ベルナルト・ビジヴォ（一八八九―一九七九）の支援を受けている。シャローは設計にあたって、モダニズムを強く意識していたとされている。モダニズムが追求していた各種工場生産から使用、管理に至る一連のプロセスにおいて、居住者に役立つために必要な高い技術力をもって対応しており、設計者自身がモダニズムのプロトタイプと称するだけの高い価値を見出すことができる。ガラスブロックと鉄という、まさに新

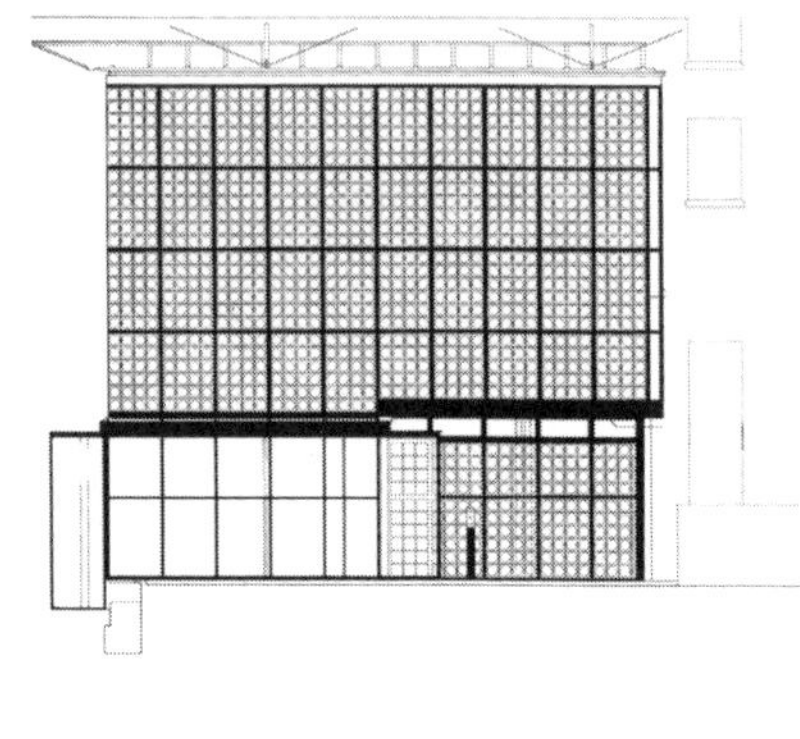

ダルザス邸正面図
（『ピエール・シャロー　ガラスの家（ダルザス邸）』より）

しい建築素材を活かし切った秀作である。

【参照・引用文献】
二川幸夫企画・編集・撮影『ピエール・シャロー　ガラスの家（ダルザス邸）』ＡＤＡエディタトーキョー、二〇一二年

5　バウハウスの後

バウハウスがナチスの統制により徐々に活動の基盤を削がれてゆく過程の中で、マイスターと学生の多くは国外に活動の場を求めた。初代校長のヴァルター・グロピウスは米国ハーヴァード大学で教鞭をとる一方、マルセル・ブロイヤーとともに共同設計事務所ＴＡＫを開設し、米国において設計活動を継続した。二代目校長を務めたハンネス・マイヤーは、バウハウスにおいて建築教育を本格的に展開したが、共産主義者であったがゆえにナチスに追われてソ連に亡命し、一九三七年までソ連で活動したのちスイスに戻った。三代目校長ミース・ファン・デル・ローエは米国に亡命し、一九三八年から二〇年間、イリノイ工科大学建築学科の主任教授を務めつつ数々の作品を残した。バウハウスで色彩論や形態論などを教えたラースロー・モホリ＝ナジやヨーゼフ・アルバースなども米国に亡命し、イェール大学やシカゴデザイン研究所などで活動を継続した。また、学生にはいち早くイスラエルに戻り、母国で活動を継続したアリエ・シャロン（一九〇〇―一九八四）などバウハウスで学んだ四名の建築家がいた。彼らも関わったホワイトシティのプロジェクトは

二〇〇三年世界遺産に登録された。

このようにバウハウスに身を置いた多くの人々は亡命などによって欧州の地を離れたが、一方で欧州に留まった人も多い。パウル・クレーはバウハウス退職後、一時デュッセルドルフの美術学校で教鞭をとり、その後生まれ故郷のスイス・ベルンで制作活動に励んだ。ワシリー・カンディンスキーは閉校までバウハウスに留まり、その後フランス国籍を取得し、パリ郊外のヌイイ＝シュル＝セーヌで生涯を終えた。エルンスト・ノイフェルト（一九〇〇－一九八六）はバウハウス閉校後、一九三六年建築設計教本を出版し、これがわが国も含め多くの国の建築設計の規範となった。

そして第二次世界大戦後、バウハウスで学んだマックス・ビル（一九〇八－一九九四）を学長として、バウハウスのマイスターを務めた人々の支援のもと、一九五三年にウルム造形大学が開校された。東西分裂によりソ連の占領下東ドイツに置かれたワイマール、デッサウから離れた西ドイツで、バウハウスの本格的な継承が試みられることとなった。

6　モダニズムの実践――ウルム造形大学

(1)　誕生の経緯

ナチスへの抵抗運動体「白バラ」*の構成員であった弟妹をヒトラーへの反逆の罪による絞首刑で失った姉インゲ・ショル（一九一七－一九九八）は、平和への祈りを込めて、一

白バラ
第二次世界大戦中のドイツにおいて行われた反ナチ運動体。反ナチのビラの作成が発覚し、インゲ・ショルの弟妹ハンスとゾフィーが処刑された。

九四六年にはウルム市民大学を開校し、続いて一九五〇年にはバウハウスの再興を願ってショル財団を設立した。そして一九五二年、ショル財団によって「ウルム造形大学」が創立された。バウハウスで学んだマックス・ビルに初代学長を委ね、バウハウスの再興を期することとなった。戦後のデザイン界で活動を始めていたマックス・ビルに新校舎の設計も依頼したが、建設にあたってはアメリカ合衆国より一〇〇〇万マルクの支援を得て、その他多方面からの資材援助などもあって、一九五三年九月、ウルム・クーベルクの丘で念願の校舎着工の運びとなった。完成を待てず、一九五三年八月、ウルム大聖堂の前の広場や水車小屋で授業が開始された。そのときの学生は一九名であった。一九五五年一〇月新校舎の竣工をもって、ウルム造形大学の公式開校となった。初代学長マックス・ビルの主導により、バウハウスを超える前進を目指しての出発であった。より一層、日常生活環境の質の向上を誓い、「スプーンから都市計画」の幅広い分野への挑戦を標榜したのである。一九六八年までの一三年間という短命で終わるものの輝かしい出発であった。

ちなみに、ドイツ帝国の敗戦後、当時の東西ドイツは国家としての人格は与えられていなかった。ベルリン宣言によってドイツの中央政府は存在しないと宣言された。このときから、国際的法人格を持つものは東西ドイツ統一の一九九〇年までの四五年間存在しなかった。占領三国（フランス・イギリス・アメリカ）の西ドイツへの、ソ連の東ドイツへの戦争状態終結宣言がなされた状況が継続した。この状況の中で、ウルム造形大学は戦後の西ドイツの復興を担うこととなった。

【参照・引用文献】
インゲ・ショル『白バラは散らず』内垣啓一訳、未来社、一九六四年

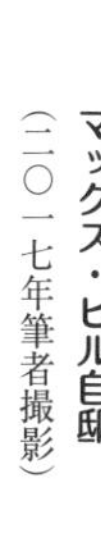
マックス・ビル自邸（二〇一七年筆者撮影）

(2) マックス・ビルの貢献

バウハウスの流れをくむウルム造形大学の基本的なコンセプトは初代学長マックス・ビルによって導入された。マックス・ビルは一九二七年から一九二九年にかけて、バウハウス・デッサウでワシリー・カンディンスキー、パウル・クレー、オスカー・シュレンマーなどから学んだ。造形教育者としての側面は、一九四四年チューリヒ美術大学の教授に就任した経歴が知られていた。一九五二年のウルム造形大学の設立に際しては、バウハウスの伝統を受け継ぐべく「美術と科学の統合」を目指す新しい造形教育機関を謳った。マックス・ビルはバウハウスの伝統の継承の基本としてバウハウスの基礎教育のカリキュラムの導入に力を入れた。バウハウスでヨハネス・イッテンが考案し、ヨーゼフ・アルバースとモホリ＝ナジが発展させた予備課程やクレーやカンディンスキーらが展開した造形教育の基本部分の導入を図った。イッテンやアルバースには講師として協力を得た。しかし、それは経済復興を願う戦後の西ドイツにとって、あまりにも理念的であったのかもしれない。ウルム造形大学の創設にあたったインゲ・ショルは、同じく大学創設に尽くしたデザイナーで二代目学長オトル・アイヒャー（一九二二―一九九一）と結ばれ、インゲ・アイヒャーとして教育と創作活動の中心にあったが、アイヒャー夫妻と三代目学長トーマス・マルドナード（一九二二―二〇一六）はより技術的、工学的とすべしとの意見であった。トーマス・マルドナードの主張は

バウハウスの継承とはバウハウス神話に反抗することである。社会のあり方に貢献す

Column

◉モダニズム建築の最高傑作「ウルム造形大学」

モダニズム建築の最高峰にあるものの一つに、マックス・ビル設計によるウルム造形大学校舎がある。かつての西ドイツの一〇万都市ウルムに、ワイマール共和国時代の造形教育を担ったバウハウスの理念を継承すべく、一九五三年に創設された造形大学校舎と一連の宿舎、実験施設である。この質の高いモダニズム建築は、地味ではあったが、第二次世界大戦で敗れた西ドイツと破壊され尽くしたウルムの復興の象徴となった。平面、立面に見られる規則正しいリズムと生産に対する合理的計画、環境への配慮など、すべてに一級の建築作品である。多くの心ある造形家に知ってもらいたい作品である。

モダニズム建築の最高傑作ウルム造形大学校舎
マックス・ビル設計、1955年竣工（1967年筆者撮影）

マイスター宿舎（1967年筆者撮影）

学生寮（2017年筆者撮影）

中庭（2017年筆者撮影）

全体のエントランス（1967年筆者撮影）

金属工房（1967年筆者撮影）

柔らかく豊かな通路空間
（2017年筆者撮影）

シンプルで美しい窓枠（2017年筆者撮影）

（『現代デザインの水脈』より）

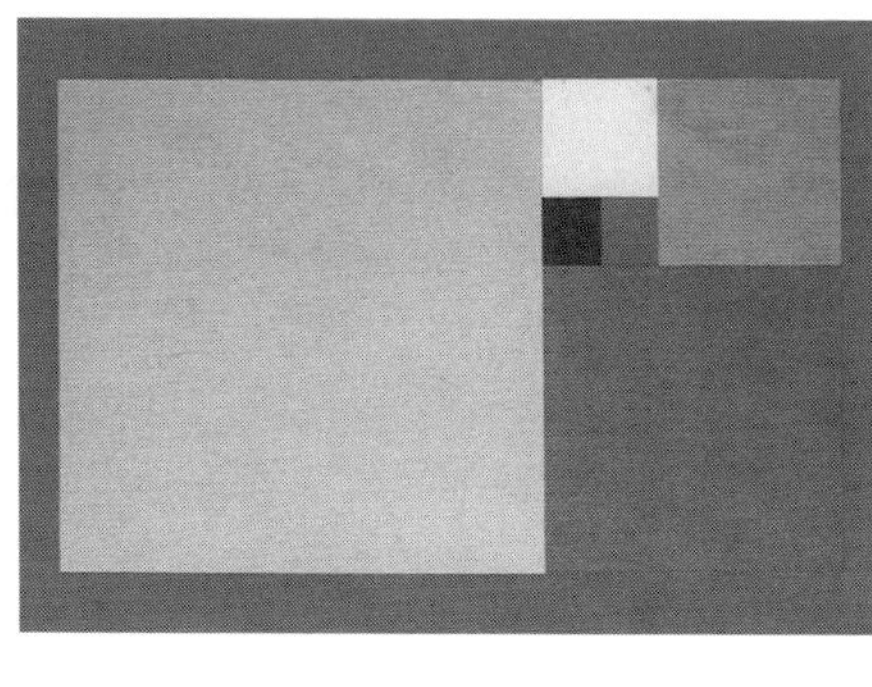

ウルム造形大学の学生の作品
一九五四年・マックス・ビルの指導による（『現代デザインの水脈』より）。

る努力のみを継承する。この意味においてのみバウハウスの実験を続行する。

（『現代デザインの水脈』より）

とバウハウスの教育手法の重要な部分を否定し、その関心を新しい学問すなわちサイバネティックス*、情報理論、システム理論、記号論、エルゴノミックス*に向けた。一九五六年、マックス・ビルがウルム造形大学を去ることになる原因の一つがこの論争にあった。マックス・ビルがウルムを去ったのち、一九六二年にはこの基礎課程はこれまでの四学科からの独立性を放棄し、各科それぞれの専門課程の一部となり、以後、科別の基礎課程として別々の道を辿ることとなった。マックス・ビルはウルムを去ったのちスイスを中心に西欧各都市で、建築家、彫刻家、画家、グラフィック・デザイナー、インダストリアル・デザイナーとして活躍すると同時に教育にも深く携わり、一九六七年から一九七四年にわたり、ハンブルク国立造形芸術学校で教鞭をとり、環境デザインの講義を受け持った。スイス連邦の国会議員としての活躍も有名で、幅広い影響を欧州の国際社会に残した。一九九三年には高松宮記念世界文化賞*を彫刻部門で受賞している。このようなウルムを離れてからのマックス・ビルの活躍を目の当たりにし、今だに、あまりに早かったウルムとの別れを惜しむ声が絶えない。

マックス・ビルはのちに次のように語っている。

私は、やむを得ず何度も指摘しているのですが、バウハウスは、多くの可能性のための道を切り開きましたが、当時はバウハウス自体が、それらを汲み尽くせるような

サイバネティックス
通信工学と制御工学を融合し、生理学、機械工学、システム工学に加え人間と機械の相互関係を統一的に扱う学問。

エルゴノミックス
人間の作業や動作の特性・法則に合致する機械設備や環境の設計を目的とする学問。

高松宮記念世界文化賞
一九八八年、㈶日本美術協会が前総裁高松宮宣仁親王の「世界の文化芸術の普及向上に広く寄与したい」という遺志を継ぎ、協会設立一〇〇周年を記念して創設した賞。

状況にはありませんでした。私が確信しているのは、当時の利用されなかった可能性が、今日でもまだ十分に利用し尽くされていないこと、そしてさらに悪いことには、それらの可能性が完全に誤解された形で用いられているということです。

あの頃、ウルム造形大学に託した希望も、残念ながら実現されませんでした。今日、他のどんなところでも、バウハウス理念全体の真の発展を見ることはありません。むしろそれらはいつも、全体から削り取られた一部であり、誤った解釈であり、これからの意義ある発展を不可能にするものです。

このようなすべての誤った方向への展開にもかかわらず、私は相変わらず強く確信しているのですが、バウハウスの基本理念は、現代に転用され、これまでの発展に適用しながら、今日の環境デザインの不確かさから抜け出し、商業主義的なデザインの全盛に対して、本物の、責任をもったデザインを対抗させることができるただ一つのリアルなチャンスなのです。

この可能性は、あの頃、ウルム造形大学の私のプログラムに含まれていました。

（エッカート・ノイマン編『バウハウスの人々』）

【参照・引用文献】
Max Bill, *Das Atelierhaus Max Bill 1932/33*, Niggli, 1997
エッカート・ノイマン編『バウハウスの人々——回想と告白』向井周太郎・相沢千加子・山下仁訳、みすず書房、二〇一八年

Column

⦿ブランクージの世界

コンスタンティン・ブランクージ（一八七六－一九五七）はルーマニア生まれで、パリで活躍した彫刻家である。

ブランクージは一九五七年死を前にして、自らの所有物のすべてをフランス政府に寄贈し、自らのアトリエを国立現代美術館によって復元保存するよう要請している。ほぼ五〇年前の一九六七年には、エッフェル塔近くの近代美術館で再現されたアトリエを見たような記憶があるが、今はポンピドゥー・センターの一角に、設計者レンゾ・ピアノによって復元されている。

永遠の恋人を描き続け、一生独身を通したブランクージの描き続けた顔の連作が忘れられない。ブランクージの初恋の女（ひと）の像（作品名「見えないひと」）は、私が中学生のときに写真で見せられて以来、ずっと、私の心のどこかに住み着いている。この彫刻は、なぜかマックス・ビルの彫刻と共鳴する。マックス・ビルの彫刻を見るたびにブランクージの「見えないひと」を思い、「見えないひと」を見るたびにマックス・ビルの環境彫刻を思い出す。都市の中とアトリエの中と場所は違うが、ともにその作品は天に届こうとしている。マックス・ビルが高松宮記念世界文化賞を彫刻部門で受けたときは、心から喜んだ。二人の造形家に共通する点は、複雑に構成されている諸物を極めて単純化する特殊な能力である。単純化された形の中に、この世の森羅万象が内蔵されている。

終わりなきリボン
マックス・ビル、1935年。
（Atelier Haus1923/24のカバー写真より）

見えないひと
ブランクージ、1916年。
（絵葉書より）

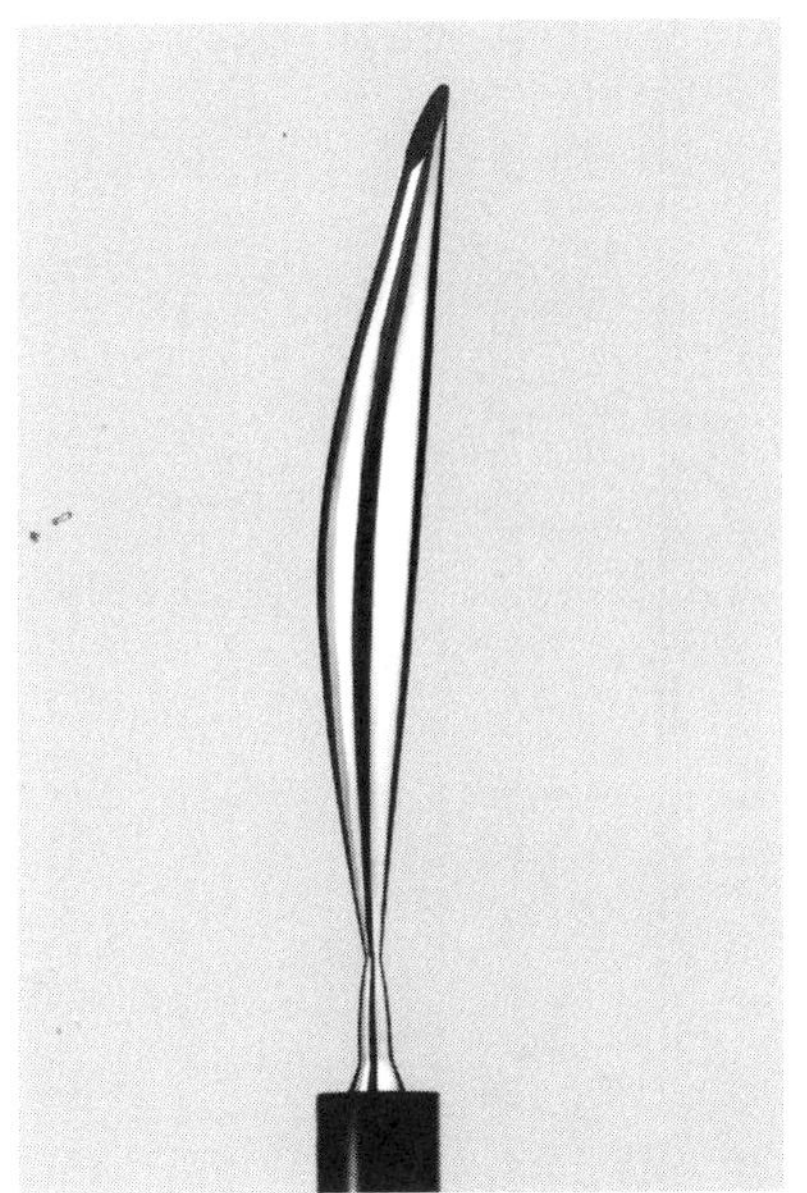

鳥
ブランクージ、1924年。
（絵葉書より）

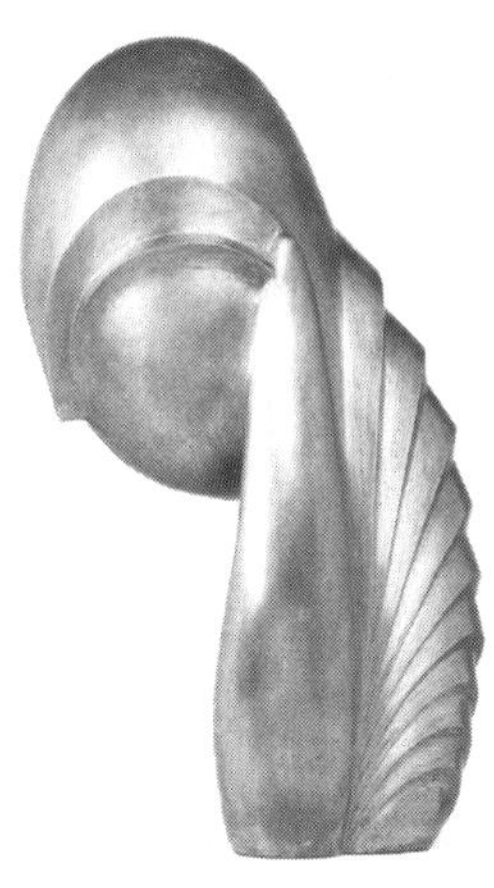

ポガニ嬢
ブランクージ、1933年。
（絵葉書より）

開校から一九六七年までの学生一五四五人の国籍

国籍	人数	国籍	人数	国籍	人数	国籍	人数
インド	8	イギリス	23	スペイン	2	ブラジル	25
インドネシア	3	フィンランド	2	エジプト	4	チリ	4
日本	21	フランス	24	ギリシャ	1	コロンビア	1
韓国	1	イタリア	30	イスラエル	7	リベリア	3
タイ	1	オランダ	28	ユーゴスラビア	6	ペルー	1
ベトナム	2	ノルウェー	2	ポーランド	4	ベネズエラ	1
南西アフリカ	1	オーストリア	41	ハンガリー	10	カナダ	2
ベルギー	12	スウェーデン	24	アルジェリア	3	メキシコ	7
ドイツ	947	スイス	248	アルゼンチン	18	アメリカ	28

(3) 教育の概要

ウルム造形大学における教育はバウハウスを踏襲し、理論と実践、デザインと工業技術の融合統一を旨とし、インダストリアル・デザイン、報道、視覚芸術、工業科建築の四学科四学年を置いた。学生は約一五〇名、このうちドイツ人は六〇％前後で、ヨーロッパ諸国をはじめ、南北アメリカ、アジア、アフリカと世界各国から集まった。教授陣は学長、副学長のもと、一〇名前後の教授、六名の工房のマイスターと呼ばれる技術指導者、五〇名前後の客員教授、加えて一〇名を超える助手（助教授を含む）の総勢約八〇名で、世界各国から馳せ参じ、新しい造形教育に戦後の夢を託したのである。

カリキュラムは造形の基礎を身につけられるように、一つの課題に対して理論（教授陣による多彩な講義）の週と実践（主に工房における制作）の週が一対で用意されていた。理論の週のためには、豊富で充実した教授陣が編成された。課題に応じて、最適な客員教授が世界中から呼び寄せられた。実践には木・印刷・石膏・金属・写真・樹脂の六つの工房が用意され、マイスターが配され、学生はマイスターの助言のもとに自らのデザインを自らの技術で創ることができた。理論の週と実践の週を交互に組み、理論を工房で直ちに実践することにより、デザイン理論と技術の一体化に努めた。カリキュラムは一年間の基礎課程と三年間の専門課程からなり、基礎課程はバウハウス基礎教育の基本部分の踏襲を原則とし、専門課程については四科独自に計画運営された。特に記憶に残るのは年度末の専任教授と学生代表との話し合いの中で、客員教授の授業内容を評価し、その評価に基づく次年度の計画のすべてを公開していた点であった。

【参照・引用文献】
武蔵野美術大学『現代デザインの水脈』ウルム造形大学展図録、一九八九年
ウルム造形大学「一九六七・一九六八　授業計画」一九六六年
ウルム造形大学「information 1968」統計資料など（一九六八年版）

⑷ 四学科の概要

四学科は高い独立性をもって営まれた。戦後の西ドイツで負わされているさまざまな役割を果たすべく、各学科は専門課程を組み立てた。基礎課程は当初各専門課程から独立し、各学科共通に位置づけられていたが、一九六二年からそれぞれの専門課程に組み込まれ、四年間の専門別の教育が行われるようになった。実経済との強い連携を保持するために、教育部門のほかに複数の付属研究所を持ち、さまざまな機関や企業の委託で基礎研究やデザイン開発が展開された。専門課程四学科の概要は次の通りである（以下の成果には、付属研究所のものも含まれている）。

プロダクトデザイン

教育目的は日常生活や生産活動など社会の広い分野で使用されるものの造形を通して環境改善に資することである。ブラウン社の電気製品、ローゼンタール社の食器、ハンブルクの地下鉄など実用化された製品の数々は戦後のドイツ工業デザインの中核を形成した。

ホテル用重ね食器
ローゼンタール社、プロダクトデザイン、一九五八年。

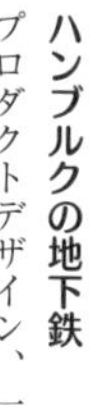

ハンブルクの地下鉄
プロダクトデザイン、一九六〇年。

（ともに機関紙『ulm』より）

視覚芸術

印刷部門と映像部門により構成されていた。印刷部門はグラフィック・デザインを中心に写真、展示パッケージなどを対象にした。後に技術情報を取り扱う部門が加えられサインや科学データ表示も対象とした。航空会社ルフトハンザのコーポレート・アイデンティティ、各種ポスターなどの広告、ショールーム・デザインなど多岐にわたって活動した。映像部門は映画製作を中心に展開されていた。

報　道

マスコミ関連の人材育成を目指した。授業はマスコミの編集部、企業の宣伝部などの場が設定され、実践の中で繰り広げられた。メディア言語の習得などの基本にも力を入れた。

工業化建築

工業化された建築のみを対象とした。学生が建築に関する専門的素養を身につけていることを前提に、工業化に伴う諸問題を解決する能力を持つ建築家を育てることを目的とした。鉄筋コンクリートによるユニット工法の開発、ＰＶＣ（ポリ塩化ビニール）パイプによるドームの開発、アングルスラブによる住宅システムの開発、リングユニット工法による住宅団地計画など多くの開発を世に問うた。実物大の試作実験を重ね、信頼性の高い優れた諸提案を世に示した。その提案の一つが四代目学長ヘルベルト・オール（一九二六―二〇一二）主導の州住宅・都市省との契約によるボーマ

州住宅・都市省との契約によるボーマレ・サルーイ住宅計画
ヘルベルト・オール設計（模型一九六八年筆者作成）。

レ・サルーイ住宅計画である。

【参照・引用文献】
ウルム造形大学「一九六七・一九六八　授業計画」一九六六年
ウルム造形大学『ulm4』『ulm7』『ulm8/9』『ulm10/11』『ulm12/13』『ulm13/14/15』『ulm17/18』『ulm19/20』（機関誌）

⑸ 基礎課程の概要

前述したように、バウハウスの流れを汲むウルム造形大学の基本的なコンセプトは初代学長マックス・ビルによって導入された。この基礎課程は開校当初はバウハウスの授業内容を踏襲すべく、各学科から独立して、共通して造形の基礎を学ぼうとするものであった。一九六二年には各学科独自のカリキュラムに組み込まれ、全学の基礎課程から各学科独自の学科の基礎課程に改編された。導入にあたってバウハウスの織物工房のヘレーネ・ノンネ・シュミット（一八九一―一九七六）を招聘した。ヘレーネ・ノンネ・シュミットは一九二四年バウハウス織物工房に入り、パウル・クレーのもとで芸術理論を学び、ウルム造形大学では、一九五三年から一九五七年まで客員教授として「色彩論」を講義した。

ここに紹介する工業化建築学科では、建築に関わる専門知識を習得済みであることが入学の条件で、特に高いレベルの基礎課程が展開された。工業化建築学科の基礎課程は、建築造形の基本能力として、二次元、三次元空間における幾何学的秩序に関する知見を得るための講義と実習である。この課程は建築空間を把握する手段として有用で、建築空間を構成する諸要素の相互関連などその影響の大きさを視覚的に把握するための補助手段とな

ウルム造形大学基礎課程の学生作品

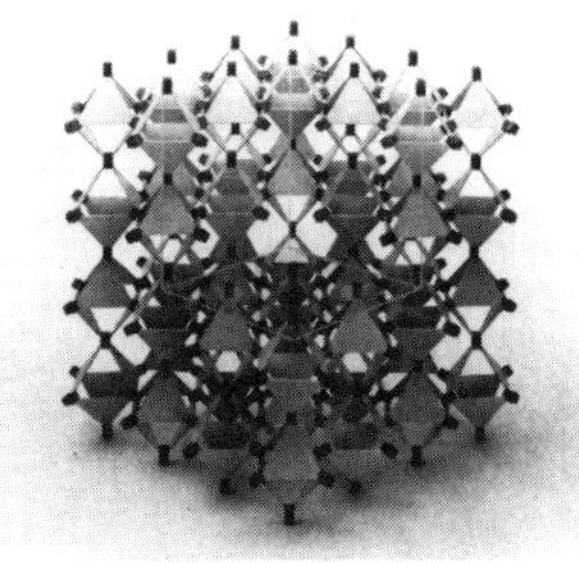
（1963年作成）

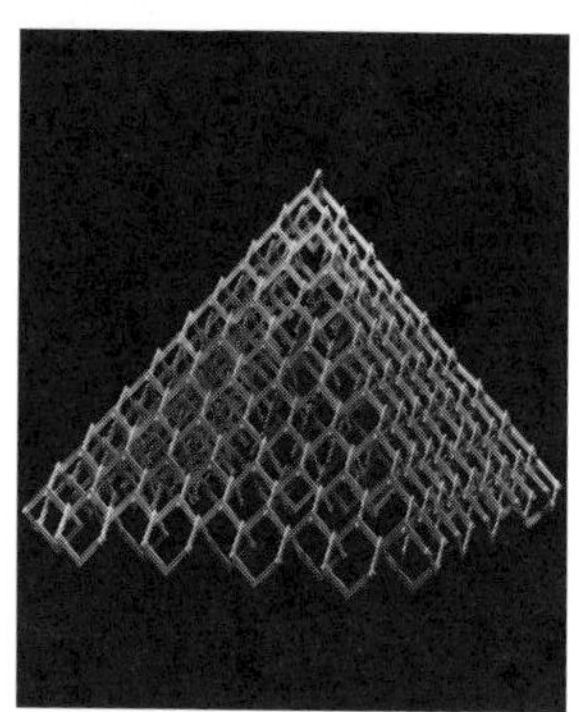
（1965年作成）

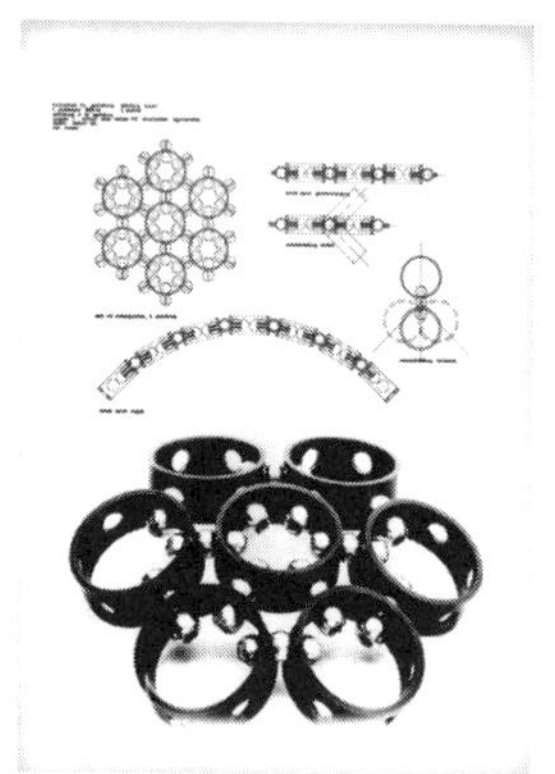
（1963年作成）

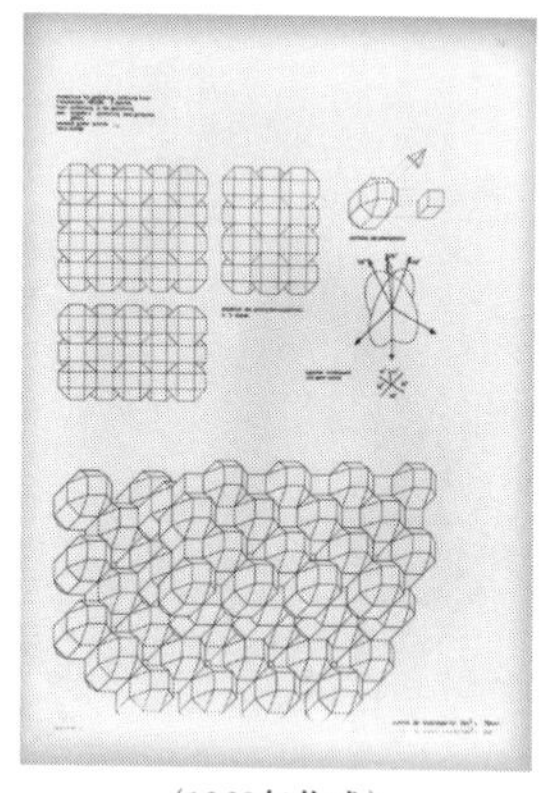
（1963年作成）

（1962年作成）

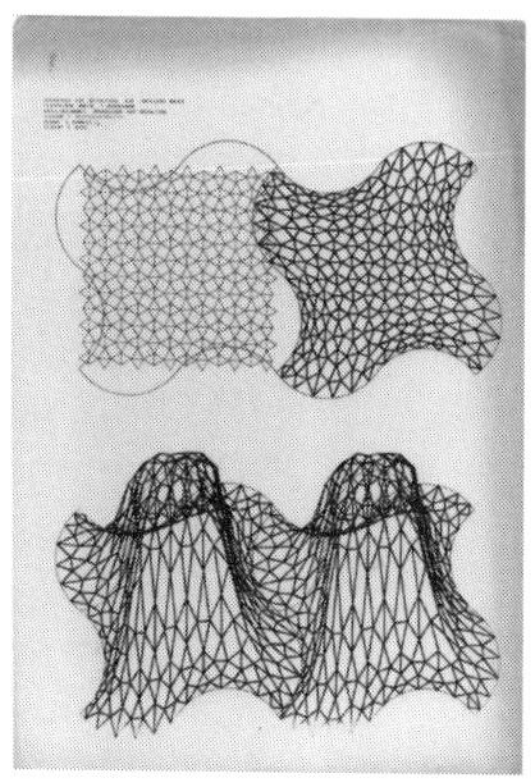
（1965年作成）

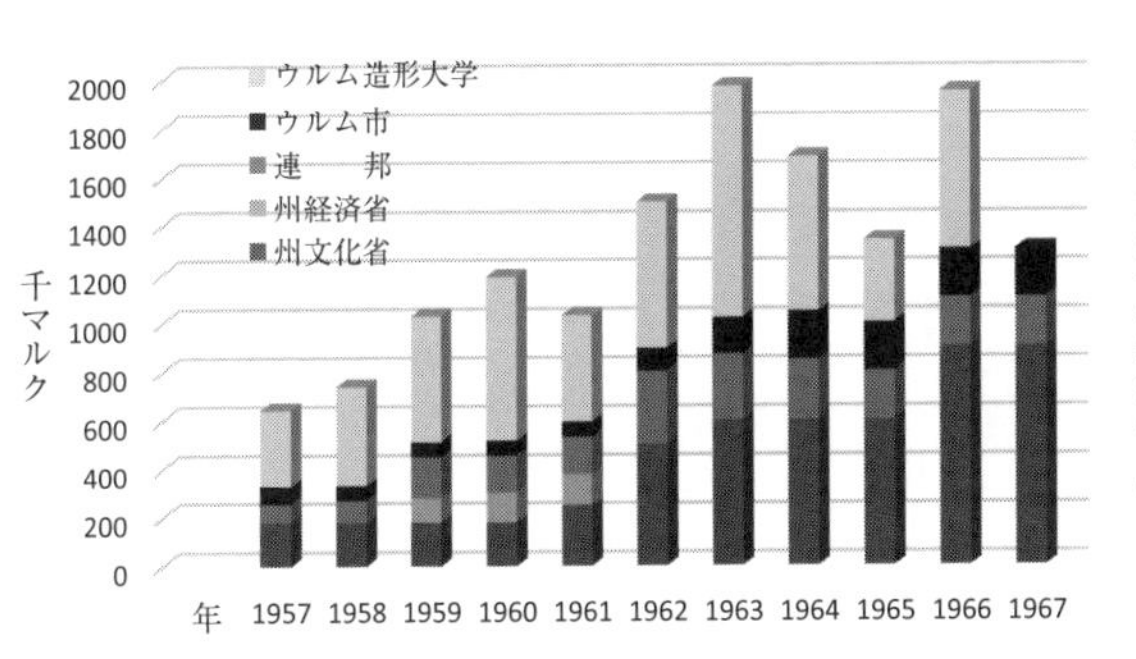

ウルム造形大学の財政
（一九六七年筆者作成）

る。工業化建築学科の基礎課程は建築空間創造のための考える道具を習得するものと捉えることができる。例えば部品部材の配列、方向、流れ、強度、重心、材種、彩色などとそれらの相互関係の把握検討に役立つ。基礎課程は格子による空間把握によって展開される。平面格子、立体格子およびその変形、結合などによって、空間構成秩序を把握し、新しい空間創出の手がかりとするものである。基礎課程の手順は、色彩論や形態論などの理論の講義ののちに課題が出され、厳格な作業時間が割り当てられる。指導は個々の学生の作業に応じ個別に行われる。作品提出後の最終評価は本人とともに学生も交えて行われ、学生の能力に応じて、学生の能力向上を促す次の具体的なテーマが提示される。前頁に例示する学生の作品には目を見張るものが多く、考える道具の有効性が証明されている。

(6) 財政危機の到来と閉鎖

充実した営みが続く中、財政上の逼迫が忍び寄っていた。そもそもウルム造形大学は私立の大学ではあったが、連邦政府、州、市の補助金が財源の大半を占めていた。財団の財政は発足当時から厳しい局面に晒されており、財団の血のにじむような努力や世界各国から寄せられた支援にもかかわらず、安定することはなかった。一九六六年には客員教授の大幅な削減と活動の切り詰めが行われるに至った。財政逼迫が深まるにつれ、補助金の重要性がさらに高まった。州はこの補助金の減額をちらつかせながら、学生の共同決定権の剥奪など、財団の運営規定の改定を迫っていた。こうした州の干渉弾圧は、当時の世界的な学生運動のうねりの中で、ウルム造形大学の主流を占める左派外国人の締め出しをも目

Column

⦿クロード・シュナイトの思い出

　クロード・シュナイト（一九三一－二〇〇七）は建築事務所で働きながらジュネーヴ大学を卒業後、ウルム造形大学の初代学長のマックス・ビルとともにチューリヒで働き、初代学長に誘われるようにして、一九五四年から四年間ウルム造形大学で再度学んだ。卒業後ウルム造形大学付属の工業化建築研究所の職員として、いくつかのプロジェクトを実現させ、一九六二年からはウルム造形大学の教授として、工業化建築学科の教育に専念していた。

　私が一九六六年に留学したとき、工業化建築学科のすべてはクロード・シュナイトを中心に活動していた。学長ヘルベルト・オールを補佐する副学長を務めつつ、大学の財政にも心を配りながら、懇切丁寧に学生の指導にあたっていた。私は工業化建築学科の二年に編入する形で、学生として三つほどの課題と取り組んだ。シュナイトは、私には特に懇切丁寧であった。私の作品を評価して、教育の成果として各種発行物に掲載した。留学二年目の一九六七年は、西ドイツの設計事務所で働くことを考えていたが、当時戦後西ドイツ最大の不況期で、なかなか就職先が決まらない私の状態を見て、大学でクロード・シュナイト教授の助手にならないかと救いの手が差しのべられた。

　私の学生として、そして助手としての二年間はシュナイト教授とともにあった。クロード・シュナイトはスイスの共産党員で、冷静に社会の諸事項に対応していた。同じくスイス出身の、バウハウス第二代校長を務めた建築家ハンネス・マイヤーの研究家でもあった。ナチスに追われ、ソ連に逃れ、やがてスイスに戻ったハンネス・マイヤーを優しく寛容に受け入れ、その功績を称えた。

　クロード・シュナイトは、公私ともに愛と寛容に生きた。温かくユーモアに富み、柔らかさの中に強靭さを備えていた。世界を覆う学生運動の最中、警察当局からの学生の保護に行き届いた配慮を欠かさなかった。一九六八年の閉校に至るプロセスの中で、鋭い論客の多かった大学において、柔らかく発せられる主張は説得力があった。一人のドイツ人教授の裏切りもあって大学の営みには終止符が打たれたが、その無念さを語るシュナイトの歪んだ顔が忘れられない。

　今でも、クロード・シュナイトは無類のドンファンといわれている。シュナイト夫人はポーランド人の個性的美人で、赤かぶのスープを作り、「共産党のスープ」といってご馳走になった記憶がある。夫人が母国に長く留まっていたとき、シュナイト教授の夕食の招待を受けた。燻製の鰻のステーキがメインディッシュで、一つの皿をティッシュペーパーで拭いては新しい料理が提供された。いまだにわが家の話題になる。学生、同僚への細かい、行き届いた心配り、対応にはゲルマン社会特有の重厚な温かさが漂っていた。

　学長ヘルベルト・オールが州の住宅・都市省から委託されたボーマレ・サルーイ住宅計画には、私は助手として参加し、シュナイトのもと、計画を推進した。プロジェクトの原価管理にも関わり、不器用で効率の悪いドイツ人学生の代わりに家内を引っ張りだし、日照図や模型の制作に当たった。このプロジェクトの報酬により、われわれの帰国の旅費は賄われた。

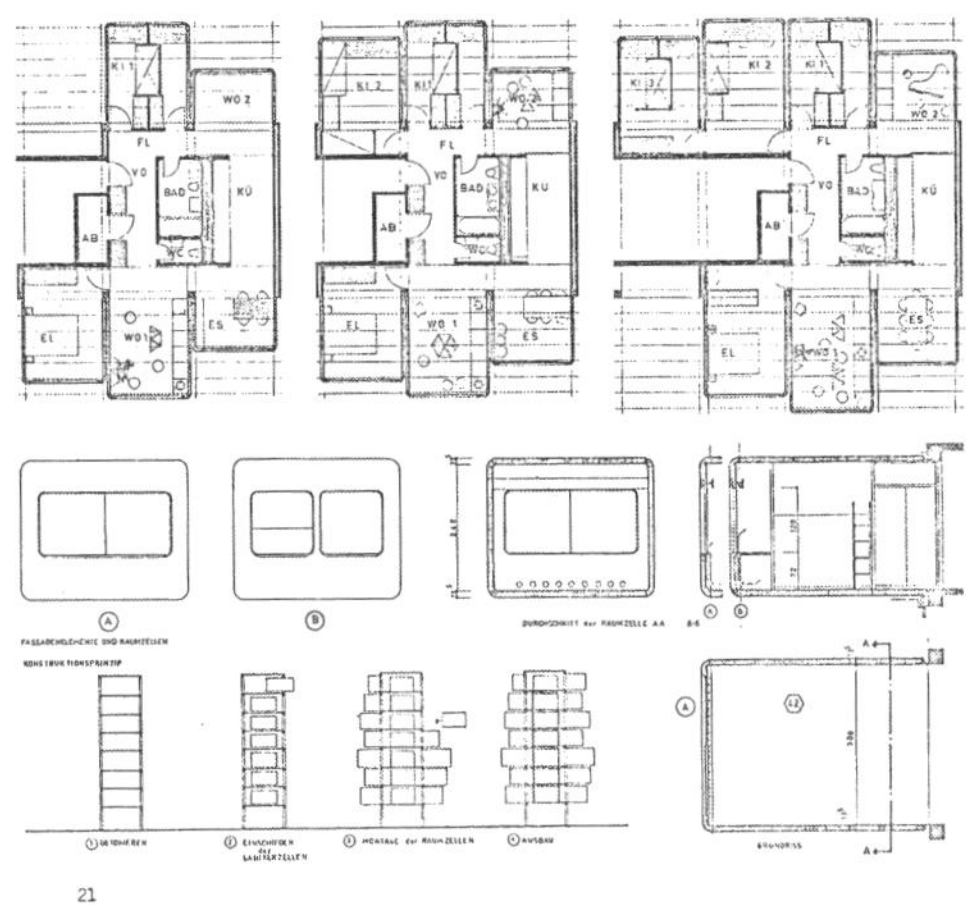

専門誌に掲載された筆者の作品（1968年）

ボーマレ・サルーイ住宅計画の模型（1968年作製・筆者撮影）

ウルム造形大学「脱出」のポスター

ウルム造形大学「処刑」のポスター

（ともに機関紙『ulm 21』より）

的としていた。一九六七年に入り、連邦政府の補助金打ち切りを機に状況は一気に悪化し、州政府と議会はバウハウスからの命脈を断ち切ったのである。ときに一九六八年一二月五日であった。

一九六八年二月に刊行されたウルム造形大学の機関紙『ulm 21』は、その黒い表紙が象徴するように、ウルム造形大学の終わりのときが来たことを内外に表明している。ドイツ語と英語を併記しているこの機関誌は（通常はドイツ語のみ）、世界の各都市に散っているウルム造形大学に関わったことのある人々に、ウルム造形大学のドイツでの営みの終焉の近いことを宣言した。その中に二つのポスターが掲載されている。一つは「EXODUS（脱出）」である。「脱出一」をバウハウス・ワイマールとし、ウルム造形大学を「脱出二」とした。他都市に受け入れを促したのである。二つ目は「一九六八絞首刑HFG（ウルム造形大学）」である。バウハウスのナチスによる抹殺に準（なぞら）えたのである。

ウルム造形大学が一三年という短命に終わった理由として、三つのことが考えられる。第一は当時西ドイツを襲った戦後最大の不況である。自動車産業は操業短縮にみまわれ、失業者も多く、国家財政、都市財政も逼迫していた。第二がウルム造形大学の持つ反体制的な体質である。全学生数の約四〇％は二一カ国からの外国人留学生で、教授陣も学生も各国の左翼思想の論客が多かった。第三が学内のバウハウスの継承をめぐる路線争いである。この論争は大学の本質に触れるもので、内なる活力の源泉となっていたが、マスコミによって報じられ、学校当局は社会的批判の対象となった。これに世界各国で頻発していた学園紛争のうねりが拍車をかけた。廃校の直接のきっかけは、一九六七年、国と市が各二〇万マルクの予算の執行を渋りだしたことにある。前述のように、ウルム造形大学は私立の大学でありながら、その財政の半分を州から、二割を国と市から、約七割を公的補助に頼っていた。そこで検討されたのが、学科の削減または国立大学への移行である。一九六八年二月、教授・学生が一体となって、州議会が三月までに国立化を決めない限り、九月三〇日をもって閉校とすることを決定したのである。「EXODUS」（脱出）の呼びかけに対して、パリ、ローマ、東京、ニュルンベルク（当時の西ドイツ）等から受け入れの表明があったが、用いる言語の選択に手間取っているうちに、一二月五日州議会でウルム造形大学の閉鎖が決議され、シュトゥットガルト工科大学へ吸収されることとなったのである。

【参照・引用文献】
ウルム造形大学基礎課程（一九六二年—一九六五年）の学生作品（筆者所有）
ウルム造形大学『ulm 21』（機関紙）

(7) ウルム造形大学の遺産

ウルム造形大学は「ヨーロッパ文化の源泉は修道院にある」といわれていることに肖（あやか）って「まるで小さな修道院のような大学」といわれていた。造形分野における民主主義教育への貢献が、ナチスを許したものとしての懺悔とともに語られた。初代学長マックス・ビルはバウハウスの再興を目指したが、ウルム造形大学がバウハウスと決定的に違うのは、絵画、彫刻、舞台美術などの自由な芸術活動を用意しなかったことにある。ウルム造形大学では意識的に芸術的領域が除外され、工業技術に重点が移された。工業技術による環境改善の先駆的実践の場であることが求められ、その担い手を養成するための造形教育機関であった。バウハウスの伝承を目指して存続した一三年間、絶えざる理論と実践をめぐる

Column

⦿クーベルクの映画の夕べ

ウルム造形大学はウルムの中心地の西に位置するクーベルクの丘にキャンパスを構えていた。駅から車で一五分くらいのこの丘には学生寮と教授用の住まいが用意されていたが、学生の多くは街中の貸アパートに住んでいた。さほど魅力のある催し物も稀な静かな街で、クーベルクの丘で催される金曜日の映画を中心とする催し物が、学生にも街に住む若い男女にも人気があった。学生の四割は各国からの留学生であったから、上映される映画や展示物は各国の事情を反映して、極めて多様であった。

特に記憶に残っているのは、ブラジルと南アフリカの反戦映画と革命時代のソ連のポスター展である。当時はベトナム戦争の真只中で、アメリカによるソンミ村の虐殺が報じられ、ベトナム戦争反対を中心に置いた学生運動が、世界を覆っていた。このウルム造形大学に集った教える者と学ぶ者は、極めて有能であることに加えて、左翼思想の論客が多かった。特に南米から来ている学究の徒は、教授も学生も、先鋭的であった。

こうした環境の中にあって、静かな一〇万都市の郊

クーベルクの丘に建つ校舎。マックス・ビル設計、1955年。
(THORBECKE BILDBÜCHER, *ULM*, Jan Thorbecke Verlag, 1964より)

外にある丘に、金曜日に集まる若者の間には、単なる娯楽の域を越えて、心地よい緊張感も漂っていた。折しも、ネオナチによるシンポジウムで、学生のクラッカーが原因で心臓に弱点を持っていた記者が倒れたことをきっかけに、学生に捜査の手が伸びていた。

しかし、それにしても、革命も反戦も美しかった。それは若さゆえの美しさでもあった。しかもエネルギッシュであった。一途に、何かを求めている純粋さが私たちから落ち着きを奪う。あのときのように、世界の未来に向けて進もうとする志を持って行動するときは今後またいつ来るであろうか。

こうした一見楽しげな映画会の常連の中には、東からの自力の脱出者もいれば、亡命者もいた。自力で氷の上を逃げ延びてきた学生は英雄であったかもしれないが、東独からの亡命者は、常に自らを右に右に位置づけた。目の前でソ連兵に両親を射殺され、思い出す度に暴れて、警察に連行される酔いどれ学生もいた。冷戦の中のさまざまな人間関係が、スクリーンの裏に映し出されていた。海外の左翼の論客の存在は、いろいろな波紋を広げ、一九六八年一二月の閉校の理由づけにもされた。

論争の中で、培われた遺産は計り知れないほど大きい。カリキュラムは年間を通して、理論と実践の相互補完により高い効果をもたらした。その成果は次の三点に集約できる。

①　造形理論の深耕

理論と実践の両立の中、理論の強化に努め、新しい学問——サイバネティックス・情報理論・システム理論・記号論・エルゴノミックスなど——をデザイン理論体系に取り込み、来るべき情報社会への備えを進め、モダニズムの活動領域を広げた。

②　基礎課程の結実

考える道具の活用を身につけるための基礎課程は、情報理論との連携により、内容を充実させ、あらゆる造形活動に有効なものに昇華した。

③ ウルマーの輩出

ウルム造形大学で学び、教えた人々（ウルマー）は欧州、北米、中南米、日本、インド、南アフリカなど四〇近い国々で造形教育に関わっている。今なお世界各国でウルムの思想は伝搬され続けている。各国のウルマーとの連携によりバウハウスの理念は伝承され、発展し続けている。

閉校後は一九六八年時点の在校生受け入れのために、シュトゥットガルト工科大学にウルム環境計画研究所を設け、在校生の卒業後は、シュトゥットガルト工科大学の計画基礎研究所として運営された。ウルム造形大学の教育理念の継承を最初に明らかにしたのは、一九七〇年にヘッセン州の造形大学に昇格したオッフェンバッハの美術学校であった。従来のショル財団は解散し、ウルム造形大学財団が設立され、資産を継承している。一九八七年、ウルム市はウルム造形大学の建物内にアーカイブ HFG-Archiv. を設立し、一連の資料の保存にあたっている。一九九三年には、アーカイブ内組織としてウルム美術館を開設し、二〇一三年からはウルム造形大学の歴史の常設展示が続いている。モダニズムの最高傑作であるウルム造形大学の校舎は、一九七九年以来、特別重要文化財として保護されている。一九七二年から二〇一〇年まで、ウルム大学医学部が賃借したが、その間一九七六年に改修が行われている。その後はゲシュビスター・ショル財団の後継であるウルム造形大学財団の手で二回目の改修が行われ、二〇一〇年からＨＦＧセンターを設立し、資産運営を委ねている。アーカイブ HFG-Archiv. がその主要なテナントとなり、そのほかアイヒャー・ショル専門学校や各種デザイン事務所などが入居している。

第八章　現在に生きる手工業

統一までの四五年間、西ドイツは占領三国（フランス・イギリス・アメリカ）のもとで、東ドイツはソビエト連邦のもとで、必然の東西ドイツの再統一を待ち望んできた。一九九〇年の東西ドイツの再統一によって、新生ドイツ連邦共和国は膨大な統一コストを背負うことになり、経済的停滞が続いた。この窮地を救い、奇跡の繁栄をもたらせたのが「アジェンダ二〇一〇」であった。アジェンダ二〇一〇は、二〇〇三年、社会民主党（ＳＰＤ）政権のシュレーダー首相によって推進された労働市場の変革を柱とするもので、「シュレーダー改革」とも呼ばれた。この構造改革では手工業もその一翼を担い、自らの再生を果たすと同時に、健全なドイツ経済の再興に寄与しているのである。

1　自由・信頼・寛容

共同体への奉仕を通して自己の自由を実現する。

手工業者のさまざまな姿
ドイツ手工業総同盟（ZDH）のホームページより（https://www.zdh.de）。

これが手工業職人の職業観である。既述のベネディクト戒律の第五七章「手工業者としての修道士」の一文の中に、もの創りが神に直結した崇高で厳しい営みであることが記されている。手工業者としても、キリスト者としても、手工業の道が孤独で険しいものであることが強く認識されてきた。

彼らのキリスト教信仰を背景とする職業観は、手工業者一人一人の心に強く刻み込まれている。典型的ゲルマン社会を構成しているドイツ語圏諸国民は信頼社会を作り上げ、ヴァイツゼッカー大統領（一九二〇－二〇一五）の語るように、自己に厳しく、他者に寛容に、ゲルマン社会の舵が取られている。ドイツ語圏においては、自由を入り口に、寛容を出口に、信頼社会が確立されている。この信頼社会はゲルマン社会とキリスト教が併せ持つ倫理性と合理性が作り上げた西欧社会の基軸である。

驚きに満ちた歴史を綴ったドイツ語圏の手工業職人たちは、義（ただ）しくキリスト教を信仰し、知と技を修道院から継承した。一三世紀以後、手工業職人は「親方（マイスター）」「職人（ゲゼレ）」「徒弟（レアリング）」の三つの身分的階層を守り育て、職人も徒弟も親方を目指して修業に励んだ。親方を絶対的存在として、中世に誕生した親方の組織である手工業同業組合（ツンフト）を中心に置いて、手工業職人たちはそれぞれの身分ごとに励んできた。しかし、産業革命による工場制機械工業の進展により、親方も職人も徒弟も新しい秩序の構築を迫られることとなる。手工業と工場制機械工業が併存して、次第に工場制機械工業に重点が移行する状況にあって、手工業は劣勢に追い込まれながらも、現在にかけて手工業同業組合（ツンフト）的伝統を継承し、工業化の進展に適応して国民的合意を得つつ、体制の再構築を有効に進めた。

ゲルマン共同体では、手工業同業組合（ツンフト）制度の中心に教育機能が深く根づいていることが認識され、この教育機能は手工業に限定されることなく社会全体に普及されるべきとの幅広い合意がある。激しい変化の時代を切り拓くために、中世以来、手工業者が育んできたマイスター制度に社会存立の基点を見出している。その頂点に立つ親方（マイスター）は技術者であり、経営者であり、教育者であることを求められている。ゲルマン民族、特に手工業職人がこよなく愛している自由は、信頼社会の出発点である。彼らの自由の原点には、志を貫こうとする強靭な意志がある。そして、彼らの目指す共同体においては、構成員全員が、自らが自由であるためには他者の自由を認めることが必然であることを知っている。それでも自由と自由がぶつかり合って軋轢が生ずれば、そこに役割を心得た「法と制度」が備えられている。これらの社会的理念を支えているのがキリスト教信仰である。

社会契約説においては被統治者の同意なしには統治の正当性は認められないとされている。ジョン・スチュアート・ミル（一八〇六―一八七三）の『自由論』においては他者自由の原理が示され、広く支持されている。二〇世紀に入り、エーリヒ・フロム（一九〇〇―一九八〇）やアイザイア・バーリン（一九〇九―一九九七）は、自由への道が全体主義へつながりかねない危機を描きながら、自由について論じている。自由を獲得する戦いは、常に自由の危機と隣り合わせで展開されてきた。マルティン・ルターは『キリスト者の自由』の冒頭で、「キリスト者はすべてのものの上に立つ自由な君主であって、何人にも従属しない」という命題と「キリスト者はすべてのものに奉仕する僕（しもべ）であって、何人にも従属する」という一見互いに矛盾する二つの命題をかかげ、それをどう実践するかを問いかけている。

Column

⦿ボッシュ一家のパイプオルガン作り

二〇一七年ドイツ・ヘッセン州カッセルを訪ねた。カッセルは樫（かし）の木が茂り、ローマの執政官カエサルが『ガリア戦記』で記した「ヘルキニアの森」を思い起こさせる都市である。このカッセルにオルガン工房がある。

中世に次から次へと献堂されたゴシックの大聖堂には、ゲルマンの深い森への憧憬が込められている。大聖堂に欠かせないパイプオルガンの姿も深い森の表象である。一九六七年の受難週の日のひと時、パリのノートルダム大聖堂で、バロック音楽に聴き入ったときのことが思い浮かぶ。荘厳に奏でられるパイプオルガンの音色と豊かに佇むバラ窓のもと、ゴシック大聖堂の大きな石柱を囲んで寄り添う若者の光景が忘れられない。

二六年前、日本基督教団富士見町教会がパイプオルガンの製作をカッセルのオルガン工房ボッシュ社に依頼した。成約後一年半の製造期間を経て、精確に全部品が一つのコンテナに入って教会に到着した。カッセルから、工房を率いる三代目マイスターのミカエル・ボッシュと三人の職人が来日、日本のパートナーを加えての五人の作業が始められた。組み立て作業の工程を目の当たりにした実感は、すべてにおいて心がこもっていた。与えられた自らの知識と技術を駆使して、捧げ物を義（ただ）しく創り上げた。私たちは、ミカエル・ボッシュのおかげで、最善、最良のものを捧げることができたことを感謝した。

パイプオルガンには極めて高い技術が結実している。パイプオルガンは五つの要素から成り立っている。管と鍵盤とトラッカーと風箱とふいごである。ふいごから吹き込まれる空気を風箱が受け止める。鍵盤の動きはトラッカーによって精確に風箱に伝えられ、個々の管が奏でられる。

一連のオルガンの創りのプロセスの中で最も大きな感銘を受けたのは、トラッカーに求められる精緻さである。トラッカーは鍵盤の複雑多彩で、しかも繊細な動きを管に伝える役割を負っている。この役目を果たすのが一〇×二ミリの断面のもみの木の棒である。山の北斜面に生える成長の遅いもみの木の北側の部分を五年ほど乾燥させて使うと聞かされた。気温の差による伸び縮みや耐用年数で、もみの木に勝る材料は見当たらないという。これは一例に過ぎないが、八世紀にパイプオルガンが修道士によって創られて以来、ふいごの能力、風箱

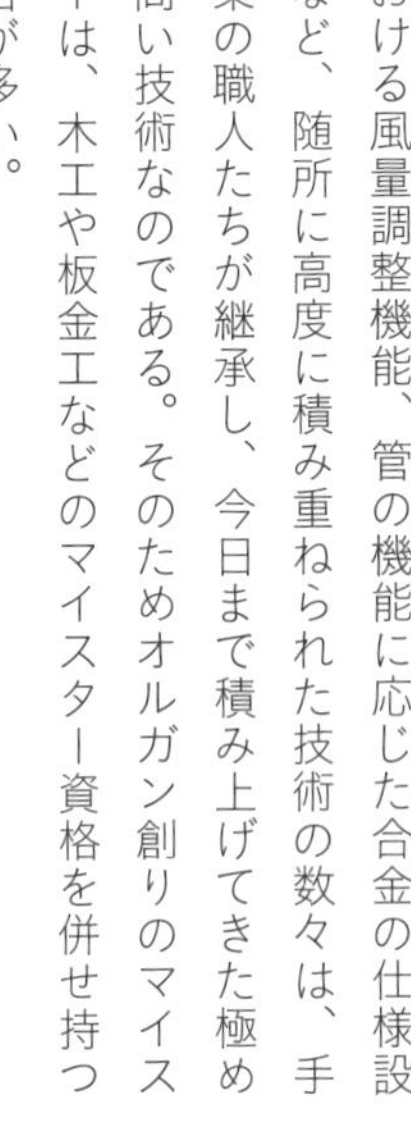

における風量調整機能、管の機能に応じた合金の仕様設定など、随所に高度に積み重ねられた技術の数々は、手工業の職人たちが継承し、今日まで積み上げてきた極めて高い技術なのである。そのためオルガン創りのマイスターは、木工や板金工などのマイスター資格を併せ持つ場合が多い。

最後にミカエル・ボッシュは、「パイプオルガンには二〇〇年の耐久性能がある。建物より永い。大切に使って下さい」と言って、パイプオルガンを引き渡してカッセルに帰った。

上・精確なトラッカー
右：輝く金属管
（筆者撮影）

ミカエル・ボッシュの部品作り
（ボッシュ夫人臼井まな氏提供）

日本基督教団富士見町教会のパイプオルガン（1999年設置）
（筆者撮影）

ユダヤ教の律法
旧約聖書の律法の真の律法理解を怠り、頑なに律法の細部を守ろうとする状態を示す。

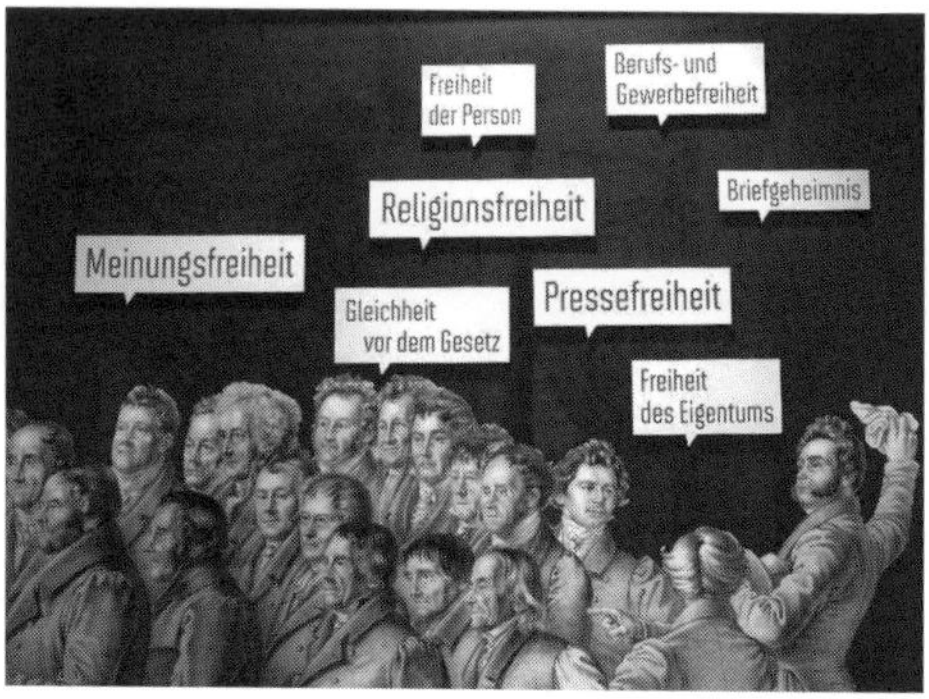

自由を求める市民
カッセル市立博物館（二〇一七年筆者撮影）。

信仰だけですべての誡め（いまし）とユダヤ教の律法*から解き放され、解き放されているとすれば、確かに自由なのである。これがキリスト教的な自由であり、「信仰のみ」である。
（『キリスト者の自由・聖書への序言』第一〇）

と説き、信仰のみがキリスト者の自由の必要十分条件であることを示している。人は、与えられた賜物（才能・能力）を最大限に活かすことによって、創造主に応えようとしている。これがキリスト者の信仰である。イエス・キリストの名において、神の国の完成のために働いている。賜物を最大限に活かすためには、自由であることが欠かせない条件であると信じ、自らの営みに課している。神との応答は、このように手工業を営む人々の心の中で展開されている。

ドイツ連邦カッセルの市立博物館の展示パネルに自由を求める市民の姿が描かれている。このパネルは「覚醒」と題し、一九世紀前半の市民を描いたものであるが、縦二×横四メートルほどの大きさで、展示室の中央に座を占めている。市民は職業の自由、信教の自由、表現の自由などの自由と並んで、法の前の平等を訴えている。一七八九年のフランス革命で大衆が勝ち取った「自由・平等・博愛」はフランス革命の一八世紀末を遡る以前から積み重ねられ、多様な形で手工業職人たちが手にして、心に刻んできたものである。

【参照・引用文献】
マルティン・ルター『キリスト者の自由・聖書への序言』石原謙訳、岩波書店、一九五五年
ジョン・スチュアート・ミル『自由論』塩尻公明・木村健康訳、岩波書店、一九七一年

社会的市場経済
ドイツの国民経済学者アルフレート・ミュラー＝アルマック（一九〇一―一九七八）が提唱。一九四八年の通貨改革以後、経済相エアハルトの下で旧西ドイツの経済政策を強力に方向づけた理念。競争秩序を基盤としつつも、市場形態を含む社会的秩序の形成・維持については強力に国家施策を行うべきであるとした。こうした秩序理念の下に旧西ドイツは奇跡的な経済復興と成長を成し遂げた。

アイザイア・バーリン『自由論』小川晃一・小池銈・福田歓一・生松敬三共訳、みすず書房、一九七一年
仲手川良雄編著『ヨーロッパ的自由の歴史』南窓社、一九九二年

2　手工業に関する戦後の法制度の経緯

一九四五年のドイツ帝国の敗戦は、国家が手工業とその団体を直接統制する国家社会主義の原理による手工業体制を一夜にして灰燼に帰せしめた。戦後の出発は、原則として、ワイマール共和国時代、一九三三年以前の手工業体制の踏襲から始まった。しかし、ナチス政権が定めたもののうち、大資格証明に関する規制だけは戦後も維持された。この大資格証明制度は手工業名簿への登録を親方試験合格者に限定し、手工業名簿登録者のみに独立営業と徒弟指導権限を認めるというものであった。第二次世界大戦後、アメリカ軍政府は、アメリカ占領地区においては大資格証明の適用を禁止する指令を出し、営業はあくまでも自由でなければならないとした。

これに対して西ドイツの産業界は、戦後経済の回復と発展を展望し、そのために必要な職業教育と生産体制の整備が急務として、手工業の大資格証明制度が欠かせないという主張を展開した。当時の政権を担っていたドイツ・キリスト教民主同盟（ＣＤＵ）の経済相ルートヴィヒ・エアハルト（一八九七―一九七七）は、手工業の主張を取り入れ、大工業の行動を規制した。中間層の中核をなす手工業者の保護・育成に有効な大資格証明制度の導入は、政権の目指す社会的市場経済*体制の確立にも必要不可欠と主張し、その実現に努

めた。一九五三年の手工業秩序法の制定には、このような米国のドイツ占領政策と西ドイツ政権との調整が必要であった。一九五三年、国内外の調整を経て第二次世界大戦後の本格的な手工業政策が確立した。ここでは社会通念（ドイツでは手工業の定義の明確なものがない）の手工業をすべて取り込み、対象業種九三業種を指定すると同時に、マイスター制度を明確に位置づけた。一九六五年には、ドイツ経済の振興のために大きな改正が行われ、手工業の業種は九三から一二五に拡大し、加えて手工業類似業種四〇が追加され、この業種変更の権限が連邦経済相に付与されることとなった。

その後、東西ドイツの統一のためのいわゆる統一コストの際限のない膨張や欧州連合（EU）の本格的な稼働など、激しく経済変動に揺すぶられ、ドイツ経済は一九九三年から景気後退期に入った。これを受け連邦政府ゲアハルト・シュレーダー政権は「アジェンダ二〇一〇」を掲げ、経済構造改革を目指した。その改革案の一環として手工業秩序法の改正が図られた。二〇〇三年の法案の改正点の主なものは、これまでの手工業九四業種は二つに分けられ、四一業種（A）はこれまで通りマイスター資格取得が手工業企業設立の要件となる業種であるとした。残る五三業種（B1）はマイスター資格取得を手工業企業設立の要件としない業種とし、これに加え類似業種として五七業種（B2）を指定した。その上で、マイスター資格取得者でなくても、マイスター資格取得者を雇用していれば手工業企業の設立が可能となった。これらの工夫により手工業の起業と継承を促す政策であった。この改正により手工業は勢いを取り戻した。

【参照・引用文献】

森本隆男「手工業政策の展開」（「企業と規制」の「営業規制の歴史」の続編）関西学院大学商学研究所編

手工業規定A　認可と同時にマイスター資格者の登録を要する職種（41職種）

1. 左官およびコンクリート職人
2. 暖炉および熱気暖房業者
3. 大工
4. 屋根葺き職人
5. 道路工事職人
6. 断熱・不凍および防音職人
7. ポンプ職人
8. 石工および石彫刻師
9. 化粧漆喰職人
10. 塗装工
11. 足場桁組み職人
12. 煙突掃除職人
13. 金属職人
14. 外科機械士
15. 車両製造業者
16. 精密機械士
17. 二輪車機械士
18. 冷却装置製造業者
19. 情報技術者
20. 自動車技師
21. 農業用機械技師
22. ソケット製造業者
23. 板金工
24. 設備工および暖房装置製造業者
25. 電気技術者
26. 電気機械技師
27. 家具職人
28. ボートおよび船製造業
29. 綱（縄）作り職人
30. パン職人
31. ケーキ職人
32. （屠殺業兼）食肉製造販売業
33. 眼科光学機械専門家
34. 補聴器音響専門家
35. 整形外科技師
36. 整形外科用靴職人
37. 歯科技師
38. 理容師・美容師
39. ガラス職人
40. ガラス吹き工および ガラス器具製造業者
41. 加硫工および車輪技術者

出典：「ノルトライン・ウェストファーレンの手工業」（日本語版）、西ドイツ手工業会議所、2010年

手工業規定 B_1　認可にマイスター資格を要しない職種（マイスター登録は自由）（53職種）

1. タイル・敷石および モザイク張り職人
2. コンクリートブロックおよび テラゾー製造業
3. たたき床工
4. 容器および用具製造業者
5. 時計職人
6. 彫版師
7. 金属彫刻師
8. （亜鉛）メッキ工
9. 鋳造師および鋳鐘師
10. 切断工具職人
11. 金および銀細工師
12. 寄せ木張り床工
13. シャッターおよび ベネチアンブラインド製造業
14. 模型職人
15. 旋盤工（象牙彫刻師）および 木製おもちゃ職人
16. 木彫師
17. 桶職人
18. カゴ職人
19. 婦人服および紳士服仕立屋
20. 刺繍職人
21. 婦人帽洋裁師
22. 織物師
23. 帆製造職人
24. 毛皮職人
25. 靴職人
26. 馬具職人および革鞄職人
27. 内装職人
28. 製粉業者
29. ビール醸造業および麦芽製造業
30. ワイン酒蔵管理職人
31. 織物クリーニング職人
32. 蠟燭職人
33. 建物清掃業者
34. ガラス加工職人
35. 精密光学機器製作者
36. ガラス画工および陶磁器画工
37. 宝石細工師
38. 写真家
39. 製本業者
40. 印刷業者および植字工
41. 絹紗スクリーン捺染印刷工
42. スタンプおよび印刷製版作業
43. 陶工
44. パイプオルガンおよび ハルモニウム職人
45. ピアノおよびチェンバロ職人
46. 蛇腹のある楽器職人
47. バイオリン職人
48. 弓職人
49. 金属吹奏楽器職人
50. 木製吹奏楽器職人
51. 弦を弾く楽器職人
52. 金メッキ職人
53. 看板および電光広告職人

手工業規定 B_2 手工業類似職種（57職種）

1. 鉄製骨組み製造業
2. 建造物乾燥業
3. 床張り工
4. アスファルト工
5. 接合工
6. 木材および建造物保護業
7. 杭打ち
8. コンクリートボーリング工および裁断工
9. 演劇および舞台画工
10. 装飾目的の針金製の枠製造
11. 金属研磨工
12. 金属鋸研ぎ師
13. オイルタンクの保護
14. 中古車部品取扱業
15. 導管および配管清掃業
16. 地上建築でのケーブル張り工
17. 木製靴職人
18. 木煉瓦職人
19. 桶板職人
20. 木製梯子職人
21. 舟形桶職人
22. 木製たが職人
23. 杮（こけら）職人
24. 規格建造物部品取付
25. はけ職人および筆職人
26. 紳士用上着のアイロン業
27. 装飾用縫い物師
28. つぎ布製絨毯製造業者
29. レース細工師
30. 演劇衣装縫い物師
31. プリーツスカートのプリーツを作る職人
32. 服飾雑貨品製造職人
33. 布画工
34. 編物職人
35. 織物手刷り職人
36. かけはぎ職人
37. 仕立て直し職人
38. 手袋職人
39. 簡単な靴修理業
40. 皮鞣（なめし）工
41. 内臓肉製造販売業
42. アイスクリーム製造業
43. 食肉分解業者
44. 織物仕上げ工および蒸気処理工
45. スピードクリーニング業
46. 絨毯クリーニング業
47. 飲料用配管洗浄業
48. 美容師（化粧）
49. メーキャップ師
50. 葬儀屋
51. ランプ傘製造業
52. ピアノ調律師
53. 演劇彫刻師
54. 小道具師
55. 傘職人
56. 石版印刷工
57. 打楽器職人

『商学論究』三六（四）、一九八九年
アンドレアス・レダー『ドイツ統一』板橋拓己訳、岩波書店、二〇二〇年

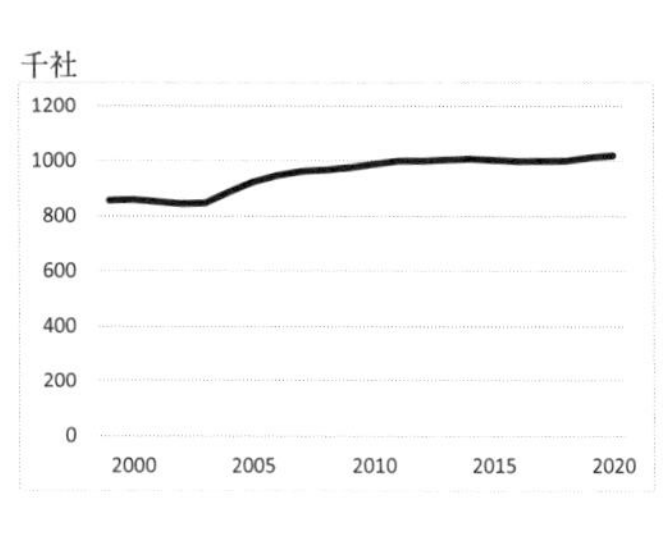

手工業企業数推移（ZDH二〇二一年による）

手工業就業者推移（ZDH二〇二一年による）

3　二一世紀の手工業

まずドイツの手工業の実態を二〇二〇年の統計から掘り起こしてみよう。全ドイツに占める手工業の割合は以下の通りである（ドイツ手工業総同盟 Zentralverband des Deutschen Handwerk＝ZDHの資料による）。

・手工業企業数は一〇二万社で全国企業数の二九％
・手工業の就業者数は五六二万人で全国就業者の一三％
・手工業価値創造額は三〇兆二〇〇〇億円で全ドイツの八％、売上高は八四兆五〇〇〇億円

マイスター制度に支えられているドイツの手工業は、一社当たりの平均は就業者五・五人、売上高八三〇〇万円の、わが国でいういわゆる中小企業の群れである。しかし、こと職業教育制度においては、その重要性は著しく高まる。職業教育対象全業種三二七には、手工業の一四七の職種が含まれていて、その割合は四五％である。二〇一六年の職業学校入学に必要な新規職業教育の有資格者五二万人のうち、手工業を目指す者は二七％と四分の一を超えており、職人再教育プログラムへの参加状況は三分の一を手工業が占めていることから、職業教育は手工業と強い連帯関係にあるといえる。二〇二〇年、徒弟として職

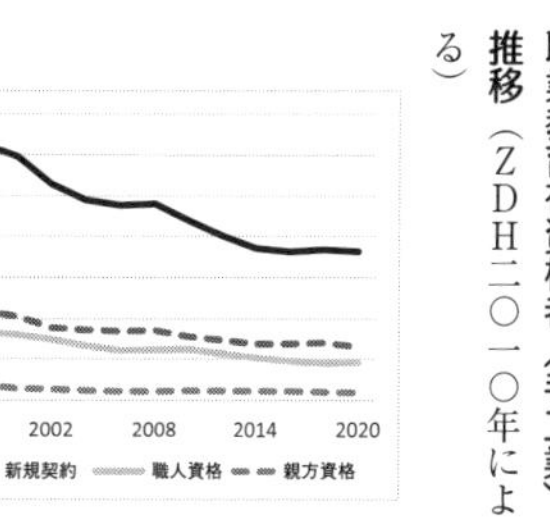

職業教育有資格者（手工業）推移（ＺＤＨ二〇一〇年による）

手工業売上高推移（ＺＤＨ二〇二一年による）

人を目指して学んでいる者は約三六万三〇〇〇人、職人資格取得者（職業学校卒業者）約九万一〇〇〇人、マイスター資格取得者約一万七〇〇〇人という実態である。それぞれの資格取得者への証明書の発行は、全国一六地域に設けられている手工業会議所がその役割を担っている。

手工業一五一職種は以下の三つのカテゴリーに分かれている（二六九―二七一頁参照）。

① A＝マイスター資格取得義務を必要とする業種　四一
② B_1＝マイスター資格取得義務を免れる職種　五三（マイスター登録は自由）
③ B_2＝手工業類似業種　五七

このうちマイスター資格取得義務のあるカテゴリーAは業種が四一と絞られているが、売上高、就業者数ともに大勢を占めており、手工業におけるマイスター資格の重要性は相変わらず高い。マイスター資格を得るには職業学校卒業ののち、職人としての四、五年の経験を積んだ後、以下の四つの試験に合格することが必要とされている。

① 実技試験＝自作品の提出
② 受験生の専門分野に関する理論知識の試験
③ 経営に必要な経済的、法律的知識の試験
④ 職業教育学的、労働教育学的知識の試験

この親方（マイスター）試験制度では、技術者、経営者、教育者と三つの資質が求められ、特に、企業経営能力と職人指導育成能力を通して、技術と知識と人格が伝承されるべきことを示している。

二〇〇三年の前述の手工業秩序法の改正は画期的なものであった。手工業の根幹を支え

るマイスター制度に大幅な改変を求めるもので、「アジェンダ二〇一〇」においてもドイツ連邦共和国経済を復興させるための諸策の一つであった。これにより、伸び悩んでいた手工業の企業数や売上高は増加に転じ、就業者数の減少は下げ止まった。しかし、職業学校における手工業の実態は必ずしも楽観できる状態にはない。手工業の職人を目指す徒弟身分の者、職人資格を得た者、マイスター資格を得た者、これから徒弟として教育を受ける新規契約者の数は減少を続け、将来の労働市場逼迫の懸念が絶えない。

加えて、ＥＵからの労働市場開放の絶え間ない要求も厳しく、難民の受け入れなどへの対応を含め、手工業分野を中心とするマイスター制度のＥＵ化が議題に挙がっており、今後もマイスター制度は変貌を遂げるであろう。それはマイスター制度の質的拡大ともいうべき動向である。各国の多様な実情に対応し、制度を簡素化し、柔軟な運用を図るにあたって、倫理性と合理性の保持強化は焦点となろう。労働市場の拡大とその流動化はＥＵ各国経済にとっても必須であることから、ドイツ主導による労働市場のＥＵでの一体化は大きく進展することが予測される。このような情勢の中、難民の受け入れとその教育が喫緊の課題となっている。手厚い難民対策の一環として職業教育にも多くの人材とコストがかけられている様子が窺われるが、これはドイツ連邦共和国の課題であると同時にＥＵの課題でもある。

第九章　手工業職人の遺産

建設業などの特定の職種グループを除き、手工業の重みは次第にしかも確実に薄れてきた。しかし、手工業がこれまでに積み重ねてきて、今なお西欧社会の中心で生き続けている遺産は数多くある。全産業の中で、この先、さらに急速に進むであろう情報処理に関する技術革新のただ中にあって、手工業がこれからも社会構造の根幹を構成する役割を保持し続けることは確実である。中世以来、栄誉に支えられ守られてきた手工業の底に流れる高い倫理性と合理性は、今後も西欧社会の存立基盤であり続けることであろう。中でも「職業教育制度（デュアル・システム）」「共同決定法」「モダニズム」の三つの果実は、手工業職人の遺産として、また西欧ドイツ語圏にとどまらず、広くＥＵ共同体の道標として生き続けるに違いない。

文部科学省「諸外国の教育統計」令和３（2021）年版参照

1　ドイツの職業教育制度（デュアル・システム）

ドイツ連邦共和国の教育システムは、東西ドイツ統一後も、多くの教育諸制度とともに、中世以来の手工業のマイスター制度を踏襲している。現在の制度の骨格は、社会構造を形成する各種の仕組みと同様、すでにワイマール共和国時代に芽生えている。現行の教育制度は上図の通り、高等教育を目指す者は一〇歳にして九年制高等学校ギムナジウムへの入学を選択する。高等教育に対して、もう一つの正道は職業教育である。ドイツは中世以来、国として強固にまとまった歴史が短く、地域・地方によって学校の名称や教育年数などさまざまであるが、東西ドイツ統一後の連邦においては、緩やかな制度が柔軟に運用されている。制度が画一化されていないので、一概にいえないが、国民の約六割弱が職業学校を選択し、二割強が高等教育に進むという実態である。

ドイツの職業教育は、連邦基本法一二条の「すべてのドイツ人は、職業・職場および職業教育の場を自由に選択する権利を有する」に基づいている。職業教育を選択した者は、一五歳になると自ら望む業種を特定し、研修先の企業を選び雇用契約を結んで初めて職業学校の入学が可能となる。二年から三年半後、職業学校卒業とともに職人としての地位が確定する。職業教育は企業と職業学校で行われる。年間の教育時間のうち約三分の一は職業学校で企業経営に必要な諸事に加え、技術の裏づけとなる理論の学習が行われる。三分の二は企業での実践を通して技術の習得に努める。この民間企業と職業学校の両輪で支える職業教育制度を「デュアル・システム」と呼んでいる。企業の研修は連邦法関連制度により、職業学校は州の制度として運用されている。二〇二〇年の統計によれば、職業学校には国民の五四・五％が入学している。資格を得る卒業試験の機会は二回に限定されている

職業教育のための連邦研究所

ミース・ファン・デル・ローエ職業学校

クレフェルトの建設業教育センター（いずれも2017年筆者撮影）

ため、関連機能をフル活用して合格を目指す。一人でも多くの職人を送り出そうと心配りが行き届いている。例えば建設業では、地域ごとに専門教育のための社団法人が設立され、強力に教育支援を行っている。デュッセルドルフ地域では一五〇〇の企業による会員制の建設業教育センターを設立、三つのセンターを保有し、建設部門（軀体・設備・仕上・インフラ）の研修生一〇〇〇人を受け入れている。

現在の職業教育制度（デュアル・システム）は連邦基本法一二条に基づき連邦の一九六九年に制定された学校教育法と一九五三年に整備が進んだ手工業規則を主な根拠法としてきた。その後も、手工業と深く関わり合いながら制度の設計と改訂が進められてきた。その運用は、経済構造の変化やEUの要請にも対応し、極めて柔軟性、合理性に富んでいる。世界に誇るこの職業教育制度は、基盤に完全無償化を据え、ドイツの教育制度の柱の一つとして、世界に呼びかけている。二〇一七年六月、私はボンの「職業教育のための連邦研究所」において、ベトナム出身の所員からデュアル・システムのプレゼンテーションを受けたが、ドイツ連邦がこのデュアル・システムを世界に向かって発信し、世界の職業教育を主導し、労働市場の拡大を企図している姿勢を強く感じた。

2　共同決定法

共同決定制は、労働者と経営者が共同で経営方針を決定することである。その成立のプロセスに手工業出身者の貢献が見てとれる。

愛国労働法
常時五〇人以上の経営体における向上委員会の設置を定める。

産業革命によってこれまでの手工業の概念を超える大規模な生産方式が誕生し、技術を持たない工場労働者が出現した。手に技術を持つ手工業者からもこの工場労働者の群れに加わり、指導的立場から労働条件の改善に尽くそうとする者がいた。一八四八年から翌年にかけてフランクフルト・アム・マインで開催された最初のドイツ連邦議会での工業関連法案・営業条例の審議の場で、工場委員会と経営委員会の設立に関する提案がなされた。「共同決定法」の起点とされる出来事であった。その後四十有余年のときを経て、ようやく労働者の経営参加が日の目を見るのである。

一八九〇年ドイツ皇帝ヴィルヘルム二世の「企業における労働者代表の容認」発言がきっかけとなり、一八九一年の改正営業条例において工場委員会の公認奨励としての改正営業命令が発布された。以来、ワイマール共和国の成立過程において労働者と労働組合が経営参加の道を辿り、一九一六年の愛国労働法*をきっかけとして、ワイマール憲法第一六五条で「労働者に共同決定権を付与」が定められた。この条文を根拠法として一九二〇年に制定された「経営協議法」がその後の制度的基礎とされた。その第一条には

被用者の共通の経済的利益を使用者に対して保護し、経営目的の達成に関して使用者を援助するためには、通常二〇名以上の被用者の就業している経営体にはすべて経営協議会を設置しなければならない。

とあり、これにより有限会社の管理委員会における労働者代表の参加制度が初めて制定された。工業におけるマイスター制度、共同決定制、労働運動の三つは、職業教育制度ととも

に手工業出身の親方と職人を核にして発展してきた。特に、ワイマール体制下の共同決定制は、社会民主党が革新的左派の意図したソヴィエト方式を排除して作り上げたもので、国民経済レベルから職場レベルにわたる壮大なものであった。このワイマール憲法の共同決定権の理念はナチス政権の国民労働秩序法に踏襲されたが、経営協議会の実態は単なる信任協議会に過ぎなくなった。

第二次世界大戦後の西ドイツではドイツ労働総同盟を中心とする経済民主化運動を背景に、コンラート・アデナウアー（一八七六―一九六七）首相のもと、一九五一年の「共同決定法」（工業及び製鉄工業の監査役員会並びに取締役会における労働者の共同決定に関する法律）と一九五二年の「経営組織法」の二法の制定が西ドイツの共同決定の動きを加速させた。「共同決定法」は一〇〇〇人以上の労働者を擁する石炭、鉄鋼両産業に適用され、監査役会（経営の最高意思決定機関）の役員の半数と労務担当取締役とを労働者側より選出し、これにより労資同権と対等を実現したものである。今一つの「経営組織法」では、満一八歳以上の雇用者が五人以上のすべての企業において、監査役定数の三分の一を労働者代表から選出する共同の協議機関として、経営協議会の設置を義務づけている。以後、さまざまな参加立法の改正、拡張が続いてきた。一九七二年には「新経営組織法」、一九七四年には「新共同決定法」など一連の立法により制度的強化が果たされてきたが、いずれも一九五〇年代に制定された「共同決定法」と「経営組織法」に基礎を置いている。

【参照・引用文献】

並木幸雄「労働組合の『経営参加』に関する考察」国士舘大学政経学会編『国士舘大学政経論叢』二四、一九七六年

3　モダニズムの展開

モダニズムという言葉が初めて語られたのは、一九世紀末、キリスト教カトリックの改革運動としてである。この改革運動は異端とされ、日の目は見なかったが、社会全体の強い希望をのせて展開されたモダニズムはワイマール共和国の多様な領域で見られた。『モダニズムとは何か』の編者マイケル・レヴァンソンはモダニズムが資本主義経済の中で複雑な展開を示したことを記し、モダニズムが影響を与えた領域として、文化活動を中心に経済、政治にまで及んでいることに言及している。

(1) 大衆社会の到来

モダニズムは「自由と平等」を追求する欧州近代思想史の展開とともに、キリスト教信仰を根底に保持しながら、進展していった。「自由と平等」探求の道は、中世以来脈々と続いている。唯一の神と正面から対峙しながら、育み育てられてきたのが欧州の思想であり哲学である。欧州の思想家や哲学者の座右には、必ず新・旧約聖書が置かれていた。アウグスティヌスの中世キリスト教哲学を起点として、中世末期の経験論や新しい主意主義*、理想主義*、経験主義*、実存主義*などのいずれにおいても、唯一の神とその子イエス・キリストとの対話の中から、「自由と平等」という人類にとって普遍の真理に辿り着いた。そ

主意主義
意志的なものを知性的なものよりも上位に置く立場。あるいは、意志的なものを世界の本質と見る形而上学的思想。

理想主義
物質に対して観念的なものの根源性を主張する立場の総称。

経験主義
認識の主たる源泉を経験に求める哲学説。代表的なものは一七―一八世紀のイギリス経験論（F・ベーコン、ロック、バークリー、ヒューム）であり、一切の観念は感覚的経験から後天的に生ずるとして、生得観念を否定する傾向を持つ。

実存主義
人間の本質ではなく個的実存を哲学の中心に置く哲学的立場の総称。ドイツでは実存哲学と呼ばれる。人間は孤独・不安・絶望などの限界状況にあると考え、科学的な方法によらずに人間を主体的に捉え

てその自由と責任とを強調する。その源はキルケゴール、シェリング、パスカルにまで遡るが、二〇世紀、特に第二次世界大戦前後に世界的に広がった。

疾風怒濤
一七七〇―八〇年代にドイツに興った文学運動。自然と個性の尊重を謳い、人間的感情の発露を求めた。若い時代のゲーテやシラーの作品に見られる。

ドイツ観念論
一八世紀末から一九世紀前半にかけて、カントの啓蒙主義的哲学の後期と重なりつつフィヒテ、シェリング、ヘーゲルに至るドイツ古典哲学をいう。

自由主義的デモクラシー
オルテガ・イ・ガセットが『大衆の反逆』で技術的創造に基礎を置いた自由主義的デモクラシーを社会的生の最高形式とした。

して、その道は既存の領邦君主や聖職者などの権力者から離れ、徐々に大衆へと接近してきたのである。

西欧の近現代化の道程にあっても、ルネサンスの人文主義から啓蒙思想、疾風怒濤*(Sturm und Drang)、ドイツ観念論*などを経て、最後に行き着いたのが大衆社会である。主役が大衆で、大衆の合意が正当性の象徴となり、議決によって新しい権威が確立される社会となったのである。一九世紀の後半に、爆発的な人口増を背景に、自由主義的デモクラシー*と技術を携えて、大衆社会は登場した。第一次世界大戦直後、ワイマール共和国では、特にインフレ克服後、アメリカの資本と文化の流入をきっかけとして、その中心地ベルリンにおいて、世界各国の文化が、育ち盛りの子供の玩具箱のように、雑然と混じり合っていた。ジャポニズム*もその一つである。そこには、領邦君主やカトリック・キリスト教勢力などの過去の権威から解放され、新しい主役を創出しようとするエネルギーが横溢していた。こうした環境の中、幅広い分野で、大衆社会と表裏一体で登場してきたのがモダニズムであった。

モダニズムは、従来からの権威への奉仕に代わって、機能性と合理性の絶え間ない追求を求めた。多くの分野で、大衆が必要とする適切な品質と彼らが調達可能な合理的価格の達成が求められ、科学と技術の総動員が強く要請された。ワイマール体制から、ナチスの時代を経て、第二次世界大戦後に至るまで、大衆社会の中心にはいわゆる中間層が座を占めてきた。それぞれの政権は、経済の中核として、この中間層を分厚いものにするべく政策を立てた。分厚い中間層は大衆の中で主導的役割を果たしてきた。この中間層は、第一次世界大戦後のハイパー・インフレーションなどいろいろな試練に晒されながらも、社会

ジャポニズム
日本趣味。特に、一九世紀後半のフランスで、浮世絵の移入やパリ万国博覧会の出品物により流行したもの。印象派の画家などに影響を与える。

日々新しく
新約聖書コリントの信徒への手紙二第四章一六節。

の中心にあって社会活動全般を支えてきた。ドイツ語圏においては、その核心部分を手工業の職人たちが占めていた。彼らは陰に陽に、さまざまな仕組みや制度を創出し、補強することによって、第二次世界大戦後も、モダニズムが戦後経済の復興の前面に立つように導いた。そして、モダニズムは大衆社会の本格的な出現により大衆の生活環境を舞台とすることとなった。

【参照・引用文献】
岩田靖夫『ヨーロッパの思想』岩波書店、二〇〇三年
オルテガ・イ・ガセット『大衆の反逆』神吉敬三訳、筑摩書房、一九九五年
マイケル・レヴァンソン編『モダニズムとは何か』荻野勝・下楠昌哉監訳、松柏社、二〇〇二年

(2) 内包するキリスト教の教理

モダニズムの原理の中に「日々新しく*」というキリスト教の教理が内包されている。使徒パウロは外なる人（肉体）は衰えて死滅に向かうが、神において新生した内なる人は日増しに新しくされていくと説いた。建築家大野秀敏（東大名誉教授、一九四九―）は永久革命あるいは無限の進歩という理想像を内に秘めたモダニズムの思考形式を語っているが、その達成の困難さ、厳格さは宗教改革者カルヴァンの教理に通じるものがある。キリスト教の教理では「終末論」が重要な部分を占めている。われわれの行先にキリストの再臨と神の国の完成を謳っている。終末をもって「神の国」が完成するということは、この完成の時をもって、現存する世界は終わりを告げるということを意味している。その様子は、新約聖書の最後の書「ヨハネの黙示録」に描かれている。宗教改革者カルヴァンは、神の

バビロン捕囚
紀元前六世紀、新バビロニアの王ネブカドネザル二世により、ユダ王国は敗れ、神殿は破壊された。このとき三度にわたり、ユダの住民はバビロニアに連行され、捕囚の憂き目にあった。

国の完成がもたらす世の終わり、人の世の終わりを神から与えられるものとして素直に受け止めている。すでに始まり完成に至っていない神の救いの技は一気にはなされないが、バビロン捕囚*からの解放にはじまり、イエス・キリストの到来で確かなものとなり、終末を目指し確実に前進し続けると説いている。モダニズムの理念も、日々新たにされつつ、神の国の完成に向けて確実に前進するという終末思想を背負って二一世紀の初頭に立っていると考えられる。

【参照・引用文献】
大野秀敏「槇文彦の建築論――モダニズムの先」東京大学建築学専攻 Advanced Design Studies 編『これからの建築理論』東京大学出版会、二〇一四年

⑶モダニズムの多様性

バウハウスを起点とするモダニズムの潮流は、いろいろな形をとってきた。一八五〇年代に始まったウィリアム・モリスのアーツ・アンド・クラフツ運動を嚆矢として、次々と出現した新しい造形に関わる運動は、ワイマール共和国の誕生を機にバウハウスに集結する。ヴァルター・グロピウス率いるバウハウスの理念にモダニズムの主潮が明示された。ナチの弾圧によりバウハウスの担い手の多くがアメリカ合衆国に亡命した。

しかし、第二次世界大戦後、ＩＢＡ国際建築展五七では二五名の建築家の作品がドイツの首都西ベルリン・ハンザ地区に集い、モダニズム建築の潮流を定着させる役割を演じた。モダニズム建築の実態は世界各地域の土着性を吸収しながら、デザイン活動の中核を占めていった。北欧では気候風土の特質に根ざしたモダニズムが誕生、発展した。フランスで

はル・コルビュジエを旗手とする機能的、合理的なモダニズムが、大きなうねりになろうとしていた。近代建築国際会議（CIAM）は一九二八年に、ル・コルビュジエなど二八名の建築家により設立され、建築に関わるすべての領域（都市計画、ランドスケープ、工業デザインなど）を対象として活躍し、一九五九年の解散までモダニズムの都市・建築理念を推進した。多くのバウハウスの指導者が移り住んだアメリカ合衆国でも、フランク・ロイド・ライトなども巻き込み、多種多様な形でモダニズムの進展が見えていた。

西ドイツでバウハウスの伝承を試みたウルム造形大学は、欧州におけるモダニズムの拠点としての位置づけを、自他ともに強く認識していた。ウルム造形大学においては、いくつかの路線論争はあったものの、モダニズムの実践は着実に進んだ。情報技術における日進月歩の技術革新は、さらに新しい可能性の追求と秩序の再編成の必要性を訴えていた。情報技術の進展により少量多品種の供給が可能となり、再び、個性化と差別化への希求が市場からの要請としても顕著になりつつあった。情報技術の革新を背景として、バウハウスからウルム造形大学に至る近代デザイン運動で試みられた生活環境の改善、技術とデザインの融合、芸術と工業の建築における統一といった課題に対して、ウルム造形大学の閉校（一九六八年）後も、二〇世紀後半から二一世紀の初頭の現在に至るまで、モダニズムの再構築が進められている。幸い、バウハウスからウルム造形大学の系譜に携わった人々は、全世界四〇近くの国々で活動を続け、ともにネットワークを組み上げ、それぞれの国でその継承に励んでいる。

モダニズムの個別の活動は対象領域を都市から地域へ、新生から再生へ、創造から保全へと広げ、地球環境問題をも取り込みながら、さまざまな形態で協業を模索し、世界はつ

ダルムシュタット（一九〇一）
マティルダの丘展示館　一九〇八年、設計ヨゼフ・マリア・オルブリッヒ（二〇一七年筆者撮影）。

ながりの輪を創ろうとしている。

【参照・引用文献】
槇文彦『漂うモダニズム』左右社、二〇一三年

(4) IBA（ドイツ国際建築展）に見るモダニズム建築の発展

この一世紀を超えるモダニズムの展開を知るには、建築を中心に造形活動を対象とするIBA（ドイツ国際建築展）の歴史を辿ることが有効である。IBAは一〇〇年以上の伝統を有しており、ドイツ独特の展覧会方式として定着している。実現される建築物や都市インフラそのものを展示物とする。面的広がりを持ち、数年から十数年に及ぶ長期にわたる展示会である。それは一九〇一年のダルムシュタットに始まる。

ダルムシュタット（一九〇一）

IBAの起点となった総合芸術展覧会「ダルムシュタット芸術家コロニー」はヘッセン公エルンスト・ルートヴィヒ（一八六八―一九三七）の企画、ウィーン分離派の建築家ヨゼフ・マリア・オルブリッヒの総合プロデュースによる芸術家村である。オルブリッヒは大半の建築と環境整備を担当したが、計画地の一角には、ドイツの建築家でモダニズム建築の誕生に一定の役割を果たしたペーター・ベーレンスの自邸もあり、現在も美しい佇まいを見せている。この芸術家コロニーは、芸術を地域産業の核とすることを提案した点に大きな主張があった。国内外の芸術家七名を招き提案の実現を目指した。一九〇一年から一九〇四年の間に「ドイツ芸術のドキュメント」と称

シュトゥットガルト（一九二七）
ヴァイセンホーフ住宅展
（knaurs lexikon der modernen architektur より）

する四回の建築展覧会を開催し、広く国際社会へ訴えた。領邦君主・貴族をパトロンとしてきた芸術家が自ら、大衆を対象とする産業への転換を意図した画期的な国際建築展となった。

シュトゥットガルト（一九二七）

一九二七年にシュトゥットガルトで開催されたヴァイセンホーフ住宅展は、ドイツ工作連盟が核となって建設展示したもので、人口急増に伴う住宅難の解決、ドイツ製品の質的向上を目的に開催された。この住宅展は、ヴァルター・グロピウスが提唱した国際建築の芽生えであると同時に、モダニズム建築の実践の場として有効に活かされた。この住宅展ではミース・ファン・デル・ローエのもと一七名の建築家が轡（くつわ）を並べ、二一棟六三戸の住宅が展示された。主な出展者はグロピウス、ル・コルビュジエ、ハンス・シャロウン、ブルーノ・タウト、ヤコブス・ヨハネス・ピーター・アウトなど、名実ともにその後もモダニズム建築を担い続けた建築家たちであった。

西ベルリン（一九五七）

「インター・バウ」と呼ばれ、第二次世界大戦後の陸の孤島西ベルリンのハンザ地区で展開された。その企画において、西側資本主義体制の集合住宅生産力*が東側の社会主義体制に劣るものでないことを示そうとする西ベルリン当局の意図が明白であった。ハンザ地区では面的な市街地再生事業として約一二〇〇戸の集合住宅が建設された。ＣＩＡＭ（近代建築国際会議）アテネ憲章*（一九三三年）の理念の実現を目指して

西側集合住宅生産体制
当時社会主義諸国では、ソ連をはじめ、戦後の住宅不足を補うため、西側諸国を遥かに上回る集合住宅量産体制を保持していた。

CIAMアテネ憲章
機能的都市を議題とした一九三三年第四回CIAMで採択された都市計画および建築に関する理念。九五カ条からなり、住宅・働く・レクリエーション・交通の四機能、特に住宅に着目したもの。

西ベルリン（一九五七）
インターバウ
グロピウス設計（二〇一七年筆者撮影）。

展開された。グロピウス、ル・コルビュジエ、アルヴァ・アアルト、ヤコブ・バケマ、アルネ・ヤコブセン、オスカー・ニーマイヤー、ハンス・シャロウンなど世界の名だたる建築家二五名が参加し、事実上、モダニズム建築を第二次世界大戦後に継承する格好の場となった。

IBAベルリン（一九七九―一九八七）

八年間にわたって、都心六地区で同時に二つの建築展が開催された。住宅の新設部門と保存・修復部門が設けられ、両部門にわたって、プロジェクトの趣旨に賛同した民間ディベロッパーのもと約一八〇の企画が立てられ、実施態様が明らかになっていった。プロジェクトごとに事業主体が競技設計を実施し、一つの機構が権威を持ってこれを見守ることにより、高い品質と適切な価格を達成することに成功した。特に、保存・修復部門においては「周到な都市更新のための一〇原則」が打ち立てられ、広く国の内外の規範となっていった。IBAベルリンによって、モダニズム建築はその概念を大きく拡大し、点から面へ、地区から地域に、建物群から都市へ、新設から保存・修復へ、建設から管理運営へと、社会全般を支える重要な役割を拡大した。このとき、保存・修復部門では持続可能な社会構築のための手がかりとしての環境共生住宅も多く見られた。集合住宅の新設と再生が同時に、また幅広い可能性追求の中で試みられたことによって、後述するオープン・ビルディングはモダニズム建築の主役の立場を揺るがぬものにしたといえる。

IBAベルリン（一九七九─一九八七）
フライ・オットーによる環境共生住宅
（『a＋u』一九八七年五月臨時増刊号より）

IBAエムシャーパーク（一九八八─一九九九）

世界的にも有名なドイツの重厚長大産業の拠点ノルトライン＝ヴェストファーレン州のルール工業地域の再生プロジェクトである。この地域を流れるエムシャー川流域の一七自治体、二〇〇万人の居住人口を抱える約八〇〇平方キロに及ぶ広大な地域が対象となった。州政府は一九八八年、IBAの開催を決定、州政府の全額出資により、一〇年期限付きの「IBAエムシャーパーク公社」を設立、建築展運営に当たった。公社の調整により、一二〇を超えるプロジェクトに三〇億マルク（約二一〇〇億円）の資金が投入された。投入資金の三分の二は公共、三分の一は民間の出資であった。プロジェクトの大きな目的は、大規模な産業構造の転換における持続可能な地域開発のあり方の追求にあった。一二〇余の個別プロジェクトは五つのプロジェクト・グループに再編推進された。エムシャー水系の自然再生など生態系重視の環境整備、約六〇〇〇戸の住宅整備、一七の産業技術拠点の整備などの物的整備が実施された。公社は三〇名のスタッフを抱え、調整業務を主に、個別プロジェクトの採否、総合的成果の広報、プロジェクト・グループでの位置づけ、進行調整などを行い、その総合的地域再生方式ともいうべき合理的事業推進システムを生み出した。このIBAエムシャーパーク公社による成果により、その後の持続可能な社会の構築に貴重な示唆を世界に知らしめた。大規模な再生プロジェクトの展示によって、モダニズムの概念に中に、社会情勢の変化や環境創造への対応を通して新しい展望を示すことが含まれていることを内外に知らせたのである。

IBAエムシャーパーク（一九八八－一九九九）
活用保存されている旧産業施設を取り巻く緑地（二〇一七年筆者撮影）。

IBAハンブルク（二〇〇六－二〇一三）

二〇〇六年、ハンブルク市が全額出資で「IBAハンブルク公社」を設立したのが起点となった。開催地区はエルベ川の中洲約三五平方キロ、事業期間は二〇〇六年から二〇一三年の七年間に及び、三つのテーマが設定され、実施された。

①　コスモポリス――都市のための新しい機会の創造

移民難民や社会的弱者との共生および教育機会の提供を目的とし、事業主体として市の職業訓練教育省などが五三〇〇万ユーロ（約六九億円）を投資した。

②　メトロゾーン――都市のための新しい空間の創造

親水空間や文化施設を中心とする新しい環境空間の創造を目指し、複数の民間事業者によって展開され、三二二〇万ユーロ（約四二億円）が投資された。

③　気候変動期の都市――都市のための新しいエネルギーの創出

「ヴィルヘルムスブルク気候保護コンセプト」の策定と、再生可能エネルギーを中心とした都市整備を掲げ、かつての高射砲基地を兼ねた巨大防空壕を地域エネルギーの貯蔵供給施設に改造し、新しくエネルギー供給ネットワークを構築した。事業主体は市のエネルギー公社などで、投資額は二五〇〇万ユーロ（約三二億円）と公表されている。

七年間の展示によって、世界の諸国が抱えている課題に対してドイツ連邦が率先して挑戦している姿を示すと同時に、決して一国、一共同体では解決できない現状を曝け出し、国際的な協力を、広くしかも熱心に呼びかける結果となった。挑戦した移民難民問題やエネルギー問題の解決のためには、世界の幅広い協力が必要であることを

IBAハンブルク（二〇〇六―二〇一三）整備されたエルベ島地区（IBAハンブルクのホームページより）

訴えると同時に、問題解決のため、モダニズムの理念の中に自由主義的デモクラシーと技術を駆使する決意が包含されていることを訴えている。

このようなIBAの経緯は、モダニズムが対象領域や協力体制を広げ、二一世紀初頭にあって、今なお、欧州文化を全面的に支えていることを如実に物語っている。別の見方をすれば、資本主義の根底を揺るがす二〇世紀の激しい社会経済の激動がモダニズムを育てたともいえるのではなかろうか。なお、その後も持続可能な地域づくりを目指して、IBAの名で企画が相次いでいる。

【参照・引用文献】
永松栄編著、澤田誠二監修『IBAエムシャーパークの地域再生――「成長しない時代」のサスティナブルなデザイン』水曜社、二〇〇六年
『a＋u』一九八七年五月臨時増刊号「IBA：ベルリン国際建築展1987」エー・アンド・ユー、一九八七年
「ドイツ都市計画における国際建築展（IBA）の役割と存在意義に関する研究」日本都市計画学会『都市計画論文集』二〇一二年一〇月

(5) ポスト・モダンの消長

モダニズムの着実な進展の中にあって、一九六八年は特別な意味を持つ年となった。この年はスチューデント・パワーと呼ばれる大規模な学生運動が展開された年である。その背景には、一九六〇年代に本格化したベトナム戦争に対する反戦運動の広がりがある。折しも、アメリカ軍によりベトナム・ソンミ村で大量虐殺が行われた年であった。この年、

Column

⦿壁の崩壊とＩＢＡ

　一九八八年に世界鉄鋼連盟の総会が西ベルリンで開催された。総会前の東ベルリンのツアーでは、立派にチャーリー・ポイントが機能していた。東ベルリンでは建国四〇周年記念式典の準備が進められていて、観覧席も立派に準備され、東ドイツ独特の鮮やかなブルーの旗が諸所にたなびいていた。逆に、西ベルリンでは街角ごとに東欧諸国の人々が屯（たむろ）していた。タクシーの運転手も何かが起こりそうだと予感していた。折しも、西ベルリンでは国際建築展ＩＢＡベルリン一九七九―一九八七が終盤を迎えつつあった。この国際建築展では新築・修復両部門において、環境共生住宅が追求され、後の地球環境問題にもつながる発想がいくつか提案された。土や生木が新しい建築材料として登場し、居住空間やその環境を形成した。一方、一九六五年に提案されたモダニズム建築を支えるオープン・ビルディングシステムが、新築・修復双方に有効でしかも双方をつなぐ役割を果たすことが検証され、大きくその役割を広げた。

　このとき、世界鉄鋼連盟では鉄骨による日本の高層集合住宅が紹介された。欧州での鉄骨の建物利用は炭坑跡地での学校建築がよく知られていたが、鉄骨の需要喚起を目的に高層集合住宅への鉄骨の本格的活用に関心が高まりつつあった。これまでの欧州の高層住宅は鉄筋コンクリートの工業化部品のＰＣ版による版構造の高層集合住宅が主流であった。特に、共産圏のソ連や東欧諸国は戦後の住宅不足を、このＰＣ版構法によって九割以上を補った。西欧諸国においても、特にフランスなどは、コワニエとかカミュなどの商品名で多くのＰＣ版による集合住宅が産出された。私たちは大きな鉄骨による枠組みの中に四階建てのＰＣ版集合住宅をはめ込む芦屋浜高層住宅プロジェクトをさらに発展させ、純鉄骨構造による本格的な搭状超高層を提案した。

　このときＩＢＡベルリンが新築と修復という二つのテーマを掲げながら住宅問題を取り上げたことが、世界の住宅供給の流れを大きく主導した。この年、ベルリンの壁が崩壊し、人々が東西の壁を乗り越えたことと無関係ではなかった。モダニズムの流れが、ベルリンの東西の壁の崩壊とともに、西から東へと一気に流れ込んだ。環境共生住宅とともに、それを支えるべき貴重な技術として、鉄に関わる技術も壁を乗り越え、東西共通の場に躍り出たのである。

技術的にいうならば、世界鉄鋼連盟の総会に提案された鉄骨造の集合住宅の原点は、それ以前一九七〇年代にわが国で展開された芦屋浜高層住宅プロジェクトを新日本製鐵㈱と㈱竹中工務店、松下電工㈱など五社で提案、実施した成果にある。このプロジェクトには、私のウルム造形大学で得た知識と技術が大きく貢献した。ウルム造形大学には東ヨーロッパの建設実態が正しく伝えられていた。特にポーランドやチェコスロバキアとは、情報交換が密で、お互いの研究成果の活用が盛んであった。例えばPC版の設計、製造技術に関しては、即座にアドバイスの得られる状態にあった。この東欧の技術はわが国にも、直接に役に立った。わが国にも精緻なPC版製作のノウハウは数多く寄せられていたが、合理性、効率性の点では東欧の実績より遥かに劣った。芦屋の高層住宅プロジェクトは工業化製品の活用による生産性の向上が一つの国家目標となっていたが、さまざまな面で多くの実績を残した。

芦屋浜高層住宅プロジェクト（1976年1月－1979年7月）
3381戸の高層集合住宅（1980年作成のパンフレットより）

超高層住宅棟

アメリカ合衆国においては黒人解放運動家マーティン・ルーサー・キング牧師（一九二九―一九六八）が暗殺され、東欧ではプラハの春を謳歌していたチェコスロバキアに対し、八月、ソ連軍の戦車部隊が侵攻を果たした。中華人民共和国では革命委員会が全国的に成立し、劉少奇国家主席（一八九八―一九六九）が失脚し、まさに毛沢東（一八九三―一九七九）支持のもと文化大革命の過激な変革期の真っ只中にあった。このとき毛沢東語録は世界の学生に浸透し、世界のスチューデント・パワーから圧倒的な支持を得ていた。世界の流れも大きく変わろうとしていたが、建築を含むデザイン・芸術の行方にも大きな変化が訪れようとしていた。ワイマール共和国体制とともにあったバウハウスが原点となったモダニズムは、欧州の戦後復興の重要な理念として機能していたが、パリ五月革命とウルム造形大学の終焉はこのモダニズムの流れに転換を求めるかのように思われた。

一九六八年のパリ五月革命はフランス共和国を大きく変えた。このとき、学生と地方の自治が目覚めることとなった。一九六六年のシュトラスブルク（ストラスブール）大学の民主化運動が端緒となり、一九六八年の三月にはパリの新設大学ナンテール校における極左学生による占拠、五月にはソルボンヌ校で学生と警察の衝突が発生した。両校は閉鎖され、このときをきっかけとして約一か月にわたって騒乱は続いた。学生の反乱に始まったこの革命は、ルノー労働者の工場占拠が口火となり、わずか数日間に全国の労働者を巻き込み、自由と自治を求める一〇〇〇万人のゼネストに拡大した。フランス国内では、工場でのストライキが続発し、交通機関は麻痺し、教育機関も機能を失った。シャルル・ド・ゴール大統領（一八九〇―一九七〇）は、軍を出動させ、直ちに国民議会を解散することを宣言することにより緊急事態を沈静化した。総選挙の結果ド・ゴールは勝利し、従来の体制を維持したが、労働者も学生も多くのものを獲得した。労働者は労働条件の改善を果たし、政府側からの大学と地方制度の改革の提案により、学生は大学制度への参加権と自治権の拡大を克ちとることができた。一方、地方自治制度に関しては、国家主導体制から地域住民参加への転換を図る道を見出すこととなった。ここにおいて、フランスの大衆化の波が大きくうねり始めた。翌年、ド・ゴールは金価格の高騰によるゼネストによって退任することとなり、ド・ゴール時代は幕をおろした。バウハウスの理念を受け継ごうとしたウルム造形大学は、既述のように、ドイツ・バーデン＝ヴュルテンベルク州議会の決議により、同じ一九六八年の一二月に閉校した。

モダニズムの潮流は、ここで大きな環境の変化に遭遇した。一つは、創立当時のバウハウスは、パリ五月革命に参加したフランスの哲学者ジャン＝フランソワ・リオタール（一九二八－一九九八）のいう「大きな物語」にも支えられていた。確かに、「自由」「革命」「人間の解放」などの大きな物語をもよりどころとしていた。一九六八年に起こった出来事は、これらの「大きな物語」のいくつかの信憑性を突き崩した。まず、声高らかに叫ばれた革命や人間の解放などの近代の理念が教条主義化し、色褪せたものとなってしまった。二つ目に、絶え間なく速度を早めて進展した情報技術である。モダニズムは二〇世紀後半に起こりうるであろう情報化技術による社会の変革も内包していたと思われる。二〇世紀初頭において、大衆社会で飛び交う情報が極めて重要な価値を有していることが広く認識されていた。本格的情報化社会の進展はモダニズムの根底を揺り動かし、ポスト・モダンの芽を育てるかのように見えた。技術の開発は言語に関わる活動に重点があった。言語学、サイバネティックス、データ・バンク、情報通信における端末機などさまざまなＩＴに関わる技術が迸り出してきた。情報の量が幾何級数的に増大し、その伝達速度が飛躍的に高まり、高度に透明な現実の中で、商品寿命は極端に短縮され、寿命の短い商品で一定の利益を手にするには、巨大な資本の投下が求められるようになった。高度なＩＴ技術を背景に、大型の技術提携や企業の合併が一瞬のうちに成立する時代となった。大資本と大量で瞬時に飛び交う情報によって、世界は経済的価値を極大化しようとしていた。

第一次世界大戦後、想像を絶する高度情報技術の進展が社会にもたらしたのは、従来の材料・資本・労働に加えて、情報という新しい生産資源の商品化である。情報は近代社会を支えた理念としてではなく、資本を支える生産資源の一部となり、極端に実利的な「効率」という価値尺度を生み出した。すべての領域で、その成果は「効率」をもって判断される。近代において確固とした普遍性を持っていた自由や平等ですら「効率」によって計られることとなったのである。この価値尺度の大きな転換の結果、「効率」を高めようとして社会のあらゆるところで、再び、平準化、均一化、マニュアル化、没個性化が起こり、創造の世界には個性と自由を許さない厳しい状況が生まれた。高度な情報化はモダニズム普及のリズムを崩し、ポスト・モダンの芽を摘んだ。

一九三〇年、スペインの哲学者オルテガ・イ・ガセットが鋭くかつ豊かな洞察力を持って『大衆の反逆』で描いた大衆化と欧州の統一は今も進行中である。オルテガも主張するように、深刻な問題はモラルの低下である。創造の世界では、高い倫理性が常に問われている。手工業職人たちは中世以来高い倫理性を保持し続けてきた。この手工業職人たちが伝え続けてきた倫理性を内包したことが、バウハウスを起点とするモダニズムが、今なお生き続けている所以でもある。モダニズムの理念は、国ごとに、民族ごとに、末端の共同体に行き渡り、共同体ごとに独自の展開を見せてきた。モダニズムの中に生き続けている倫理性を手がかりとして、なんとか現在の西欧は営みを続けている。中世以来提唱されてきた欧州統一体構想は、現在ゲルマン、ラテン、スラヴと異なる民族の統合体である欧州連合（ＥＵ）に発展しつつあるが、この同盟体の誕生と運営は、陰に陽にモダニズムの理念に支えられている。さらに敷衍して述べるなら、欧州の寛大な難民対応もモダニズムの理念に根ざしているとも考えられる。

情報技術の進展が国家間の確執の原因となり、巨大企業を生み、格差をもたらす。領域が細分化され、専門化が進み、分断の時代ともいわれる中、他方、社会の調和と安寧を保つには、多様な個を認め合いつつ、国家を問わず、共同体を問わず、分野を問わず可能な限り統合を図ることが望まれている。繰り返される分断と統合。この人類の営みを支えたのがモダニズムの理念であった。これからもしばらく、統合の行方を見通せるまではモダニズムの理念は必要とされるであろう。

【参照・引用文献】
林洋子編『欧米のモダニズムとその後の運動』幻冬舎、二〇一三年
ジャン＝フランソワ・リオタール『ポスト・モダンの条件――知・社会・言語ゲーム』小林康夫訳、水声社、一九八九年
三浦雅士編『ポストモダンを超えて――21世紀の芸術と社会を考える』平凡社、二〇一六年

⑹ モダニズム建築を支えるオープン・ビルディングシステム

モダニズム建築が生んだ大きな成果の一つに、オープン・ビルディングの考案と普及が

Column

⦿建築と住宅

私が四四年間身を置いた株式会社竹中工務店は、いわゆるゼネコン大手五社の一角を占めている。

大手ゼネコン五社の歴史はさまざまである。土木を土台に発展したのが大林・鹿島・大成であり、清水と竹中は古くは大工の棟梁で、建築を専業としてきた。出身地も大林と竹中は関西、鹿島・大成・清水は関東と異なっている。したがって、それぞれの得意分野にも違いがある。竹中工務店は株式会社ではあるが、他の四社と異なり家業を貫徹するために株を非公開としている。竹中は他の四社に比べると、建築の受注高が全売上高に占める割合が極めて高く、九割を超えており、建築専業といっても過言ではない。社風は自由で、社員個々人の志を尊重する。わが国には珍しく共同体全体がヨコ社会を形成しているように思ってきた。日常的に地位の違いを越えて活発な議論が展開される自由な環境の中で、私は集合住宅という領域を選んだ。

集合住宅を含む住宅は建築の基礎とされる。建築に関わる者は住宅をしっかり学び、設計から施工に至るまでの一連の技術を習得しなければ建築に関わる者と認められないとされる。しかし実態は、集合住宅より事務所建築や商業施設に魅力を覚える者が多く、集合住宅が軽んじられる場面も多かった。集合住宅の赤字受注は頻繁で、赤字がある程度積み重なると、事務所建築を中心に活動しているエリート集団から、事あるごとに「住宅をやめよう」と集合住宅の活動にブレーキがかかったが、集合住宅を企業の対象領域から外すことはなかった。実は、集合住宅で悪戦苦闘して獲得した価格競争力は、あらゆる建築種別の価格競争力の原点になっていたのである。

集合住宅という領域を選んで最初に突きつけられたのは受注時見積もり利益の確保であった。集合住宅チームを編成し、作業所（建築現場）に通い、原価の実態把握に努めた。設計畑を歩いた私は、作業所の信頼に乏しく、一定の情報を得るのに数年を要した。価格調整のノウハウの水平展開により個々のプロジェクトのコストダウンを図ろうとしたが、プロジェクトの特殊性が強く、水平展開には限界があった。そこで私は、いつでも手にすることができる見積書をデータ源として、ほぼ二〇〇のプロジェクトを分析して作業所に足を運んだ。次第に作業所長とも話が通じるようになって、価格の真髄に触れることもできるようになった。受注活動の中で狙いの価格を知ることもできるようになり、競争にも勝てるようになった。下の写真はこうした経験を活かし、受注した会心のプロジェクトの一つである。

集合住宅の質は、施工会社だけではなく、集合住宅の供給を担うディベロッパーとの協業により実現する。多くの場合設計施工を同時に任されることが多く、集合住宅には国家施策も関わるが、なんといっても施工側の技術力が集合住宅の質の決め手となる。竹中工務店の集合住宅チームは、多くのディベロッパーの集合住宅の質レベル設定を、細かいディテールに至るまで決めることに参加してきた。日本住宅公団（現在のUR）と第一生命住宅（現・相互住宅）はともに一九五五年の設立であるが、官民で集合住宅の供給を目指した。第一生命住宅は、第一生命相互と竹中工務店の出資によるもので、竹中工務店は戦後、勤労者のための集合住宅供給の先頭を切ってきた。特にいわゆるタワーマンションはディベロッパー各社と竹中工務店の共同作業によって生まれた商品であると自負している。二〇世紀の末期から二一世紀にかけて主流となったタワーマンションは一九七〇年代後半から作られるようになった。われわれは超高層住宅と呼んでいたが、初めて世に出すときは商品として成り立つかどうか非常に心配した。眺望の良さを売り物にして、高層部が低層部の倍以上の価格で市場が形成され、瞬く間に行き渡った。同じように竹中工務店が商品化したのが、外国人用賃貸住宅である。当時、麻布や六本木の高級住宅地の地主の相続対策として登場した。欧米から派遣される外国人の社員は高い報酬を得ており、彼らの生活が円滑に営めるように企画された。これはまさにバブルといわれたときに全盛期を迎えた。低層のものが多いが、優れた作品群が生み出された。集合住宅ほど厳しくエンドユーザーの目に晒される建物種類はなく、その面でも竹中工務店の顧客志向の技術の発展に多く寄与した。

CIハイツ和光集合住宅計画
1982年3月竣工、竹中工務店設計施工
（1985年筆者撮影）

アイントホーフェン地域
オランダ南部北ブラバント州のアイントホーフェン基礎自治都市とその周辺。人口は約七〇万人。

挙げられる。オープン・ビルディングはオランダの建築家ニコラス・ジョン・ハブラーケン（一九二八—）によって構築された。一九六五年一二月に設立されたS・A・R（建築研究財団）の名で発表された構工法がその始まりである。報告書『S・A・R六五』において最初の構想を世に問うた。当時の欧州の建築業界では、他産業に比べ、研究開発投資が極めて少なく、S・A・Rの設立は研究投資を高め、建設業界の活性化を目指したものであった。

S・A・Rはオランダ・アイントホーフェン地域*の比較的大きな建築会社九社とB・N・A（オランダ建築家協会）によって設立された建築研究機関である。参加各社からの九名とB・N・Aから二名の計一一名で理事会が編成され、代表は法律家の大学教授が就任した。理事会が研究所を設立する形がとられ、研究所は建築家ハブラーケンと三人の建築家と一人の秘書の陣容で出発した。研究所の財政は、最初の二年間は参加建築会社九社とB・N・Aによって賄われたが、一九六七年の年初からは、B・N・Aの年間寄付と政府の補助金によって運営されるようになり、建築会社や政府からの研究契約もこれに加わった。

S・A・Rの活動は、集合住宅に集約され、工場生産部材による集合住宅の構造体の開発を初期の課題とした。集合住宅の構造体の追求の中で、二つの重要な点が認識されていた。一つは、時の経過とともに生じる住まい方の変化への対応である。二つ目は、建築生産における構造部材の量産により、産業として利潤追求の最大化を目指し、より質の高い大量の住宅を創出することである。これにより、将来あらゆる種類のさまざまな建築部品・部材を適合可能とする構造体を作り出すことができると考えられ、これらを実現するため、二つのルールを設定した。第一のルールは寸法の法則である。第二のルールはさまざまな構造体の有用性を比較可能とするための、ゾーンの法則である。寸法の法則は、現在もデュラー・コーディネーションとして知られているもので、これを発展させて、居住者の要望によるさまざまな製品と構造体が適合できる方法の原理が提案されている。ゾーンの法則は多種多様な住居への最良の解を得るための構造体設計指針である。課題はただ一つの優れた特殊解を見出すことではなく、数多くのまだ知られていない空間配分を導き出すことである。このために構造体の設計に当たっては、使用可能なものの幅広い普遍的な検討が求められる。このゾーンの法則はこの普遍的検討を可能にする。これは、機能的、技術的検討のための設計の道具である。簡単にいえば、『S・A・R六五』では、このような法則によって、設計者はさまざまに展開されている個別部品を構造体に容易に取り込むことができることを明らかにした。以上が一九六五年にS・A・Rが世に問うたオープンビルディング・システムであった。

その後ハブラーケンは、一九六七年にはオランダ・アイントホーフェン工科大学に建築学科を設立、初代学科主任を務め、一九七五年アメリカに渡り、一九八一年までマサチューセッツ工科大学で教鞭をとり、退官後も含め、一貫して『S・A・R六五』の延長としてのオープン・ビルディングの深耕と普及に努めた。オープン・ビルディングはバウハウスのハウス・アム・ホルン実験住宅で展開された機能の追求と部品分割を進展させ、再構築しようとしたものである。大衆である住まい手の立場に立つと同時に、常に建設産業の振興を念頭に置いた。まず居住環境を階層的に捉え、最も身近な「インフィル」（住まい手が選択権を持つ家具、内装、設備機器）、次に「サポート」（建築家や設計者が決める住戸を支える構造躯体や設備インフラ）、さらに、広く環境を捉える「アーバン・ティッ

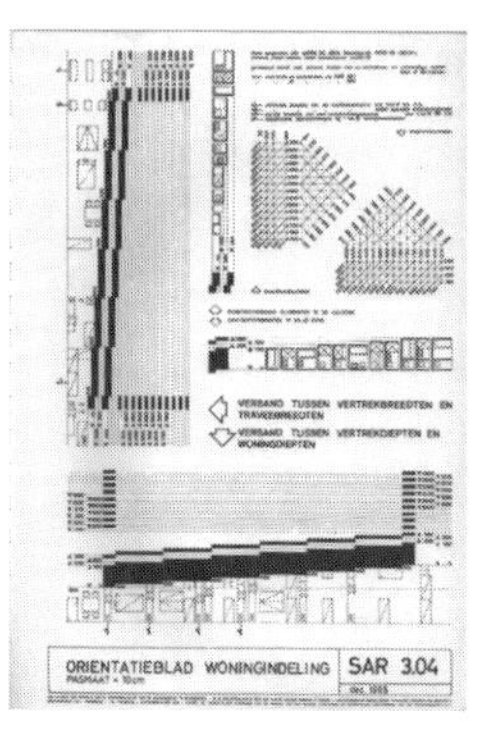

αゾーンの設定（居住）
βゾーンの設定（設備）

S. A. Rの提案

シュ」（自治体の定める都市インフラ）と三つの居住環境レベルを設定、それぞれの耐用年数をインフィル一〇―二〇年、サポート五〇―一〇〇年、アーバン・ティッシュ二〇〇―三〇〇年と定めている。二〇世紀後半、オープン・ビルディングシステムは世界に広く行きわたり、わが国においては国家施策にも取り込まれ、サステナブル社会における住宅・都市整備における法体系の基軸となっている。

二一世紀に入り、オープン・ビルディングがグローバル化してきた現状を踏まえ、ハブラーケンはこのモダニズム社会の原単位ともいうべき「生活細胞」を設定し、それを取り巻く「有機体（ファブリック）」の整備による「生活細胞」の活性化を企図している。「生活細胞」が自己再生できるシステムの構築に重点を置き、これを可能とするデザインされた都市環境の整備が持続可能な社会に欠かせないとしている。そのための投資環境における耕作や培養といった戦略、産業再編、政策への展開などとともに、専門家やハウジング関係者の意識改革を具体的に求めている。モダニズム建築が、その領域を展げ、都市の概念をも包含し、持続可能性をこの地球にもたらせる礎になると提唱している。長寿命化を可能とするスケルトンと「生活細胞」を活かし切るインフィルはともに、オープン・ビルディングの基礎であるが、その産業展開を具体的に提唱しながら、モダニズム建築を都市整備の中核に位置づけようとしている。わが国では今は亡き内田祥哉東京大学名誉教授（学士院会員）の薫陶を受けた元明治大学教授澤田誠二（現在、団地再生支援協会最高顧問、日本フンボルト協会顧問）によって導入され、「スケルトン・インフィル住宅」として産業化され、集合住宅が提供されている。住宅長寿命化のための施策などがその例であるが、わが国においては多くの建築とそれを取り巻く都市インフラがオープン・ビルディングに支えられたモダニズムの理念によって創られ続けている。

【参照・引用文献】
stiftung für Architektenforschung「SAR」, 1965
N・J・ハブラーケン「都市環境を耕すこと」澤田誠二訳、『ランドスケープデザイン』第八七号、二〇一二年
団地再生研究会編・著『団地再生のすすめ――エコ団地をつくるオープンビルディング』澤田誠二他監修、マルモ出版、二〇〇二年

Column

⦿ラッパの日

第二次世界大戦中、ウルム市は一九四五年の二度にわたる連合軍の空爆により、全市の七三%、中心部の九〇%が壊滅した。

敗戦の翌一九四六年、残った大聖堂を中心として、二〇〇〇人のラッパ吹きが集まった。以後二年ごとに、バーデン＝ヴュルテンベルク州のラッパ吹きは集まることになる。州の東端に位置し、ドナウ川に接するウルムが選ばれた理由の一つが、あまりにも過酷であった連合軍の空爆にあったと思われる。

私たちがラッパ吹きの群れに出会ったのは、一九六八年五月四日であった。ウルム大聖堂とその広場に三〇〇〇人のラッパ吹きが集まった。ラッパ吹きは、まずは大聖堂の中で演奏した後、広場に繰り出し、指揮者を中心に、幾重にも輪を描いた。このときは、ちょうど指揮者の交代が行われた年で、新旧二人が同時に指揮した。塔の上から見た三〇〇〇人のラッパ吹きの姿は、復興ドイツを支えるエネルギーとゲルマン民族の結集の美しさを表していると大きな感動を覚えた。

このラッパの日はその後も二年ごとに開催され、敗戦から五〇年後の一九九六年には、参加するラッパ吹きも九〇〇〇人を超すことになり、大聖堂前の広場は手狭で、会場は五つに分散されていると聞いている。次回は二〇二五年六月二八－二九日に開催が予定されている。

大聖堂の前の広場で演奏

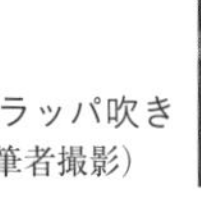

準備を整えたラッパ吹き
（ともに1968年筆者撮影）

エピローグ　世界は一つ

ヨーロッパ統一体の理念は古くから息づいていた。六世紀に西欧の世界が、おぼろげながら姿が見えてきて以来、すでに一五もの世紀を跨いで、受け継がれ、現在の欧州連合（EU）に至っている。フランク王国（四八一―八四三）において、ヨーロッパ統一体の萌芽といくらかの進展がすでに見られるが、当時欧州は周辺の先行文化圏に取り囲まれ、大きく遅れを取っており、その存在を周囲から脅かされていたのである。この緊迫した情勢がヨーロッパ統一体の理念を育てたと考えられる。ワイマール共和国の創立にあたって、欧米各地からさまざまな人々が集まり、さまざまな文化が持ち込まれたことが、この統一体の理念を後押ししたと思われる。

ワイマール共和国は、すべてにおいて雑然としていたが、その理念は、第二次世界大戦後のヨーロッパの原点となった。「ヨーロッパ統一体」や「ヨーロッパ共同体」の根底にあるゲルマンの結集思想は、二〇世紀初頭ドイツ帝国が第一次世界大戦に敗れたときも、クリストファー・ドーソンの『ヨーロッパの形成』（一九三二）やオルテガ・イ・ガセットの『大衆の反逆』（一九二三）などにより著された。これらの理念の伝承が現在の欧州連合（EU）の結実に連なっている。ヨーロッパ誕生時の劣勢を跳ね返し、全世界を主導する最大の発展を遂げさせたものは何であったか。そこには、キリスト教信仰に加え、ゲルマン民族の持つ倫理性と合理性という優れた資質が垣間見られる。

二〇世紀初頭バウハウスの二代目校長となった建築家ハンネス・マイヤーの業績を戦後の建築界に紹介したクロード・シュナイト（当時ウルム造形大学教授、一九三二―二〇〇七）が五〇年前に語った言葉がある。

文化文明の新しい芽は、ヨーロッパ大陸で芽生える。これをイギリスが集大成し、アメリカが実用化する。

これは何も建築やデザインの分野に限ったことではない。神学も含めて幅広い領域に見られる指摘である。このような発明発見の輪は世界が一つにつながっていこうとしている流れを感じさせる。移民・難民問題は世界格差の解消を訴えかけ、地球環境問題では若者が世界の一体的活動を呼びかける。感染症（covid-19）の蔓延ではワクチン接種機会の平等化が語られる。世界の芸術界では、地域や領域に関わりなく幅広いコラボレーションが展開され、二一世紀の姿を予言する。すでに触れたように、二〇一七年ドクメンタ14という国際芸術展ではアルゼンチンの作家とカッセル市（ドイツ連邦ヘッセン州）、アテネ市の協業がなされた（二〇六頁参照）。南ドイツの一〇万都市ウルムでは、ゴシックの大聖堂の石の壁に、プロジェクション・マッピングの技法を駆使して、ベルリンの芸術家三名と市民そしてプロテスタント教会が力を合わせて、一大ページェントを演じ、世界の共振を訴えた（三〇八頁参照）。一九四九年、フランス・リヨンの近郊のテゼに修道院が創設された。ここには一〇〇人の修道士が国と教派を越えて集い、清貧に徹した生活を営んでいる。カトリック、プロテスタント、正教など教派の独自性を尊重しながらも教派にとらわれないエキュメニカルな方向を鮮明にしている。年間一〇万人を超える若者が訪れる。欧州では年一回、アジアでは三年に一回の大会が開催され、世界は一つと輪が広がっている。小さな都市が世界の共振を呼びかける。キリスト教も教派を超えた結束を目指す。アートの世界も情報の技術革新に勢いを得て、分野の垣根を取り去ろうとしている。

かつてポスト・モダンという言葉が生まれ、いつとなく勢いを失っているが、ポスト・モダンの動きも包含しつつ、モダニズムは新しい秩序を目指して方向を定めてきたように思われる。さまざまな分野の、さまざまな民族の、さまざまな地域の活動のコラボレーションの可能性が見え始め、さまざまな領域で明らかに一つの輪になるための条件を整えつつ、一つの輪になるために必要な道具を模索している。情報技術が進展するこの時代の道具は多様である。一つの世界に辿り着く道も、各個人や各共同体ごとに極めて多様であろう。多様極まりなき個々の蠢（うごめ）きの中から、新しい秩序が躍り出てくるだろう。そのためには個人や共同体が、独自の主張を明確にすることが肝要である。各人、各共同体が独自の提案を世界に発信する能力と勇気を持たなければならない。

ヨコ社会の欧州では、技術革新の進む最新の情報技術が、多くの関係者に共有されており、日常的に有効な調整が可能で、生産性は右肩上がりである。これを可能としているのが、手工業の世界で展開されてきた職業教育システム（デュアル・システム）である。情報の技術革新は二〇世紀の初頭、ワイマール共和国の創立のときにすでに予測されていた。

Column

⦿リゾナンズ（共振）

二〇一七年七月、ベネディクト会修道院マリア・ラーハからウルムに向かった。夕方、ウルム駅につき、隣接するホテルで荷を解き、食事を済ませ、五〇年ぶりに中心街に散歩に出た。

まず目についたのがウルム市立歌劇場である。この歌劇場は五〇年前、建設資金集めの催しに協力した記憶がある。私たちの家主の女流画家からの依頼で、家内が一〇鉢の草月流生花を市に提供した。この生花は抽選会の景品となり、私と和服姿の家内は抽選会の当日、当時の市長と席をともにして、協力を感謝された。

この市立歌劇場で、老人ホームを舞台にした認知症患者の現代劇を鑑賞して、ウルム大聖堂に向かった。すでに二二時を過ぎようとしていたにもかかわらず、多くの若い男女の出入りが盛んで、近寄ってゆくと、中年の男女が「これから価値のあるショーがあるから入れ」と大聖堂の中に引き入れてくれた。大聖堂の中には、溢れるばかりの市民が整然と席を占め、大聖堂の後部の通路は立錐の余地もないほど人で溢れていた。やがて明るさが去り、ギターとドラムとオルガンによるバック・ミュージックが流れ、プロジェクション・マッピングによる映像がゴシック大聖堂の石の壁に映されてゆく。中世都市ウルムの歴史が語られ、ウルムの自由と平等を護ってきた人々の名前が流れてゆく。そして最後に「世界の共振」を訴える。一時間の大プレゼンテーションであった。ウルム市とウルム大聖堂が企画し、ベルリンのアーティストが演じた中世都市の世界への一つの発信であった。

宗教改革五〇〇年を記念して南ドイツではいろいろな催事が目白押しであった。南ドイツはルターの宗教改革

大聖堂のリゾナンズに集う人々

に呼応した中世都市が多い。中でもウルムはいち早くプロテスタントを受け入れ、ゴシックの大聖堂はミュンスターと呼ばれ、一六世紀以来プロテスタント教会として市民のシンボルの役割を果たしてきた。この大聖堂の塔は世界最高を誇り、世界の新しい秩序のシンボルともなる。

開始前の聴衆

中世の壁へのプロジェクション・マッピング
（いずれも2017年筆者撮影）

モダニズムの思想には、常に新しく、社会の変化に対応することが求められてきた。西欧文化の本質である倫理性と合理性は生産性向上という的（まと）を外すことはない。「世界は一つ」の理念の中には、目指す合理性の実現という強い召命を伴っている。

一九六〇年代、進展する情報技術に対して、米国の積極的な取り組みに比べ、欧州の対応は非常に保守的であった。その後、欧州社会は、焦ることなく、着実に、情報技術の革新を受け入れていった。技術の革新を前提とした二一世紀の社会を想定し、技術の体系を整えながら、革新されてゆく情報技術を取り込んだ。具体的には、職業教育システムへの導入により革新された技術は、手工業の親方（マイスター）や職人（ゲゼレ）、徒弟（レアリング）の隅々まで行き渡っている。今や、革新された情報技術は生産組織を結ぶ鎖となっている。欧州の生産現場に定着している最先端の情報技術は、社会の調和と生産性の向上に寄与し続けている。世界経済のグローバル化は多様に定着し、製品や部品・部材はサプライチェーンに乗って世界を駆けめぐる。情報はSNS上を飛び交う。決済は基軸通貨のドル、ポンド決済の比率が低下し、多様化している。世界は多様化の様相を包含しながら、「一つの世界」に近づきつつある。

「一つの世界」への道をともに歩むために、わが国には、多くの課題が突きつけられている。課題の多くは、わが国がタテ社会であることに起因している。明治維新以来の和魂洋才などの大胆な挑戦があったが、結果、わが国のタテ社会は寸分も変わることなく、頑固に居座り続けていることが明らかである。社会人類学者中根千枝が指摘するように、世界では極めて稀なタテ社会であるわが国は序列優先、会話の欠如、論理より感情の優先、透明性の欠如などの弱点を抱えている。このタテ社会を背負いながらも、志を持ち、真実を知り、思考し、議論し、主張するといったヨコ社会ではごく当たり前の良識を身につけて、日々の営みに励むことが、強く求められてきた。これは明治維新以来多くの心ある識者が目指したにもかかわらず実現できなかったことである。この種の課題の解決には、教育制度の改革が議論の対象になることが多い。明治維新以来、多くの私学の創設者がキリスト教信仰を中心にすえ、ヨコ社会の社会構造の導入を図り、これをもって維新後の社会構造の要とすることを願った。青山学院や東京女子大学などのキリスト教学校教育同盟加盟校は当然のことであるが、早稲田大学、慶應義塾、日本女子大学、麻布学園なども建学の理念の中心にはキリスト教の教理があった。現在ではキリスト教の教勢は当時と比べ、比較にならないほど劣勢で、タテ社会は厳然とわが国に居座り続けている。よほどの勇気と忍耐を覚悟しなければならない。

聖書、特に新約聖書は勤勉・禁欲・清貧を強く命じている。キリスト教に基軸を置く西欧においては、宗教改革以後プロテスタントを中心に、資本主義社会における利潤の追求もまた召命であると考えられている。積み上げられる利潤は神の技のために用いられるとされている。世界の格差を解消し、自然環境を保全し、終末を迎えるためにも高い利潤を目指すように命じられている。西欧の資本主義社会における利潤の追求は、神の命ずる極めて高い水準で行われている。この利潤追求の水準は、西欧とわが国では、大きな差が実感される。この差が生産性の差に直結している。個々人の職業観を問い直さなければならないと同時に、職業観を職業教育の根幹に据える必要性を感じる。

生産性向上にはイノベーションが欠かせないと、産官学のいずれからも聞こえてくる。しかし、せっかくのイノベーションが既得権益者によって握りつぶされようとしているのがわが国の現状である。イノベーションは価値の転換、利益構造の変換をもたらす。変換

Column

⦿リグリスヴァイラーの住まい

かつて私たちはウルム郊外、都心から南に三〇キロにある農村リグリスヴァイラーの古い農家を住まいとした。ウルム造形大学の秘書フラウ・レースナーの紹介であった。そこは都心に住む女性画家アンネリーゼが郊外住宅として入手し、自ら改修していた。四〇〇年前の二〇〇坪になろうとする住宅は、壁以外はすべて木造で、床板や階段の段板の板は一〇センチの厚みがあり、それだけで豊かな気持ちになれた。あまりにも広い農家であったので、全体の五分の一程度の四部屋と階段室のみを賃借した。アンネリーゼは日曜大工の感覚で、壁の板を張り替えていたが、壁を厚くし過ぎて窓台との間に三センチ程度の隙間があり、物を落とすと二度とお目にかかれないなど、いろいろなところに神経を使いながら約一年を過ごした。

浴槽がなかったので厨房に浴槽とボイラーを設置してもらった。住んでみて初めてわかったが、西欧の庶民住宅では浴槽の湯の温度設定が極めて低く、設置してもらったボイラーは普通の西洋人二人分の湯量が供給されるはずであったが、日本人にとっては一人分にしかならず、しかも、湯を沸かすのに一時間以上かかるので、二人で長い浴槽の両側から入り、一、二、三で顔から順番に下半身まで洗う。一度の湯を二人で同時に使った。この浴槽とボイラーの設置費用は、カウチオンという制度で賄われた。カウチオンとは保証を意味するもので、必要とする設備設置費用を入居者が立替払いし、決められている家賃から毎月立替分を差し引き、結果として全額家主負担となる仕組みである。

私はこの家から毎日、勤務先の大学に通った。学校から支給される給与は一〇〇〇マルク（当時の換算レートで九万円）程度であったが、うっかり宗教の申告をプロテスタントとしたため九〇マルク程度の教会税と称するものが差し引かれていた。この教会税は、旧約聖書のレビ記や申命記にすべての農作物の一〇分の一は神のものであると説かれていることに由来し、国家が教会に代わって徴収するもので、新旧両キリスト教にとって大きな財源となっている。私の場合、教会税は全額、調整によって還付された。税について知って納得したのは、東ドイツに住む人へのプレゼントに関わる費用が課税対象外とされており、分裂状態の東西ドイツの一体感を垣間見た。

　五〇年後の二〇一七年、この住宅に再訪することができた。向かいにあった肉屋が目印であった。この肉屋は、今の当主の義母が取り仕切っていたが、タクシーのドライバーに肉屋の話をしたら見事に見つかった。五〇年前、毎週水曜日の昼時、豚の断末魔の叫び声が村中に響き、一時間くらいすぎると、一週間分の肉を求め、村中の人々が集まった。豚の爪から肺に至るまで、あらゆる部分が食に供される。五〇年前と比べ周辺道路などの環境整備が進んでいたが、農家はそのままできれいに使われていた。私たちが住んでいた住宅は広場に面していて、復活祭のための祭壇が設けられ、花の絨毯を愛でながら、少女の扮する天使たちが家々をめぐり祝福した。この広場を囲む家の佇まいは五〇年前と変わることがなかった。

50年ぶりの「わが家」（2017年筆者撮影）

リグリスヴァイラーのわが家の窓から「復活祭を祝う」（1967年筆者撮影）

により既得権益を失う者は、当然、イノベーションにブレーキをかける。この情報技術の進展している世界では、イノベーションは可及的速やかに定着させなければ、高い利潤を得ることにつながらない。既得権益者の説得とイノベーションがもたらす技術体系の再構築に要する時間を可能な限り短縮させることが肝要である。タテ社会のわが国では、感情が優先するため、迅速な解決には困難を伴う。私の知る限りにおいても、驚くほど大規模に、多くのイノベーションが闇に葬られている。

そのほか、具体的なレベルでは、重層下請け構造や生産活動の最先端に立つべき人々の権限と責任など枚挙に遑がないほど問題は尽きない。「一つの世界」への道をともに歩むことが許されるには、ほど遠い状況であると同時に、課題克服のための具体策も見通せないのがわが国の実情である。米国の社会学者エズラ・ヴォーゲル（一九三〇―二〇二〇）による『ジャパン・アズ・ナンバーワン』で、日本的経営が高く評価されたのは一九七九年であった。このとき、わが国の名目ＧＤＰは米国の四割、ドイツの一・三倍であった。ドイツ連邦が東西統一コスト負担により景気が低迷し、失業率が一〇％を超え、「アジェンダ二〇一〇」の経済対策のための施策を決めたのが二〇〇三年である。直近の二〇二一年のわが国の名目ＧＤＰは米国の二割、ドイツ連邦の一・一五倍で、米国の順調な経済成長、ドイツ連邦の著しい回復、わが国の凋落が読み取れる。すでに述べたように、アジェンダ二〇一〇はドイツ連邦の中道左派政党である社会民主党のシュレーダー政権によるもので、企業の解雇条件の緩和、失業給付金の削減と給付期間の短縮、手工業の起業条件の緩和など厳しく鞭を振るったのである。この政策は不人気で、二〇〇五年、政権を保守政党キリスト教民主同盟のメルケル党首に引き継ぐこととなった。しかし、ドイツ経済はアジェンダ二〇一〇により奇跡の回復を遂げた。一〇%、五〇〇万人を超える失業者を抱えながら、中道左派政党が失業者に鞭を振るうことのできるドイツ連邦共和国、その底に流れる信頼の基盤に羨望の念を禁じ得ない。

一九八〇年代から「ジャパン・アズ・ナンバーワン」と持ち上げられて以来、わが国は、改革はおろか議論すらできなかった。今ここで無為に過ごすことは決して許されない。個々人、大小さまざま々な共同体のそれぞれが国家の枠を越えて、「日々新たに！」「一つの世界」へ向かって飛び込まなければならない。

だから、わたしたちは落胆しません。たとえわたしたちの「外なる人」は衰えていくとしても、わたしたちの「内なる人」は日々新たにされていきます。わたしたちの一時の軽い艱難は、比べものにならないほど重みのある永遠の栄光をもたらしてくれます。

（コリントの信徒への手紙二　第四章一六－一七節）

参照・引用文献一覧

朝倉文市『修道院に見るヨーロッパの心』山川出版社、一九九六年
アシュトン、T・S『産業革命』中川敬一郎訳、岩波書店、一九七三年
井出久登・亀山章『緑地生態学』朝倉書店、一九九三年
岩田靖夫『ヨーロッパの思想』岩波書店、二〇〇三年
ヴァイツゼッカー、リヒャルト・フォン『荒れ野の40年――ヴァイツゼッカー大統領演説全文』永井清彦訳、岩波書店、一九八六年
ウィキペディア「Bauhütte」ドイツ語 https://de.wikipedia.org/wiki/Bauh%C3%BCtte（二〇二二年一一月二五日閲覧）
ウィルキンソン、トム『現代に生きる信徒のためのウェストミンスター信仰告白〈註解〉』松谷好明訳、一麦出版社、二〇〇三年
ヴェーバー、マックス『プロテスタンティズムの倫理と資本主義の精神』大塚久雄訳、岩波書店、一九八九年
ヴェーバー、マックス『都市の類型学』世良晃志郎訳、創文社、一九六四年
ウルム造形大学「information 1968」統計資料など（一九六八年版）
ウルム造形大学『ulm4』『ulm7』『ulm8/9』『ulm10/11』『ulm12/13』『ulm13/14/15』『ulm17/18』『ulm19/20』『ulm 21』（機関誌）
ウルム造形大学「一九六七・一九六八　授業計画」一九六六年
ウルム造形大学基礎課程（一九六二年―一九六五年）の学生作品（筆者所有）
『a＋u』一九八七年五月臨時増刊号「ＩＢＡ：ベルリン国際建築展１９８７」エー・アンド・ユー、一九八七年
大野秀敏「槇文彦の建築論――モダニズムの先」東京大学建築学専攻 Advanced Design Studies 編『これからの建築理論』東京大学出版会、二〇一四年

奥佳弥著、ズワルツ、キム写真『リートフェルトの建築』ＴＯＴＯ出版、二〇〇九年
小塩力『聖書入門』岩波書店、一九五五年
小田垣雅也『キリスト教の歴史』講談社、一九九五年
小野二郎『ウィリアム・モリス』中央公論社、一九七三年
小野塚知二『経済史』有斐閣、二〇一八年
オルテガ・イ・ガセット『大衆の反逆』神吉敬三訳、筑摩書房、一九九五年
カエサル『ガリア戦記』近山金次訳、岩波書店、一九四二年
鍵和田賢「近世ドイツ兄弟団研究の現状と課題」北海道大学大学院文学研究科西洋史研究室『西洋史論集』一二、二〇〇九年
柏木博『デザインの20世紀』ＮＨＫ出版、一九九二年
カルヴァン、ジャン『キリスト教綱要　改訳版』渡辺信夫訳、新教出版社、二〇〇八年
木下康彦・木村靖二・吉田寅編『詳説世界史研究』山川出版社、二〇〇八年
坂口昂吉『聖ベネディクトゥス――危機に立つ教師』南窓社、二〇〇三年
佐久間弘展『ドイツ手工業・同職組合の研究――14〜17世紀ニュルンベルクを中心に』創文社、一九九九年
佐久間弘展『若者職人の社会と文化――14〜17世紀ドイツ』青木書店、二〇〇七年
鯖田豊之『肉食の思想』中央公論社、一九六六年
シュペングラー、Ｏ・Ａ・Ｇ『西洋の没落』村松正俊訳、中央公論新社、二〇一七年
ジーベンブロート、ミハエル『バウハウス一九一九―一九三三――ある美術学校の歴史』一條彰子訳、一九九五年（セゾン美術館におけるバウハウス展図録「bauhas1919-1933」一九九五年開催）
ジャカール、ダニエル『アラビア科学の歴史』吉村作治監修、遠藤ゆかり訳、創元社、二〇〇六年
ジャンペル、ジャン『カテドラルを建てた人びと』飯田喜四郎訳、鹿島出版会、一九六九年
ショル、インゲ『白バラは散らず』内垣啓一訳、未来社、一九六四年
鈴木宣明「聖ベネディクトゥス修道霊性の歴史体験」上智大学中世思想研究所編『聖ベネディクトゥスと修道院文化』創

文社、一九九八年
『聖ベネディクトの戒律』古田暁訳、ドン・ボスコ社、二〇〇六年
高木健次郎『ドイツの職人』中央公論社、一九七七年
タキトゥス、コルネリウス『ゲルマーニア』泉井久之助訳、岩波書店、一九七九年
谷和雄『中世都市とギルド——中世における団体形成の諸問題』刀水書房、一九九四年
谷口健治「一八四八年革命期の手工業者運動」同志社大学人文科学研究所編『社会科学』三八、一九八七年
タルマン、リタ『ヴァイマル共和国』長谷川公昭訳、白水社、二〇〇三年
団地再生研究会編・著『団地再生のすすめ——エコ団地をつくるオープンビルディング』澤田誠二他監修、マルモ出版、二〇〇二年
辻多江子「中世ケルンにおける都市参事会と市民との関係」大阪教育大学歴史学研究室編『歴史研究』二九、大阪教育大学、一九九一年
ディンツェルバッハー、P／ホッグ、J・L編『修道院文化史事典』朝倉文市監訳、八坂書房、二〇一四年
「ドイツ都市計画における国際建築展（IBA）の役割と存在意義に関する研究」日本都市計画学会『都市計画論文集』二〇一二年一〇月
ドークール、ジュヌヴィエーブ『中世ヨーロッパの生活』大島誠訳、白水社、一九七五年
ドーソン、クリストファー『ヨーロッパの形成——ヨーロッパ統一史叙説』野口啓祐・草深武・熊倉庸介訳、創文社、一九八八年
仲手川良雄編著『ヨーロッパ的自由の歴史』南窓社、一九九二年
中根千枝『タテ社会の人間関係』講談社、一九六七年
中根千枝『適応の条件』講談社、一九七二年
中根千枝『タテ社会の力学』講談社、二〇〇九年
永松栄編著、澤田誠二監修『IBAエムシャーパークの地域再生——「成長しない時代」のサスティナブルなデザイン』水曜社、二〇〇六年

並木幸雄「労働組合の『経営参加』に関する考察」国士舘大学政経学会編『国士舘大学政経論叢』二四、一九七六年
ニーゼル、ヴィルヘルム『カルヴァンの神学』渡辺信夫訳、新教出版社、二〇〇四年
二川幸夫企画・編集・撮影『ピエール・シャロー　ガラスの家（ダルザス邸）』ADAエディタトーキョー、二〇一二年
ノイマン、エッカート編『バウハウスの人々――回想と告白』向井周太郎・相沢千加子・山下仁訳、みすず書房、二〇一八年
バーリン、アイザイア『自由論』小川晃一・小池銈・福田歓一・生松敬三共訳、みすず書房、一九七一年
「BAUHAUS experience, dessau」バウハウス・dessau 展型録、印象社、二〇〇八年
ハスキンズ、チャールズ・H『十二世紀のルネサンス――ヨーロッパの目覚め』別宮貞徳・朝倉文市訳、講談社、二〇一七年
パパダキ、スタモ編『ル・コルビュジエ作品集』生田勉訳、美術出版社、一九五三年
ハブラーケン、N・J「都市環境を耕すこと」澤田誠二訳、『ランドスケープデザイン』第八七号、二〇一二年
林健太郎『ワイマル共和国――ヒトラーを出現させたもの』中央公論社、一九六三年
林洋子編『欧米のモダニズムとその後の運動』幻冬舎、二〇一三年
針貝綾『ユーゲントシュティルからドイツ工作連盟へ』九州大学出版会、二〇一七年
ピレンヌ、アンリ『中世都市――社会経済史的試論』佐々木克巳訳、創文社、一九七〇年
深井智朗『プロテスタンティズム』中央公論新社、二〇一七年
藤木康雄『ヴィラール・ド・オヌクールの画帖』鹿島出版会、一九七二年
藤代泰三『キリスト教史』講談社、二〇一七年
藤田幸一郎『手工業の名誉と遍歴職人――近代ドイツの職人世界』未来社、一九九四年
ブラウンフェルス、W『西ヨーロッパの修道院建築――戒律の共同体空間』渡辺鴻訳、鹿島出版会、一九七四年
プレイエ、ルイ『ロマネスク美術』辻佐保子訳、美術出版社、一九六三年
マイヤー、アドルフ『バウハウスの実験住宅　新装版』貞包博幸訳、中央公論美術出版、二〇一九年
槇文彦『漂うモダニズム』左右社、二〇一三年

マクニーリー、イアン・F／ウルヴァートン、ライザ『知はいかにして「再発明」されたか――アレクサンドリア図書館からインターネットまで』冨永星訳、日経BP社、二〇一〇年
マシュイカ、ジョン・V『ビフォー ザ バウハウス』田所辰之助・池田祐子訳、三元社、二〇一五年
増田四郎『ヨーロッパとは何か』岩波書店、一九六七年
マンフォード、ルイス『都市の文化』生田勉・森田茂助訳、丸善、一九五五年
マンフォード、ルイス『機械の神話――技術と人間の発達』樋口清訳、河出書房新社、一九七一年
三浦雅士編『ポストモダンを超えて――21世紀の芸術と社会を考える』平凡社、二〇一六年
宮本和義写真、栗田仁著『シュレーダー・ハウス――建築家リートフェルト』バナナブックス、二〇〇五年
ミル、ジョン・スチュアート『自由論』塩尻公明・木村健康訳、岩波書店、一九七一年
村上伸「ヴァイツゼッカー演説のいくつかの背景」リヒャルト・フォン・ヴァイツゼッカー『荒れ野の40年』岩波書店、一九八六年
武蔵野美術大学『現代デザインの水脈』ウルム造形大学展図録、一九八九年
森本隆男「手工業政策の展開」関西学院大学商学研究会編『商学論究』三六（四）、一九八九年
矢島祐利『アラビア科学の話』岩波書店、一九六五年
柳澤治「ナチス・ドイツの戦時経済体制と「手工業」の合理化」社会経済史学会『社会経済史学』八〇（四）、二〇一五年
鎗田英三『ドイツ手工業者とナチズム』九州大学出版会、一九九〇年
米倉充『旧約聖書の世界――その歴史と思想』人文書院、一九八九年
『理科年表二〇二〇』丸善出版、二〇一九年
リオタール、ジャン=フランソワ『ポスト・モダンの条件――知・社会・言語ゲーム』小林康夫訳、水声社、一九八九年
リシェ、ピエール『蛮族の侵入――ゲルマン大移動時代』、久野浩訳、白水社、一九七四年
ルター、マルティン『キリスト者の自由・聖書への序言』石原謙訳、岩波書店、一九五五年
レダー、アンドレアス『ドイツ統一』板橋拓己訳、岩波書店、二〇二〇年

レヴァンソン、マイケル編『モダニズムとは何か』荻野勝・下楠昌哉監訳、松柏社、二〇〇二年
ロック、ジョン『キリスト教の合理性』加藤節訳、岩波書店、二〇一九年
渡部昇一『名著で読む世界史』育鵬社、二〇一七年
『広辞苑』第七版、岩波書店、二〇一八年

「50 jahre bauhaus」展カタログ、württenbergischen kunstverein, 1968
Beuroner Kunstverlag, *Die Regel des heiligen Benedikt*, 2006
Claude Schnaidt, *Hannes Meyer: Bauten, Projekte und Schriften*, Verlag Arthur Niggli AG, Teufen AR, 1965
Katalog des Europäischen Hansemuseums, Lüeck, edition exspecto, 2016
knaurs lexikon der modernen architektur, 1963
L. Chiarenza & V. Paelinck, *the grand place of brussels illuminated*. visual guide, 2013
Le Corbusier, *1929-Feststellungen zu Architektur und Städtebau*, Ullstein, 1964
Magdalena Droste, *bauhaus 1919-1933*, TASCHEN, 2006
Max Bill, *Das Atelierhaus Max Bill 1932/33*, Niggli, 1997
stiftung für Architektenforschung「SAR」, 1965
THORBECKE BILDBÜCHER, *ULM*, Jan Thorbecke Verlag, 1964

あとがき

一九六六年一〇月一日、静かで澄んだ秋の日の輝く午前、ウィーンからの列車がウルムの駅に音もなく滑り込んだ。私は、その年の九月二五日、台風一過の横浜港を出帆、シベリア周りで欧州に向かった。留学先のウルム造形大学は、一九一九年創立の国立教育機関バウハウスの伝統を継承すべく、一九五三年に創設された。ここでは「工業化建築」と称する学科が設けられていて、入学には建築の高等教育を修了していることが条件であった。私はここで工業化建築の設計手法を学び、研究することを目的としていた。家内は約半年遅れて、一九六七年三月一七日にシュトゥットガルト空港に降り立った。家内を迎え入れるにあたって、郊外にある四〇〇年前の農家を借りた。あまりにも大きな家であったので、その五分の一、四部屋を使用した。こうして五五年前、私たちのドイツ生活は始まった。

夫婦が揃い、居を構え、住民登録を済ませると、直ちに市民である。情報の輪の中に入り、地域社会の務めが生じ、地域社会に護られる。家内を迎えると、待ち構えていたように一週間後に二〇日間のイギリス旅行に出発した。また、その夏には大学の工業化建築学科の研修旅行で一〇日間プラハを訪れた。大学は従来からプラハ市と交流を持ち、技術交流は内容豊かで充実していた。当時「プラハの春」といわれ、若さと美しさに溢れる若者たちによって、国全体が支えられていた。しかし、この一年後、ソ連の戦車の侵攻により「プラハの春」は消えた。私たちは、その後、北欧三国へ、イタリアとスペインへと、二つの大きな周遊を実現した。

宗教改革五〇〇年、バウハウス創設一〇〇年、加えて私たち夫婦の八〇歳の傘寿と結婚五〇年にあたる二〇一七年、三か月の予定で西欧ドイツ語圏に出かけることにした。ヨーロッパ・竹中のライケ・西岡氏の熱心な準備のおかげで、手工業（handwerk）に関わる法制度とその実態についてドイツ連邦政府の職業教育研究所をはじめ、二つの手工業会議所、職業学校、建設業教育センター（社団法人）、手工業企業六社を訪問し、プレゼンテーションとヒアリングにより、二一世紀初頭の手工業と職業教育の実態把握を行うことができた。ドイツ・カッセルではオルガン創りのマイスター、マルティン・ボッシュを訪ね、オルガン創りの厳格さとマイスターを中心とする都市の文化の揺るがぬ姿を目の当たりにすることができた。

＊

この二つの訪欧が、私たちのドイツとの関わり合いの大きな部分である。五五年前、二年間の留学で欧州に触れ、ゲルマン民族の高い倫理性と合理性を実感し、彼らが創り上げてきた信頼社会の尊さが深く心に残った。信頼社会を最も忠実に映し出しているのが、中世以来、国民的合意の中で、手工業の職人たちが創り上げてきたマイスター制度である。私は、手工業職人たちに揺るがぬ使命を与えたものは何であったか、その源泉と経緯を明らかにしたいと強く願った。しかし、ナチス・ドイツの筆舌に尽くしがたい暴挙は同じゲルマン民族の犯した許されざる罪である。本書のプロローグに記した通り、第二次世界大戦後、いち早く、民族挙げての懺悔が世界に表明された。その四〇年後、ドイツ連邦共和国大統領はこの懺悔を次の世代に伝えることを約した。私がゲルマン民族の持つ、極めて優れた資質について綴ることを心に決めたのは、このヴァイツゼッカー大統領の「荒れ野の四〇年」

と題する連邦議会演説に触れたときである。

二〇一七年の訪欧での見聞をきっかけに手工業職人の歴史を通してゲルマン民族固有の倫理性と合理性に迫りたいと筆を執った。最も大切なことは、キリスト教とゲルマン民族の融合である。ゲルマン民族のキリスト教への改宗ともキリスト教の伝道の成果とも言えるが、一体化とか融合という言葉が相応しい。さらに述べるならば、ゲルマン民族がキリスト教を取り込んで西欧文化を創り上げていったのであって、キリスト教勢力がゲルマン人を支配したのではない。手工業の職人たちの営みは、明確にキリスト教信仰を前提としている。信仰は手工業職人の心の奥深くまで行き渡っており、営みを共有する人々にまで広く深く根づいている。かねてから、信仰と職業（キリスト教と手工業職人）の関わり方を明確にしなければ、マイスター制度を正しく理解することはできないと思い知らされてきた。マイスター制度は倫理性と合理性を基軸に営まれてきた。ゲルマン民族に根強く内在する倫理性と合理性はキリスト教信仰が求める倫理性と合理性に極めて近似している。この倫理性や合理性を計る物差しはないが、私たち一般的日本人には、想像もできないほど深く根強いのではないかと思われる。

昨今、やっと真剣に認識されるようになったわが国の劣化の原因も、この倫理性と合理性に関係しているのではないかと考えている。人の間で約束される倫理性と合理性と神と約束される倫理性と合理性は根本的に異なるのではないかと想定している。神と約束され、求められている倫理性と合理性は、桁違いに厳しく激しいのではないかとの実感である。それをゲルマン民族の職業労働に関わる一人一人が認識し、実行している。この違いは克服可能なのであろうか？　ここに、あらゆるものを白紙にして再出発しなければならないわが国の実情がある。

＊

この本を書き進める過程にあって、私には不安と逡巡があった。私は早稲田大学で建築を専攻し、吉阪隆正、穂積信夫両先生からは、今でいう多様性の尊さと力を教えられた。株式会社竹中工務店での四五年間、自由な社風の中で、自らの志を貫きつつ、先輩、同僚、後輩の諸氏から高度な知と技をいただいた。ウルム造形大学ではクロード・シュナイト（当時の教授）から、西欧に息づく信頼社会の真髄を教えられた。にもかかわらず、この本の内容のどの部分をとっても専門分野として探究したことはない。すべてが専門家でない素人の調査と組立によって構成されている。六世紀以来の歴史に関しては、世に知られた書籍や研究報告によって理解に努めた。キリスト教に関する知見は、私自身がプロテスタント長老改革教会の会員として、ジャン・カルヴァンやマックス・ヴェーバーに興味を抱いていた程度で、一般常識の範囲内である。モダニズムや建築に関しても、学術的な素養はなく、教養趣味の範囲である。特に色濃くなぞったのは増田四郎『ヨーロッパとは何か』と高木健次郎『ドイツの職人』である。西欧の歴史については、アンリ・ピレンヌ『中世都市』、クリストファー・ドーソン『ヨーロッパの形成』、O・A・G・シュペングラー『西洋の没落』、オルテガ・イ・ガセット『大衆の反逆』、ルイス・マンフォード『都市の文化』など多数の名著に導かれた。

三十数年前マイスター制度の大切さを「ギルドの職人」という言葉で示唆されたのは蓑原敬氏（一九三三—。建設省住宅局住宅建設課長を務めたのち、蓑原計画事務所を設立、広範にコンサルタント業務を展開。著書多数）で、二〇二二年と二〇二三年の二年にわたり、年賀状で「どうなったか」と添え書きをいただいた。芸術院会員で文化勲章受章者の絹谷幸二画伯の指導のもと、ともに絵を描いている池袋松屋（創業三三三年、壁紙企画・製造・施工と伝統内装技法の継承）の伴紀子社長からは、二〇〇八年のトスカーナのスケッチ旅行以来、励ましの言葉をいただき続けた。五年間の執筆中はドイツをよく知り、オープン・ビルディングによる街づくりを専門とする澤田誠二元明治大学教授（現在、団地再生支援協会最高顧問、日本フンボルト協会顧問）からは多くの情報提供と助言があり、大きな励ましとなった。教文館の渡部満社長にはこの出版に道を開いていただいた。校正にあたって、教文館出版部の髙橋真人氏と森本直樹氏は内容の充実に努めて下さった。深く感謝申し上げたい。

この本ができる過程を支えてくれたのは妻と長男である。ともに一級建築士として設計を業としており、ささやかながら手工業職人の心を理解している。

二〇二三年八月

浅野忠利

マ行

ヤ行

ラ行

ワ行

タ行

ナ行

ハ行

人名索引

ア行

カ行

サ行

著者紹介

浅野忠利（あさの・ただとし）

1937年岡山県生まれ。早稲田大学第一理工学部建築学科卒業。

職歴：1961年株式会社竹中工務店に入社、住宅本部長、取締役を経て1999年常務取締役、2005年退任。その間、1966～1968年西ドイツ・ウルム造形大学に留学（1967年助手）。
2004～2007年都市再生研究所理事、2005～2010年相互住宅株式会社顧問、2021～2023年一般社団法人日本バウハウス協会初代理事長。

現在：経済同友会同友クラブ理事、NPO法人文化日独コミュニティ理事、一般社団法人日本バウハウス協会顧問、一般社団法人日本建築学会終身会員、NPO法人建築技術支援協会会員、日本基督教団富士見町教会会員（長老）。

資格：一級建築士、技術士（都市および地方計画）。

修道院からモダニズムへ

ドイツ手工業職人の精神と系譜

2023年9月30日　初版発行

著　者　浅野忠利
発行者　渡部　満
発行所　株式会社　教 文 館
〒104-0061　東京都中央区銀座4-5-1
電話 03(3561)5549　FAX 03(5250)5107
URL http://www.kyobunkwan.co.jp/publishing/
印刷所　株式会社　平河工業社

配給元　日キ販　〒162-0814　東京都新宿区新小川町9-1
電話 03(3260)5670　FAX 03(3260)5637

ISBN 978-4-7642-9203-1　Printed in Japan